LIESA RECHENBURG

Dort oben sehe ich euch wachsen

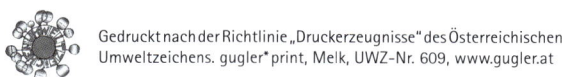  

Gedruckt nach der Richtlinie „Druckerzeugnisse" des Österreichischen Umweltzeichens. gugler* print, Melk, UWZ-Nr. 609, www.gugler.at

Löwenzahn-Bücher werden auf höchstem ökologischen Standard gedruckt, ausschließlich mit Substanzen, die wieder in den biologischen Kreislauf rückgeführt werden können. Cradle to Cradle™-zertifiziert by gugler*, klimapositiv, auf Papier, das in Österreich produziert wurde, und ohne Plastikfolie, die dein Lieblingsbuch unnötig einhüllt – für unsere Umwelt und unsere Zukunft.

1. AUFLAGE

© 2019 by Löwenzahn in der Studienverlag Ges.m.b.H.,
Erlerstraße 10, A-6020 Innsbruck
E-MAIL: loewenzahn@studienverlag.at
INTERNET: www.loewenzahn.at

KONZEPT: Löwenzahn Verlag/Katharina Schaller, Anita Winkler
LEKTORAT: Löwenzahn Verlag/Christina Vaccaro
PROJEKTLEITUNG: Löwenzahn Verlag/Ana Rodrigues

BUCHGESTALTUNG SOWIE GRAFISCHE UMSETZUNG:
Marion Schreiber, www.marionschreiber.de
UMSCHLAGGESTALTUNG: Tina Radulovic, Atelier für Design & Kommunikation
FOTOGRAFIEN alle von Liesa Rechenburg bis auf:
Paul Stajan: Bild S. 9, 12f., 14f., 15, 19, 21, 23 Kreis, 24f., 29 Kreis, 46, 86 Kreis oben, 97, 103, 131 Kreis, 136 Kreis unten, 192f. 194f. 222f., 224, 225 Kreis unten, 230
Markus Tollhopf: Bild S. 7, 17 Kreis, 22f., 26f., 198 links unten

BIBLIOGRAFISCHE INFORMATION DER DEUTSCHEN BIBLIOTHEK
Die Deutsche Bibliothek verzeichnet diese Publikation in der Deutschen Nationalbibliografie; detaillierte bibliografische Daten sind im Internet über <http://dnb.dnb.de> abrufbar.

ISBN 978-3-7066-2636-1

Alle Rechte vorbehalten. Kein Teil des Werkes darf in irgendeiner Form (Druck, Fotokopie, Mikrofilm oder in einem anderen Verfahren) ohne schriftliche Genehmigung des Verlages reproduziert oder unter Verwendung elektronischer Systeme verarbeitet, vervielfältigt oder verbreitet werden.

Trotz sehr genauer Recherche können sich Fehler eingeschlichen haben. Die Autorin hat die in diesem Buch enthaltenen Angaben und Empfehlungen mit größter Sorgfalt erstellt und geprüft. Eine Garantie für die Richtigkeit der Angaben kann aber nicht gegeben werden. Autorin und Verlag übernehmen keinerlei Haftung für Schäden und Unfälle.

LIESA RECHENBURG

Heilkräuter aus den Bergen –
finden und anwenden

löwenzahn

Pflanzenstoffe können uns helfen, unseren Körper fit und widerstandsfähig zu halten. Darüber hinaus bringt uns die Natur völlig neue Geschmackserlebnisse. Ich lade alle ein, mit mir die grünen Wunder zu erkunden, und wünsche viel Spaß und Mut, alles selbst auszuprobieren.

Inhaltsverzeichnis

Mein Weg ins Virgental 6
Kamillus Kratzer – Lebensenergie Natur 9
Paradies Prägraten 13
Kräuter – Kick für Gesundheit und Wohlergehen 16
Schützen, ernten, verarbeiten 25
Das grüne Paradies 30

Pflanzen und Sträucher 33
    Arnika 35
    Artemisia 41
        Beifuß 43
        Wermut 47
    Beinwell 51
    Brennnessel 57
    Engelwurz, Wald-Engelwurz 63
    Frauenmantel 69
    Gänsefingerkraut 73
    Gelber Enzian 77
    Holunder, Schwarzer 83
    Isländisch Moos 89
    Johanniskraut 93
    Kamille 99
    Königskerze 105
    Kümmel 111
    Löwenzahn 117
    Mädesüß 123
    Malve, Käsepappel 127
    Meisterwurz 133
    Quendel, Thymian 139
    Schafgarbe 145
    Wegerich 151
    Wildrose 157

Bäume 163
    Fichte 165
    Lärche 169
    Kiefer, Latsche, Bergkiefer 173
    Wacholder 177

Wildbeeren 179
    Berberitzen 181
    Heidelbeeren 183
    Preiselbeeren 185
    Johannisbeeren, Schwarze 187
    Vogelbeeren 189
    Walderdbeeren 191

Alles, was guttut und heilt 192
    Pflanze pur als Heilmittel 195
    Tee – Trinken, Inhalieren und mehr 201
    Honigauszüge und Sirupe 215
    Tinkturen, Lebenselixiere 223
    Heilöle, Salben und Cremes 233

Stichwortregister 248
Literatur 250
Fußnote 253
Dankeschön 255
Sorgfalt und Sicherheit 256

Im Virgental oberhalb von Prägraten, in Richtung Lasörlinggruppe. Hier bestimmt die Natur, in welchem Takt gespielt wird.

Mein Weg ins Virgental

Es ist kaum zu glauben, dass ich das Kleinod Osttirol und das Virgental erst 2013 kennenlernte. Neugierig wie ich war, wollte ich in diesem Jahr das neu eröffnete Hotel HEIMAT – Das Natur-Resort im hintersten Winkel von Prägraten besuchen. Ein Hotel in der ehemaligen Sommerresidenz der Wiener Sängerknaben! Und so fuhr ich an einem Julitag von Matrei aus immer tiefer in die Stille und zunehmend weg vom Trubel meiner sonstigen Tage. Damals wusste ich noch nicht, dass dieser Tag mein Leben verändern würde. Ich hatte im letzten Ort des Tales einen Platz für meine Wildkräuterschule gefunden. Ulrich Drewitz schaffte im Hotel HEIMAT und rundherum die notwendigen Voraussetzungen, so dass wir im Frühjahr 2015 meine Pläne konkretisieren konnten. Ich war überwältigt von der positiven Aufnahme durch die Menschen in Prägraten und über den Rückenwind, der mir die Entscheidung einfach machte, meine Zelte zukünftig im Sommer hier aufzuschlagen. Jedes Frühjahr, wenn die Kräutersaison losgeht, freue ich mich, die Menschen wiederzusehen und sie in die Arme nehmen zu können. Sehr schnell kamen die Kräuterambitionierten von Prägraten auf eine Idee. Meine Kräuterfreundin Hilda war die Erste, die den Mut hatte, das Anliegen an mich heranzutragen: Die Menschen im Ort wünschen sich, dass das Wissen von Kamillus aufgeschrieben und für spätere Generationen festgehalten wird. Ob ich das wohl übernehmen möchte? Ich habe nicht lange überlegt und, nachdem ich Kamillus persönlich kennenlernen durfte, mit Freude „Ja" gesagt.

Altes Wissen aufnehmen...

Anregung und Inspiration für dieses Kräuterbuch kamen von Kamillus Kratzer aus Prägraten-Bobojach. Es war und ist sein unbändiger Wille, sein Wissen und seine Erfahrungen an junge Menschen weiterzugeben. Mit Fleiß und viel Energie sammelt er Jahr für Jahr Kräuter, trocknet, rebelt oder schneidet sie, um schließlich eine Mischung für seinen Kräutertee, den „Tee für deine Gesundheit", wie es auf jeder Packung in seiner Handschrift zu lesen ist, herzustellen. Seit Jahren schenkt er diesen Tee Familien und Frauen in Prägraten. Kamillus hat immer wieder erfahren, dass wenn der Stoffwechsel funktioniert, die Niere genügend durchspült wird, die Leber ausreichend Kraft hat um alle Schadstoffe abzubauen und Blut zu bilden, der Körper dann auch die Stärke besitzt, sich gegen die Aufregungen des Alltags zu wehren. Das kann auch der beste Grippeschutz sein.

… und mit Neuem verbinden

Für Menschen wie Kamillus ist es eine Selbstverständlichkeit, die Kräfte der Natur für die Gesundheit von Mensch und Tier zu nutzen. Ärzte waren immer weit entfernt und die Mittel nicht vorhanden, sie zu bezahlen. Von Großeltern, Tanten oder Kräuterweisen war bekannt, was zu tun ist, wenn das Fieber kam oder der Fuß umgeknickt war. Man sammelte im Sommer die heilsamen Kräuter und trocknete sie. Manche Kräuter musste man sofort verarbeiten, bei anderen genügte es, sie im Winter anzurichten. Immer schon hatte man Rotöl von Johanniskraut, Tinkturen von Arnikablüten oder Beinwellwurzel-Öl hergestellt. Meisterwurz-Wurzel- oder Latschenkiefernblüten-Tinktur – um nur zwei Bespiele zu nennen – waren in den Haushalten stets parat. Heute sind wir in manchen Erkenntnissen dem Erfahrungsschatz der Naturheiler nähergekommen. Wissenschaftliche Studien bestätigen hier und da, was unsere Großeltern von ihren Eltern übernommen haben. Auch das möchte ich in diesem Buch mit dem alten Wissen von Kamillus verbinden, um so manche Zweifler zu überzeugen, welche Heilkräfte in der Natur liegen.

Auf der Basis der Kräuter, die Kamillus Jahr für Jahr sammelt und verwendet, habe ich eine Auswahl von Pflanzen, Bäumen und Wildbeeren zusammengestellt, die in Prägraten und fast alle auch darüber hinaus bis ins Flachland wachsen. Ich beschreibe diese Kräuter und erkläre, wo man sie findet, wie man sie bestimmen kann und welche ihrer Wirkstoffe wir uns wie zunutze machen können. Die abschließenden Rezepte führen dann mit den Anregungen von Kamillus zur Herstellung von Tees, Tinkturen, Cremes und Salben.

Mit dem Korb auf die Wiese zu gehen und zu schauen, was die Natur bereit hält, ist für mich Meditation und Genuss zugleich.

Ich wünsche Ihnen bei der Lektüre dieses Buches eine gesunde Portion Neugierde und Spaß, eine große Ehrfurcht vor der Natur, jede Menge Lern- und Erfolgserlebnisse mit den grünen Wundern und ganz viel Mut, etwas selbst auszuprobieren.

Ihre **Liesa**

Kräuterpädagogin in der Wildkräuterschule im Hotel HEIMAT
– Das Natur-Resort in Prägraten am Großvenediger

Die Heimat von Kamillus, das Virgental, zieht seine Besucher immer mehr in seinen Bann, bis man am Talschluss in Prägraten angekommen ist.

KAMILLUS' LEBENSLAUF IN KÜRZE

Geboren am 2. April 1938 auf dem Obersteiner Hof in Bobojach, in Prägraten am Großvenediger

Als drittes Kind von insgesamt drei Buben und zwei Mädchen

Vater Ludwig ist Bauer auf dem Erbhof, Mutter Maria stammt auch aus Prägraten

Von 1944 bis 1952 Schule in Prägraten

Bis 1957 Leben und Arbeiten auf dem elterlichen Hof

Bis 1958 Bundesheer

Bis 1988 Leiter eines landwirtschaftlichen Betriebs in einem Kloster und Vertriebsleiter einer Molkerei in Vorarlberg

Seit 1998 Pensionist auf dem Obersteiner Hof

Kamillus Kratzer –
Lebensenergie Natur

Ich fahre von Matrei aus das Virgental hinauf. Die hohen Maurer-Berge mit dem strahlend weißen Krimmler- und Simony-Kees am Ende kommen immer näher und doch bewahren sie Distanz. Die Wiesen leuchten in frischem Grün, der satte Morgentau lässt sie in voller Pracht erstrahlen. Rechts und links der Talstraße ziehen sich Nadelwälder und Wiesen die Berge hinauf bis zur Waldgrenze, die zwischen 1800 und 2000 m Seehöhe liegt. Ab und zu lugt eine Berghütte um die Ecke, die die Wanderer zu einer erfrischenden Rast einlädt. Virgen und die kleinen Orte ringsherum machen einen sehr einladenden Eindruck. Doch ich will weiter. Ich suche den Obersteiner Hof in Bobojach, das Zuhause von Kamillus. Unverhofft kommt nach einer Kurve ein Tunnel. Danach habe ich das Gefühl, am Talende zu sein – eine andere Welt tut sich auf. Mein Blick geht noch vor Bobojach, einem der vier Orte der Gemeinde Prägraten, nach rechts. Ganz oben am Hang taucht ein Hof mit einer Kapelle auf.

Die Natur ist hier der Dirigent

„Kann man dort oben wohnen?", frage ich mich, „oder fällt man da nur runter?" In Bobojach geht es die erste Straße rechts den Berg hinauf. Sie ist sehr schmal. Wie mag das im Winter gehen? Links und rechts sehe ich fette Wiesen. In Serpentinen geht es weiter. Ein paar Kühe begrüßen mich nach einer Schranke. An einer kleinen Aussichtsplattform steht eine Bank, eine Kuh genießt diese Traumaussicht und verdaut ihr Frühstück. Ich fahre weiter hinauf durch einen Fichten-Lärchenwald. Die Wiesen werden zunehmend steiler. Plötzlich stehe ich vor einer Kapelle, dahinter ein Bauernhof mit einigen Wirtschaftsgebäuden. Ein Hütehund begrüßt mich freundlich. Langsam kommt Kamillus mit seinem Lärchenstock auf mich zu. Er strahlt eine tiefe Freude aus, mich zu sehen. Ob er auch erleichtert darüber ist, dass ich es geschafft habe?

Ruhe und Zufriedenheit

Kamillus heißt mich mit einem festen Händedruck und einem freudigen Lächeln willkommen. Ich fühle mich sofort geborgen auf diesem Hof, der in seiner schlichten Einrichtung mit viel Holz und alten bunten Kacheln einen sehr einladenden Eindruck macht. Das große Wappen „Erbhof" im Eingangsbereich macht mich ehrfürchtig vor dem traditionellen Gebäude mit seiner bewegten Vergangenheit. Neben dem Wappen sind alte Zeitungsausschnitte und viele Fotos zu sehen, die an die Erbfolge und die Ereignisse rund um den Hof erinnern.

Kamillus in seiner Kräuterstube, in der er Sommer wie Winter seine wunderbaren Heilmittel aufbewahrt.

Generationen unter einem Dach

In der großen Wohnküche erwartet uns Maria, Kamillus' Schwester, die uns zu einem Kaffee und einer Scheibe Brot mit frischer Butter einlädt. Ich erinnere mich nicht, wann mir eine Scheibe Brot so gut geschmeckt hat. Später lerne ich auch die junge Bäuerin Katharina kennen, die alle paar Wochen mehr als 30 von diesen wunderbaren Broten backt. Sepp, ein Bruder von Kamillus, ist im Winter 2018 verstorben. Er hat all die Jahre diesen Hof mit viel Leidenschaft und Engagement geführt und weiterentwickelt. So konnte er 2017 mit Stolz den sehr gut erhaltenen Erbhof an das junge Paar Katharina und Phillip abgeben. Phillip ist Bauer aus Leidenschaft. Er stammt wie Katharina aus einer Traditions-Familie mit heute noch gut gehenden landwirtschaftlichen Betrieben. Beide haben Landwirtschaft in den Bergen von der Pike auf gelernt bzw. schon mit der Muttermilch eingesogen.

> **DER OBERSTEINER HOF HEUTE**
>
> Zum Hof gehören außer den Wiesen rund um den Hof noch Waldparzellen, Wiesen und Almen im Maurertal, im Wallhorner Timmeltal und die Wunalm. Sie ist mit 2300 bis 2700 m Seehöhe die höchste Alm in Prägraten. Bis dahin weidet das Vieh im Sommer. Heute gibt es noch ca. 30 Stück Vieh dort oben. Steilhänge werden einmal im Jahr gemäht.

Der Obersteiner Hof zieht die Blicke auf sich: Am steilen Hang in Bobojach sieht man zuerst die Kapelle, strahlend weiß, dann Wohnhaus und Hofgebäude.

Heimat für Mensch und Tier

Der ältere Bruder Sepp hatte diesen Erbhof von seinem Vater übernommen, wie es die Tradition vorschreibt. Da der Vater früh gestorben ist, wurde Sepp mit 18 für volljährig erklärt, um den Erbhof übernehmen zu können. Damals war der Hof bereits über 200 Jahre in Familienhand und für den jungen Erben eine große Herausforderung. Die jüngeren Geschwister suchten sich, der Tradition folgend, andere Berufe und eine neue Heimat. Erst im Pensionsalter sind Maria und Kamillus auf den Obersteiner Hof zurückgekehrt.

Leben mit der Natur

Als Bub lernte Kamillus von der Mutter auf der Alm, Kräuter zu ernten, die sie für die Küche brauchte. Man unterschied Kraut und Unkraut. Unkraut war alles, was die Kühe nicht mochten, Kraut das, was von ihnen gefressen wurde. Und irgendwie schien es logisch, dass alles Kraut auch für die Menschen gut war.

> **KAMILLUS – WIE KOMMT ER INS HOHE ALTER?**
>
> Morgens frühstückt Kamillus Brot mit Honig und Kaffee. Regelmäßig kaut er untertags bis in den Abend getrocknete Meisterwurzwurzel. Früher hatte jeder Mann und jede Frau immer Meisterwurzwurzelstücke bei sich, das sollte die „Pest" abhalten. Auch wenn es die Pest nicht mehr gab, übertrug man diese Kraft auf die Grippe oder manch andere Krankheit.

Man erntete und verbrauchte das, was da war. Ein Onkel hat Kamillus motiviert, Kräuter in Säckchen zu sammeln und sie im Zimmer aufzuhängen. Damit verbreiteten sie ihren Duft und ihre Aura während des Trocknens. Er war der Meinung, dass man den Menschen Kräutertees geben sollte. Eine Tante sammelte in einer gedrechselten Holzschüssel Minze, um diese täglich als Tee zu trinken. Zum Inhalieren wurden schwarze Holunderbeeren und junge Wacholderspitzen gesammelt – das löste und befreite die Bronchien.

Kamillus' Großmutter setzte sehr auf die Heilkraft der Kräuter und gab dieses Wissen an ihn weiter. „Von ihr habe ich meine Kräutergene", sagt Kamillus selbst. Seine Mutter und ein Onkel unterwiesen den Bub eher praktisch. Sie lehrten ihn zu erkennen, was Menschen oder Tiere brauchten. Um 1900 war die Großmutter die erste geprüfte Hebamme in Prägraten. Sie versorgte das Dorf mit Heilpflanzen. Und damit schließt sich der Kreis zu Kamillus. Er sieht seine Hauptaufgabe bis heute darin, in der Natur Kräuter zu sammeln und sie den Familien in Prägraten als Heilmittel in Form von Tee und anderen Zubereitungen zur Verfügung zu stellen. Sein Ziel ist es darüber hinaus, jungen Familien mit Kindern die Natur nicht nur als Freizeitspaß und Vergnügen zu vermitteln, sondern auch die Kräfte der Natur für Wohlergehen und Gesundheit zu nutzen.

Mehr als eine Leidenschaft

So ist es zu erklären, dass Kamillus sich in den Jahren seiner Berufstätigkeit in Vorarlberg seine Neugierde für Kräuter erhalten hat. Das Kloster bot ihm eine ideale Umgebung dazu. Als Leiter des landwirtschaftlichen Betriebes hatte er jahraus, jahrein mit der Natur zu tun. Der klösterliche Obst- und Gartenbaubetrieb sowie die Vieh- und Almwirtschaft boten ihm für seine Kräuterliebe ein wunderbares Umfeld. Seine ersten Anhänger und Freunde fand er unter den 400 Internatsschülern des Klosters. Sie hörten ihm geduldig zu und fanden das Thema Kräuter sehr spannend. Seine jungen Freunde halfen ihm dabei, Kräuter zu ernten und zu verarbeiten. Sie gaben ihr neues Wissen an die Eltern weiter. Neugierig nahmen auch die Eltern Kontakt mit Kamillus auf, um sich einen Rat zu holen. Kamillus freute sich über diese Möglichkeit, sein Wissen weiterzugeben, und baute es mehr und mehr aus.

Den Kontakt zum Kloster pflegte er auch, als er 1988 für 10 Jahre in die Molkereiwirtschaft nach Feldkirch wechselte. Zu seinen engen Beratern in Sachen Natur zählten neben den Klosterbewohnern auch ein Ingenieur und ein Architekt. Sie alle teilten Kamillus' Leidenschaft: die Kräuter.

Ein Ruheloser findet Kraft in den Kräutern

Kamillus ging mit 60 Jahren als Pensionist wieder auf den elterlichen Hof nach Bobojach zurück. Auf dem Obersteiner Hof hatte Kamillus fortan die notwendige Zeit, Muße und Umgebung, seiner Kräuterleidenschaft nachzugehen. So hat er seine Aufgabe darin gefunden, Jahr für Jahr „Tee für deine Gesundheit" herzustellen. Er stellt auf diese Weise Kontakt zu Familien und jungen Menschen in Prägraten her. Für ihn ist das der ideale Weg, seine Erfahrungen weiterzugeben. Seine Botschaft ist eindeutig: „Schöpft Kraft aus der Natur und macht euch zunutze, was für euch gut ist". So zeigt

Das lässt sein Herz höher schlagen: das Timmeltal, reich bestückte Wiesen und Berghänge, sein prall gefüllter Rucksack und die wunderbare Bergluft.

er bis heute den Menschen am Fuß des Großvenedigers, welche Kräuter bei welchen Beschwerden helfen. Gleichzeitig regt er sie an, regelmäßig kleine Rationen Bitter- und Gerbstoffe in Form von Tee zu sich zu nehmen, um gesund zu bleiben und fit über den Winter zu kommen.

Kamillus sammelt den ganzen Sommer über Kräuter, hängt sie zum Trocknen in der Kräuterkammer auf und zerreibt sie zu einem wunderbar wohlriechenden Tee. Diesen füllt er in Papiertüten und übergibt sie den Menschen mit dem Wunsch, den Winter über gesund zu bleiben. Außer den Teekräutern stellt er Ansätze mit Blüten und Wurzeln von Latschenkiefern, Wacholder, Isländisch Moos, Enzian, Arnika, Engelwurz und Meisterwurz her. Diese mischt er mit Honig und Saft von Schwarzen Johannis- und Holunderbeeren zu einem Mittel gegen Erkältung oder für den Aufbau eines abwehrbereiten Immunsystems. Gegen jegliches Magengrimmen hält er seinen Meisterwurzwurzelansatz bereit. Für spezielle Anliegen hat er Kräuter wie Frauenmantel, Käsepappel oder Echte Goldrute parat. Für Kamillus ist es selbstverständlich, dass er seine Tees und alles andere kostenlos abgibt. Dies ist seine Art, vor allem Bedürftige und Familien mit Kindern zu unterstützen. Die Menschen haben durch Kamillus erfahren, wie man in Achtsamkeit mit der Natur und mit sich selbst Gesundheit bewahren kann. Von ihm haben sie die Schätze von Prägraten lieben gelernt, in dem festen Glauben und Wissen, sich selbst ohne Nebenwirkungen etwas Wunderbares zu tun. Und so wird mit jedem Frühjahr die Kraft der Kräuter von Neuem wachsen und mit Sehnsucht erwartet. Kamillus sei Dank!

Prägraten am Großvenediger in sommerlicher Abendstimmung vom Obersteiner Hof aus gesehen.

Paradies Prägraten

Wer möchte nicht gerne mal ins Paradies fahren, um zu schauen, wie es dort aussieht oder wie es sich dort lebt? Was ist dort anders? Lohnt es sich, ins Paradies zu gehen? Lande ich am Ende der Welt oder gar in einem Traumland?

Wer sich schon einmal auf den Weg nach Prägraten gemacht hat, erlebt, was Bürgermeister Anton Steiner in schlichte Worte fasst: „Prägraten am Großvenediger bietet den Menschen das, was sie glauben, verloren zu haben: die Ruhe und den Weg zu sich selbst. Bei uns können sie aktiv sein und runterkommen, genießen und auftanken. Stille, Natur, Wasser, Wiesen, Wald, Berge, Täler – und das alles ohne die Dinge, die wir nicht brauchen, um glücklich und zufrieden zu sein".

Ergreifende Ruhe

Die Menschen strahlen mit ihrer Ruhe und Freundlichkeit aus, was es bedeutet, hier zu leben. Die Statistik sagt, dass sie länger leben als anderswo. Wo sonst hat man eine wunderbare Luft, angefüllt mit Wasser, das aus dreitausend Metern Höhe herunter poltert, ohne von Menschenhand gebremst zu werden? Wiesen und Wälder sorgen für eine reiche Sauerstoffsättigung, die durch unzählige kleinste Tropfen aus den vielen Wasserfällen noch gesteigert wird. Sich in dieser Luft zu bewegen, zu wandern, Berge zu besteigen, spazieren zu gehen, bedeutet seelisch und körperlich aufzutanken und sich fit zu machen für den Alltag. Dazu die Ruhe! Legt man sich auf eine der Wiesen und schließt die Augen, hört man nur das Rauschen der Gletscherbäche, Dorfer, Maurer und Isel. Ab und an unterhalten sich Schafe, Ziegen oder Kühe auf den Weiden. Im Sommer sind fast alle Tiere auf Almwiesen von 2400 bis 2700 m Seehöhe. Die Höhe gibt Kraft, nicht nur den Menschen, auch den Tieren.

Winterfreuden

Im Winter hört man die Gletscherbäche nicht mehr. Es scheint, als würden auch sie Winterschlaf halten. Dafür sind Winterfreunde umso aktiver. Prägraten bietet in der weißen Jahreszeit viele Möglichkeiten, sich in der Ruhe der Natur zu erholen und auszutoben. Loipen gehen bis nach Ströden hinauf, der Isel entlang und wieder ins Tal. In Prägraten können Interessierte sich im Biathlonschießen üben oder im Eislaufen. Für Eltern und Kinder gibt es eine Abfahrt mit Lift und eine Skischule für die Kleinen. Die

Alpinskifans fahren mit dem Skibus nach Matrei, wo das Goldried-Skigebiet übergeht in das von Kals mit Großglocknerblick. Wer die weiße Winterwelt mehr in der Ruhe erleben will, freundet sich mit Schneeschuhen oder Tourenski an. Hier haben die Hütten oberhalb von 2000 m im März bzw. April geöffnet, um die Tourengeher zu beherbergen.

DATEN & FAKTEN

Zur Gemeinde Prägraten am Großvenediger zählen die Orte Bobojach, Wallhorn, St. Andrä, Bichl und Hinterbichl am Ende des Virgentals in Osttirol.

- 1312 m bis 3657 m Seehöhe
- 18035 ha Gesamtfläche, davon
  - 5274 ha Almen, Bergmähder und -weiden
  - 1220 ha Wald, davon 80 % Schutzwald
  - 383 ha bewirtschaftete Nutzfläche
- 1173 Einwohner
- 765 Rinder und Kühe, 43 Pferde, 621 Schafe, 56 Ziegen

Weitere Informationen unter www.praegraten.info/Unser_Dorf/Kultur/Chronik

Ein Pflanzenparadies

Unter diesen Bedingungen erfreut sich die Pflanzenwelt einer Vielfalt, die nicht zu überbieten ist. Die unterschiedlichen Lebensräume haben eine große Artenvielfalt zur Folge. Die bekanntesten Alpenpflanzen sind hier selbstverständlich zuhause. Edelweiß- und Kohlröschenwiesen sind nur Beispiele dafür, dass wir hier einer unglaublichen Blumenpracht begegnen. Sie sind nur zwei von vielen Orchideen, die neben dem Frauenschuh in Prägraten jedes Jahr Gäste und Einheimische begeistern. Eine der schönsten und vielfältigsten Blumenwiesen, die ich je in den Alpen gesehen habe, erleben wir auf dem Weg von Bichl zur Sajathütte. Damit nicht genug, gehen wir von der Sajathütte weiter zur Eisseehütte und finden auf einem traumhaften Höhenweg oberhalb des Isel- und Timmeltals weitere seltene Pflanzen. Trauen wir uns noch weiter, von der Eisseehütte zum Wallhorntörl, so erleben wir die kleinsten Wunder der Natur. Wir entdecken winzige Exemplare von Augentrost und Gletscherpetersbart, Alpen-Leinkraut und Edelraute. Man kommt aus dem Staunen nicht heraus, denn diese Perfektion von Blüten in dieser Höhe, bei Wind und Regen, Sonne und Nebel, ist schlicht faszinierend. Solche gigantischen Aussichten und Naturerlebnisse erhalten wir auf beiden Seiten des Iseltals, zum Beispiel auf dem Lasörling- und dem Venediger Höhenweg.

Der Gelbe Frauenschuh – eine von vielen pflanzlichen Kostbarkeiten rund um Prägraten.

Die „Weltalte Majestät", der Großvenediger, vom Dorfertal aus gesehen auf dem Weg zur Johannishütte.

Attraktionen

Diese verträumte Gegend muss sich nicht verstecken, wenn es um Sensationen und Rekorde geht. Schließlich verläuft hier der höchste Pilgerpfad der Alpen. Der Ideengeber Rüdiger kommt aus dem Ruhrgebiet in Deutschland. Menschen und Natur in Prägraten haben ihn als Bergführer so fasziniert, dass er mit vielen fleißigen Helfern die schweren Serpentinsteine zu den einzelnen Kreuzwegstationen, sogar bis auf die Gipfel, hinaufgetragen hat. Die Umbalfälle sind weltbekannt, schließlich erlauben sie den zahlreichen Besuchern aus dem In- und Ausland ein Zusammentreffen mit Millionen kleinsten Wassertropfen in einer aufregenden Bergwelt.

Selten ist der im Dorfertal abgebaute Serpentin. Er ist ein besonders gut zu bearbeitender, türkisfarben schimmernder Stein, „Tauerngrün" genannt.

Und schlussendlich ist Prägraten der Ort am Großvenediger, der „Weltalten Majestät", rundum vergletschert. Er zeigt in der Venedigergruppe mit mehr als 60 3.000er-Gipfeln an, wer das Sagen hat. Er ist der vierthöchste Berg Österreichs.

Vieles mehr können Sie auf der Website www.paradiespraegraten.at erfahren oder noch besser, Sie besuchen Prägraten selbst einmal, es lohnt sich auf jeden Fall.

Die weltbekannten Umbalfälle bringen die wilde Isel durch zerklüftete Felsen und Täler bis hinunter nach Prägraten.

Kräuter
– Kick für Gesundheit und Wohlergehen

Bevor ich mich auf den Weg mache, Wildkräuter zu ernten, tauchen Fragen auf. Warum suche ich welche Pflanzen oder einzelne Teile, warum will ich mir diese Mühe machen? Welche Wirkstoffe haben welche Pflanzen? Wie können sie mir helfen? Oder können sie mir vielleicht schaden? Ist es nicht einfacher, in die Apotheke zu gehen? Einen Kräutertee mischen zu können, heißt zunächst, sich sachkundig zu machen. Wo kann ich was ernten, wie kann ich die Kräuter eindeutig bestimmen, wie sie ernten, ohne die Pflanzenwelt zu zerstören? Daheim angekommen gilt es, das Mitgebrachte sorgfältig zu verlesen, gründlich zu waschen und dann erst die Pflanzen vorzubereiten bzw. sie zu verarbeiten.

Auf die inneren Werte kommt es an

Wildkräuter, das ist Genuss und Geschmacksrevolution einerseits, andererseits zählen die vielen wertvollen Inhaltsstoffe. Sie sind es, die schon die Gelehrten vor Jahrtausenden oder Jahrhunderten dazu gebracht haben, Artemisia zu empfehlen, wenn es um den Magen und die Verdauung schlecht bestellt war. Namen wie Plinius, Aristoteles, Hippokrates, Hildegard von Bingen, Paracelsus, Hahnemann, die Kräuterpfarrer und -kundigen Sebastian Kneipp, Johann Künzle, Maria Treben oder Herrmann-Josef Weidinger sind nur wenige Persönlichkeiten, die dazu beigetragen haben, dass die Volksmedizin Erfolge auf so breiter Basis erleben konnte und mehr denn je kann. Die Phytotherapie bemüht sich heute um die wissenschaftliche Basis und Anerkennung des alten Wissens ebenso wie neuer Erkenntnisse.

Wir unterscheiden bei den Inhaltsstoffen die primären und die sekundären. Zu den primären zählen Kohlenhydrate, Fett, Eiweiß, Vitamine, Mineralstoffe. Die sekundären, die erst später entdeckt wurden, kommen nur in Pflanzen vor. Pflanzen bilden sie zu ihrem eigenen Schutz, zur Fortpflanzung, als Fraßschutz, als Lockmittel usw. Der Mensch kann sich diese auch für ihn wertvollen Stoffe zunutze machen. Pflanzliche Inhaltsstoffe können unsere Zellen schützen, unser Immunsystem stärken oder Pilze und Bakterien abwehren. Wild- und Heilpflanzen haben im Vergleich zu Zuchtpflanzen die höchsten Gehalte an sekundären Pflanzenstoffen.

Löwenzahn, wichtige und gleichzeitig vielfältige Bitterstoff-Pflanze: Blätter, Knospen, Blüten und Wurzeln können gleichermaßen Heil wie Genuss sein.

Es geht uns gut, wenn wir inmitten einer blühenden Wiese nach alten Heilern und leckeren Zutaten suchen.

BITTERSTOFFE – HEILSBRINGER, SCHLANKMACHER, SCHLAUMACHER?

Bitterstoffe zählen zu den sekundären Pflanzenstoffen. Man weiß mittlerweile, dass Bitterstoffe viel mehr können, als wir ihnen jemals zugetraut haben. Zählten sie doch lange Jahre zu den Stoffen, die man aus unserem Gemüse und Obst herausgezüchtet hat. Heute sieht man Bitterstoffe als notwendig und sinnvoll an:

– zur Verbesserung des Immunsystems

– zur Verbesserung des Hautbildes

– bei Problemen mit Appetit und Verdauung

– zur Verbesserung der Leberfunktionen

– zur verbesserten Aufnahme von Eisen und Mikroelementen

– zur Stärkung der Herzfunktionen und -leistung

– zur Verbesserung des Stoffwechsels

u. v. m.

Maßstab sind die „Bitterwerte". Beispiel Gelber Enzian: Die Droge „Enzianwurzel" hat einen Bitterwert von 10.000, d.h. 1 Gramm der Droge in 10.000 Milliliter Wasser gegeben wird gerade noch bitter schmecken.

Bitterwert-Beispiele: Amarogentin (ein Bitterstoff aus Enzian; das Bitterste, das wir heute kennen) 58.000.000, Wermut 10.000, Schafgarbe 3.000, Löwenzahn 100 bis 500 (alles Näherungswerte)

Die sekundären Pflanzenstoffe zählen zur Hauptgruppe von Wirkstoffen in unseren Heilpflanzen. Hier eine Auswahl (jeweils in alphabetischer Reihenfolge):

Wichtige Pflanzenwirkstoffe – Auswahl

	NAME	WIRKUNG – BEISPIELE
KOHLEN-HYDRATE	**SCHLEIMSTOFFE**	in Verbindung mit Wasser speichern sie dieses und werden zu einer gallertartigen Masse; sie legen sich besänftigend auf erkältete Organe oder auf den Darm
		wasserlöslich
	PEKTINE	sie quellen und binden Wasser; sie zählen zu den pflanzlichen Dickungsmitteln mit denen in Osttirol Gelees und Konfitüren hergestellt werden
		wasserlöslich
SEKUNDÄRE PFLANZEN-STOFFE	**ÄTHERISCHE ÖLE Z. B. MONOTERPENE**	flüchtige Stoffe (im Gegensatz zu den bekannten fettenden Ölen), die in allen Pflanzenteilen vorkommen können, am häufigsten in den Blüten und da wiederum in den Blüten der Lippenblütler, eine Pflanzenfamilie zu der z. B. Taubnesseln oder Quendel gehören
		wirksam über Nase, Mund und Haut
		Vielzahl an Wirkungen, wie antibakteriell, antiviral, entzündungshemmend, beruhigend, anregend
		fettlöslich
	ALKALOIDE	sehr große und formenreiche Gruppe mit sehr unterschiedlichen Wirkungen, u. a. auch von leicht bis stark toxisch; Beispiele: einige Pflanzenteile enthalten Alkaloide, andere nicht (z.B. Kartoffeln: grüne Teile haben Solanin – ein Alkaloid, das ab 0,05 % Anteil als gesundheitsschädlich gilt; andere werden als Rausch- oder Suchtmittel eingeordnet, z.B. Coffein, Nicotin, Chinin; Pyrrolizidinalkaloide (PA) können leberschädigend und kanzerogen wirken; Coniin im Schierling gilt als äußerst giftig)
		wasserlöslich
	ARBUTIN	antibakteriell bei Nieren- und Harnwegsinfektionen
		zeitlich begrenzte Aufnahme da es sonst evtl. zu Leberschädigungen kommen kann
		wasserlöslich
	BITTERSTOFFE	sehr unterschiedlich zuzuordnen und vielseitig in der Wirkung: u. a. verdauungsfördernd, anregend für Leber und Galle, hautschützend, immunmodulierend, anregend für Herz und Kreislauf
		wasserlöslich
	CAROTINOIDE	zählen zu den Farbstoffen
		u. a. antioxidativ, entzündungshemmend, immunmodulierend
		verringertes Risiko für Herz-Kreislauf- und altersbedingte Augenkrankheiten, evtl. auch Krebs, metabolisches Syndrom, Gefäßveränderungen
		fettlöslich
	CUMARINE	Risikoverringerung für Herz-Kreislauf- und bestimmte Krebs-Erkrankungen
		u. a. entzündungshemmend, gefäßentkrampfend, zirkulationsfördernd, blutverdünnend, beruhigend
		innerlich und äußerlich anwendbar; innerlich: Vorsicht mit der Dosis
		Furanocumarine wirken phototoxisch
		wasserlöslich
	FLAVONOIDE (ZUR GRUPPE DER POLY-PHENOLE)	insgesamt zur Gesunderhaltung und zum Schutz vor Krebs
		u. a. antioxidativ, antithrombotisch, blutdrucksenkend, entzündungshemmend, immunmodulierend, antibiotisch, neurologische Wirkungen (kognitive Fähigkeiten)
	U. A. FLAVONE, FLA-VANOLE, FLAVONOLE, ISOFLAVONE, AN-THOCYANE	wasserlöslich und hitzestabil

VORKOMMEN – BEISPIELE

Beinwell, Eibisch, Isländisch Moos, Kamille, Königskerze, Löwenzahnwurzel, Malve, Wegerich

Engelwurz, Gelber Enzian, Meisterwurz, Früchte wie Berberitze, Hagebutten, Heidel-, Schwarze Johannis- und Vogelbeeren

Beifuß, Dost, Engelwurz, Johanniskraut, Kamille, Kümmel, Nadelbäume, Pfefferminze, Quendel, Schafgarbe, Thymian, Wacholder, Wermut, Wildrose

kommen in sehr vielen Pflanzen vor, deshalb entsprechende Pflanzen höchstens äußerlich anwenden bzw. meiden

Eibe, Eisenhut, Schierling, Hahnenfuß, Herbstzeitlose – alle leicht bis stark toxisch

PA-haltig: Beinwell, Huflattich werden deshalb nur äußerlich und kurzfristig eingesetzt

Solanin: Kartoffeln (grüne Stellen entfernen)

Echte Bärentraube, Heidelbeere, Preiselbeere

erkennbar am bitteren Geschmack: Beifuß, Enzianwurzel, Isländisch Moos, Löwenzahn, Meisterwurz, Schafgarbe, Spitzwegerich, Wegwarte, Wermut

vorwiegend in allen gelben bis orangefarbigen und roten Pflanzenteilen, vor allem in Blüten und Früchten

erkennbar am Duft von Waldmeister, Heublumen, Kamille, Steinklee

kommen in vielen Pflanzen in Spuren vor und verursachen eine erhöhte Lichtempfindlichkeit: Engelwurz, Wiesen-Bärenklau

erkennbar an Farben: hellgelb bis orange, rot, blau und violett

alles, was in diesen Farben blüht und Früchte trägt

Mädesüß, Ringelblume, Holunderblüten und -beeren, Johanniskraut, Kamille

Rote und Schwarze Johannisbeeren, Holunder, Heidelbeeren

Wichtige Pflanzenwirkstoffe – Auswahl

	NAME	WIRKUNG – BEISPIELE
SEKUNDÄRE PFLANZEN-STOFFE	**GERBSTOFFE**	schützen Zellen und Gewebe, diese Wirkung wird beim Gerben von Tierhaut genutzt
		u. a. schmerz- und juckreizlindernd, wundheilend, entzündungshemmend, austrocknend, antibakteriell, antiviral, antimykotisch
		bei Durchfall stopfend, mildern Schleimhautentzündungen
		„Gegengift" zu Alkaloiden
	GLYCOSIDE	Gruppe mit sehr unterschiedlichen Wirkungen
		bestehen aus 2 Bausteinen, 1 Zuckeranteil + 1 Nicht-Zuckeranteil – letzterer bestimmt die Wirkung, z. B.
		Senfölglycoside – scharfer Geschmack in Kapuzinerkresse
		Herzglycoside z. B. in Fingerhut oder Maiglöckchen sind giftig
		Cumaringlycoside – erkennbar am Geruch, vgl. Cumarine
		wasserlöslich
	GLUCOSINULATE SENFÖLGLYCOSIDE	enthalten in allem, was den typischen Kohlgeruch und -geschmack hat; bei den Kräutern sind es Senfarten und Kapuzinerkresse
		in der Wirkung sind sie antioxidativ, immunmodulierend, verringern Risiko für bestimmte Krebskrankheiten
		wasserlöslich
	TERPENOIDE, MONOTERPENE, SESQUITERPENE, TRITERPENE, PHYTOSTERINE	sehr unterschiedliche, große Gruppe
		Duft- und Aromastoffe, Bitterstoffe oder Hauptbestandteil vieler ätherischer Öle (dann fettlöslich), etc.
	PHENOLISCHE VERBINDUNGEN	verringertes Risiko für bestimmte Krebserkrankungen, Zell- und Gefäßschutz
	PHENOLE, PHENOLSÄUREN, LIGNINE, CUMARINE, ETC.	antioxidativ, antiseptisch, fiebersenkend, schmerzlindernd, entzündungshemmend z. B. Salicylsäure, Kaffeesäure
		wasserlöslich
	SAPONINE/ SEIFENSTOFFE	antibiotisch, antifungizid, antikanzerogen, entzündungshemmend
		Bitterstoffe in wässriger Lösung mit einer schaumbildenden Wirkung
		emulgieren Fette und ätherische Öle, innerliche (nur kurzfristig) und äußerliche Anwendungen bewirken Aufnahme und Bindung anderer Stoffe (Fremd-, Schadstoffe)
		sekretlösend bei Erkältungen, Atemwegserkrankungen, durchspülend bei Harnwegsinfektionen, stoffwechselanregend bei rheumatischen Erkrankungen
ANDERE	**CHLOROPHYLL**	hilfreich beim Blutaufbau
		Farbpigment für alles Grüne, Basis für die Photosynthese für alles Leben (je mehr Chlorophyll, desto mehr Leben, Energie etc.)
		große Ähnlichkeit mit menschlichen Blutzellen
		positive Wirkungen von Chlorophyll gibt es unendlich viele, je mehr wir davon zu uns nehmen, desto besser

VORKOMMEN – BEISPIELE

erkennbar an der adstringierenden (zusammenziehenden) Wirkung

Blutwurz, Frauenmantel, Gänsefingerkraut, Heidelbeere, Kamille, Schafgarbe

Kohlarten, Kressen, Senfarten

große Gruppe

Salicylsäure enthalten z. B. Weidenrinde, Mädesüß, Pfefferminze, Thymian, Acker-Stiefmütterchen

Gänseblümchen, Goldrute, Königskerze, Quendel, Rosskastanie, Schlüsselblume, Seifenkraut, Acker-Stiefmütterchen

in allem Grünen

Gemüse und Salate, grüne Sprossen

sehr hohe Anteile in Wildkräutern, wie z. B. Brennnesseln

> **WEITERE INFORMATIONEN ZU DEN WIRKSTOFFEN:**
>
> – dge.de bzw. oege.at, sge-ssn.ch – das sind die Gesellschaften für Ernährung in Deutschland, Österreich und der Schweiz;
>
> – Ursel Bühring, Praxis-Lehrbuch Pflanzenheilkunde, 4. überarbeitete Auflage, Stuttgart 2014, 118ff
>
> – Bettina Lube-Dietrich, Arzneipflanzen – Arzneidrogen, 2. überarbeitete Auflage, Eschborn 2017, Seite 132ff

Vielstoffgemisch – keine isolierten Inhaltsstoffe

Die Natur präsentiert uns Pflanzen als Ganzes. Sie bietet ein Gemisch aus Blättern, Blüten, Samen, Früchten und Wurzeln. Während in der klassischen Medizin gezielt einzelne Inhaltsstoffe isoliert ausgewählt werden, spielt in der Volksheilkunde immer das Stoffgemisch einer Pflanze die Hauptrolle. Da ist der Mensch gefordert, der sich selbst beobachten und in sich hineinhorchen muss, ob und wie die Wirkung einsetzt. Gleichzeitig bedeutet der Einsatz der Pflanzenkraft bei richtiger Dosierung und Anwendung keine Nebenwirkungen zu haben.

> **DIE DOSIS MACHT DAS GIFT**
>
> Das wissen wir nicht erst seit Paracelsus. Vorsicht ist nicht nur geboten bei leicht giftigen oder giftigen Wirkstoffen wie Alkaloiden, Blausäure-Glycosiden oder Herzglycosiden. Alle Pflanzen sind Drogen. Im Umgang mit ihnen ist deshalb stets Sorgfalt geboten.

Wer auf den Gedanken kommt, diese wertvollen Inhaltsstoffe als Nahrungsergänzungsmittel einzunehmen, dem geben Experten den Rat: „Die isolierte Zufuhr einzelner sekundärer Pflanzenstoffe in Form von Nahrungsergänzungsmitteln kann nicht empfohlen werden."
  (Weitere Informationen unter www.dge.de/wissenschaft/weitere-publikationen/fachinformationen/sekundaere-pflanzenstoffe-und-ihre-wirkung/)

> **RAT VON KAMILLUS**
>
> Kräuter, Wildkräuter, Heilkräuter sind „Drogen", die Wirkungen haben – folglich auch Nebenwirkungen. Diese können in der Pflanze oder in der Konstitution des Menschen begründet sein, so z. B. Korbblütler-Allergien. Vorhandene Allergien bitte immer vorher sorgfältig prüfen.

Die Kraft der Natur kennenlernen, ihre Inhaltsstoffe erfahren und ihre Bestimmungsmerkmale erleben – gemeinsamer Spaß mit vielen Gleichgesinnten.

Ein Rucksack voll Wissen

„Gewusst wie" ist in der Pflanzenwelt wichtig. Wie will man sonst unterscheiden, welche Pflanzen auch toxische Stoffe beinhalten? Wir alle kennen Krimis, in denen das Gift des Blauen Eisenhuts ganz schnell zum Tod führt. Also gilt es, die wichtigsten Merkmale zur Bestimmung, auch die der „Verwechsler", zu kennen. Die Natur bringt es mit sich, dass nicht eine Pflanze der anderen gleicht. Doch die Anlage, der Verlauf der Vegetation und die Umgebung können zuweilen bedingen, dass die sonst so eindeutigen Merkmale nicht zu finden sind. Dann gilt immer: Finger weg und Pflanze stehen lassen! Bei den feinen Unterschieden – seien es die Härchen an den Stängeln, die Blattnerven, die Blattrosette, die Hüll- oder Hüllchenblätter, die Stielchen der Blätter oder der blattlose Stängel – muss alles passen. Ursel Bühring gibt uns dazu mit auf den Weg: „Schau hin, aber schau genau hin!"

Erlebnis Pflanze – Entspannung pur

Nicht an letzter Stelle steht das Erlebnis mit und in der Natur. Die frische Luft, das Zusammenspiel von Wasser, Sonne, Wald, Wiese einfach auf sich wirken und sich gehen zu lassen, damit beginnt das Abenteuer Wild- und Heilkräuter. Die Umgebung der Pflanze zu erkunden, die uns Heilung bringen kann, diese mit nach Hause zu nehmen, darin liegen Kraft und Energie, die die Natur auf uns Menschen überträgt.

Wo könnte die Entspannung größer sein, als in einer Wiese zu sitzen und Schafgarbenblätter zu suchen, an einem sonnigen Berghang die Quendel-Blütenköpfchen zu sammeln oder zwischen Alpenrosen und Blüten von Preiselbeeren Isländisch Moos zu ernten? Man vergisst die Zeit, ist einfach glücklich, da zu sein, schaut sich Triebe, Blättchen oder Blüten an und legt sie in den Korb. Immer wieder staune ich, wie in Gedanken versunken und hingebungsvoll sich Männer wie Frauen in die Wiese begeben, um zu ernten, was sie zuvor in einem Bestimmungsbuch oder -kurs gelernt haben.

Schau hin, aber schau genau hin – so habe ich es gelernt von Ursel Bühring.

Schützen, ernten, verarbeiten

Irgendwann wird es ernst: Wir packen einen Korb mit den notwendigen Utensilien und machen uns auf den Weg.

Wo gehen wir sammeln?

Wo finden wir Wiesen, Wald- oder Wegränder, wo wachsen die Pflanzen, die wir ernten können? Wobei handelt es sich um einen Spazierweg von Hundebesitzern, ist alles umringt von Feldern oder Wiesen, die intensiv bewirtschaftet werden? Verlaufen diese Wege entlang befahrener Straßen mit hohem Verkehrsaufkommen oder unterhalb von Flugschneisen? All diese Fragen müssen wir mit „Nein" beantworten, wenn wir mit einem reichen Kräutersegen heimkehren wollen.

Gleichzeitig stellen wir uns die Frage: Wächst dort das, was ich heute ernten möchte? Ist es die richtige Jahreszeit? Natürlich kann ich einfach in die Natur gehen und ernten, was ich finde. Ich sollte mir auch vor oder während der Ernte überlegen, was ich noch am gleichen Tag verarbeiten kann. Denn Heil- und Wildkräuter wollen sofort und sorgfältig versorgt werden.

Wann ist die beste Zeit?

Pauschal gesagt ist die beste Erntezeit der späte Vormittag und zwar, wenn das Wetter trocken und sonnig ist. Ist der Morgentau verdunstet, haben die Pflanzen die beste Nähr- oder Wirkstoffdichte.

Die Pflanzenteile mit ätherischen Ölen erntet man, wenn die Sonne am höchsten steht. Das gilt für die Ernte von Blüten und Blättern. Wenn es einige Zeit geregnet hat, brauchen die Pflanzen mindestens ein, besser zwei Tage Zeit, die Wirkstoffe, die der Regen ausgewaschen hat, wieder neu aufzubauen. Werden z. B. Holunderblüten nach einem Regentag geerntet, haben sie weniger Aroma, als wenn wir noch einen Tag abwarteten.

> **KRAUT ERNTEN**
>
> Die oberen 5 bis 15 cm, je nach Größe der Pflanze; mit Blüten, Knospen, Samen/Früchten, Stielen

ERNTEN KURZ GEFASST

- genügend Behältnisse/Beutel pflanzen- und verwendungsgerecht mitnehmen
- nur mit dem richtigen Werkzeug ernten: Messer, Schere, Gartenschere, etwas Jutegarn
- nicht an viel befahrenen Straßen, in der Nähe von Flughäfen, Fabriken, an Hundespazierwegen, an intensiv genutzten landwirtschaftlichen Flächen ernten
- nur die Menge ernten, die kurzfristig verarbeitet werden kann
- gezielt in Richtung Verwendung ernten: Blüten, ganze Pflanzen, nur Blätter, Wurzeln
- auf Empfindlichkeiten der Pflanzen Rücksicht nehmen
- nur so viel ernten, dass die Pflanze weiterleben kann
- gestreut ernten, also einige Blätter oder Blüten pro Pflanze
- eventuell eine Flasche oder Behältnis mit Wasser zum Frischhalten mitnehmen

Welche Pflanzen sammeln wir wofür?

Da sich Ernte und Transport je nach Verwendung unterscheiden, ist es wichtig, sich vorher dazu Gedanken zu machen und das Richtige mitzunehmen. Hier ein paar Beispiele:

- Suche ich Brennnesseln für Spinat und gleichzeitig zum Trocknen für Tee, so ernte ich gezielt: das Kraut, je nachdem wie zart die Pflanzen sind, zum Kochen. Für Tee kann ich die ganze Pflanze bis auf 20 cm von unten abschneiden, solange die Blätter noch grün sind. Ich sortiere gleich so, dass ich sie daheim büscheln und zum Trocknen aufhängen kann. Das Garn im Korb macht alles einfach, ich kann die Büschel an Ort und Stelle binden. Jedes neue Anfassen und Verarbeiten kostet Nährstoffe.
- Will ich Quendel ernten, nehme ich für ein Kräutersalz Blüten und Blättchen, also den Stiel, solange dieser grün ist (keine holzigen Teilchen). Oder ich entnehme nur die oberen Blütenköpfchen, wenn ich Quendel für eine Tinktur zur Grippeprophylaxe verwende. Da es sich um empfindliche Heilkräuter handelt, legen wir diese sorgfältig in einen Stoffbeutel oder gleich in ein Glas. Niemals in Plastik. Von den kostbaren ätherischen Ölen wollen wir möglichst wenig verlieren. Erstens kann ich nach dem Verlesen die Kräuter zum Trocknen auslegen oder in Büscheln aufhängen. Zweitens verlese ich am gleichen Tag gründlich und setze die Blüten mit 38%igem Korn an.
- Weitere Anregungen geben wir bei der Beschreibung der einzelnen Pflanzen ab Seite 35.

KORB ODER RUCKSACK ZUM ERNTEN:

Schneidwerkzeug wie Messer, Küchen- oder Gartenschere, Tüten aus Papier oder Stoff, Jute oder anderes Naturgarn

Handschuh (für Brennnesseln oder Stacheliges)

für Blüten: Gläser oder Dosen

für die Wurzelernte: Wurzelstecher oder kleiner Spaten, Bürste für die grobe Erde

evtl. Lupe und ein Bestimmungsbuch

Die Kräuter für Heilzwecke sind sehr sorgfältig zu ernten, zu transportieren und zu verarbeiten. Wir können nur die höchstmögliche Dosis an Wirkstoffen erhalten, wenn wir die Pflanzen entsprechend umsichtig behandeln. Die Ernte muss in einem einwandfreien Zustand sein, d. h. dass sie frei von jeglichem Befall und gut erhalten ist, und nicht am Verwelken. Das bedeutet zum Beispiel:

- achtsam mit Schere oder Messer ernten, damit die verbleibende Pflanze nicht unnötig beschädigt wird und das Erntegut nicht verletzt wird
- schon beim Ernten ist darauf zu achten, nur saubere, einwandfreie Pflanzenteile zu nehmen und sie in der Natur so zu schneiden, dass es daheim keinen „Abfall" gibt
- Kräuter für den Transport nie in Plastik legen, nicht quetschen oder drücken
- empfindliche Pflanzenteile wie Blüten direkt in Gläser geben
- Erntegut sofort in den Schatten legen oder vor Sonne schützen
- Pflanzen mit hohem Wasseranteil evtl. mit einem in Wasser getränkten Baumwolltuch schützen, dazu eine Flasche Wasser einstecken

Zu Gast in der Natur

Wenn wir ernten, sind wir zu Gast in der Natur und verhalten uns entsprechend. Der Schutz von Natur und Pflanzen steht an erster Stelle. Wir Menschen sind es, die die Natur für uns nutzen möchten. Die Pflanzen wissen sich zu helfen und reagieren auf Beschädigungen entsprechend. Wie können wir die Pflanzen größtmöglich schonen und trotzdem ernten?

- Geschützte Pflanzen werden grundsätzlich nicht gesammelt. Kein Blatt, keine Blüte, keine Samen und keine Wurzel.
- Einige Pflanzen sind geschützt, dürfen aber in Teilen geerntet werden, z. B. dürfen wir vom geschützten Wacholder die reifen Beeren ernten.
- Die Pflanze wird nur so weit geerntet, dass sie weiterleben kann – je nach Größe der Pflanze. D. h. es werden immer mindestens einige gesunde Blätter stehen gelassen. So kann die Pflanze weiter assimilieren und Energie aufbauen. Zarte Walderdbeerblätter etwa sind für Tee sehr wertvoll. Für die Pflanze jedoch auch. Deshalb erntet man nur je ein Blatt. Schließlich wollen wir uns später auch über Früchte freuen.
- Es werden nie alle Samen/Früchte mitgenommen, sondern immer einige an Ort und Stelle belassen, damit sie reifen und Samen bilden können.
- Wurzeln werden sorgsam gegraben, ohne sie zu beschädigen. Wenn die Pflanze mit verbleibenden Wurzelstücken weiterleben kann, wie z. B. Meisterwurz oder Beinwell, besteht keine Sorge. Würde man Enzianwurzel (streng geschützt) graben, braucht die Pflanze drei bis sieben Jahre, um wieder neu zu wachsen.
- Im Allgemeinen graben wir Wurzeln nach altem Brauch erst nach dem 15. August, ab Maria Himmelfahrt, aus. Danach beginnt traditionell die Ernte aller unterirdischen Pflanzenteile. Dann haben sie die meiste Kraft, weil alle oberirdischen Pflanzenteile über den Sommer viele Nährstoffe aufgebaut, gesammelt und die überschüssigen an die Wurzeln abgegeben haben. Schafft man es nicht, im Herbst vor dem ersten Frost zu graben, kann das auch im Frühjahr erfolgen bis die ersten Triebe kommen. Wenn das erste Grün da ist, geben die Wurzeln die Nährstoffe wieder nach oben an die grünen Triebe weiter. Ausnahmen sind bei den entsprechenden Pflanzen, wie z. B. beim Löwenzahn, angeführt.
- Vielleicht können wir die eine oder andere „Kultur" für uns erhalten. Das geht sehr gut z. B. bei Brennnesseln. Wenn wir die oberen 10 bis 15 cm abschneiden, treibt die Pflanze am nächsten Blattansatz neue Spitzen, die nach ein, zwei Wochen erneut als frische Blatttriebe zu sehen sind. Das ist auch bei Beifuß oder Wermut möglich. Holunderbäume reagieren ähnlich. Schneidet man eine Blütendolde ab, wächst eine neue nach. So können wir trotz der Blütenernte auch am Ende des Sommers mit Früchten rechnen.

Die ideale Zeit zum Ernten der Wurzeln beginnt am 15. August, ab Maria Himmelfahrt. Kamillus gräbt Meisterwurzwurzeln mit einem alten Wurzelstecher.

Mit Sorgfalt verarbeiten

Daheim angekommen werden die Pflanzen zunächst sorgfältig sortiert. Blättchen für Blättchen. Auf einem weißen Tuch können kleine Tierchen herauskrabbeln. Dann gilt es zu entscheiden: Verlesen? Waschen? Trocknen?

Für die Erhaltung der Wirkstoffe ist es am besten, die Pflanzen möglichst wenig anzufassen und zu verarbeiten. Dabei macht es einen Unterschied, um welche Inhaltsstoffe es geht.

- Ätherische Öle sind flüchtig. Sie entweichen sofort, sobald Zellen in Blättern, Stängeln, Samen/Früchten oder Blüten beschädigt werden. Wenn es um die Verwendung von Pflanzenteilen mit ätherischen Ölen geht, muss es ohne Waschen gehen. Das gilt generell vor allem für Blüten. Die zarten Blütenblätter würden dem nicht standhalten. Schonendes Trocknen oder sofortiges Einlegen in Öl oder Alkohol ist hilfreich.

> Bei der Verarbeitung bitte kein Metall verwenden
>
> Metall baut Energien und Wirkstoffe ab, z. B. das Allantoin der Beinwellwurzel. Ein Keramikmesser kommt da gerade recht. Keine Metalldosen für die Lagerung nutzen ohne sie mit Tuch auszukleiden.

- Blätter von Wildkräutern sind am häufigsten gefragt. Für Heilzwecke werden sie in der Regel getrocknet, gut durchlüftet, zu Büscheln gebunden, dunkel, in jedem Fall ohne Sonne, und möglichst mit Stängel schonend aufgehängt. Ist kein Platz zum Aufhängen, legt man die Pflanzen locker, nicht übereinander, auf ein Tuch und/oder auf einen feinen Draht. Die Blätter sind trocken, wenn sie knirschen oder mit einem Rascheln oder Knistern brechen. Sind Blätter dunkel oder schwärzlich braun geworden, können sie nicht mehr als Heilkräuter verwendet werden. Wichtig ist die Beschriftung von Anfang an: Pflanzenname, geerntet am und wo.
- Vollständig getrocknet werden die Kräuter weiterverarbeitet oder aromageschützt aufgehoben. Die Lagerung muss dunkel, kühl und trocken erfolgen.
- Blüten sind stets etwas Besonderes. Nach dem Ernten ist es vor allem bei Blüten ratsam, sie eine Zeit liegen zu lassen, damit alle kleinen Tierchen herauskrabbeln können. Auf einem weißen Baumwoll- oder Leinentuch bzw. auf Küchenkrepp merken die Tiere, dass etwas nicht stimmt und suchen das Weite. Wir schütteln nach ca. 30 Minuten die einzelnen Blüten, schauen noch einmal hinein, dann können wir sie verarbeiten.
- Blüten können getrocknet oder in Alkohol, Öl, Essig, Zucker oder Salz eingelegt werden. Mit frischen Blüten kann man einen Honigansatz herstellen. So kann man etwa einen Erkältungs- oder einen Hustenhonig bereiten. (Seite 216 f.)
- Wurzeln werden sofort frisch gesäubert und verarbeitet. Nach gründlichem Waschen mit Bürste und Wasser oder mit einem Druckreiniger muss das Trocknen sehr schnell gehen, damit sie nicht faulen. Am besten zieht man mit einer dicken Nadel ein Loch durch die Wurzel, schiebt einen Faden hindurch und hängt sie zum Trocknen auf. Damit werden sie von allen Seiten gut belüftet. Hat man keine Gelegenheit, „Seile" zu spannen, können Wurzeln nebeneinander auf

einem Tuch ausgelegt werden, möglichst an einem luftigen Ort.

Es ist ratsam, Wurzeln nach dem Reinigen so zu schneiden, wie sie verarbeitet bzw. getrocknet werden, z. B.:

- Meisterwurz – feine Scheiben von den dicken Wurzeln, etwas längere Stücke von den dünnen Ausläufern
- Beinwell – in dünne Scheiben, wenn sie direkt verarbeitet werden, in längere Stücke, wenn sie getrocknet und später gemahlen werden
- andere Wurzeln schneiden wir in der Regel in Stücke von 3-5 mm, so dass wir sie in dieser Form für Tee oder Tinktur verwenden können

GETROCKNETE KRÄUTER LAGERN

Vorsicht Schimmel! Wollen wir auf Nummer sicher gehen, geben wir die getrockneten Kräuter in Kartons, ausgeschlagen mit Küchenpapier, und verschließen diese gut. In luftdichte Behälter wie Gläser lege ich vorsichtshalber ein Stück Küchenkrepp (weiß, ohne Farbe), damit eventuelle Restfeuchte nicht zum Schimmeln führt. So ist alles sicher aufgehoben bis zur nächsten Saison.

Wildkräuter mit Schimmel müssen vollständig entsorgt werden, da hilft auch kein Aussortieren mehr.

Zum guten Schluss

Haben wir keine Zeit, Heil- und Wildkräuter zu ernten und zu verarbeiten, können fast alle Kräuter in der Apotheke oder in einem der vielen Kräutershops bestellt werden. Es ist ratsam, auf die Qualität zu achten. Wer das nicht kann, der sollte sich auf die Qualitätsprüfung der Apotheken verlassen. Sie sind verpflichtet, die vorgegebenen Qualitätsstandards für alle Drogen zu gewährleisten.

Wer keine Kräuterstube hat, kann die Pflanzen auch auf Tüchern ausgebreitet trocknen.

Das grüne Paradies

Unsere Auswahl an Pflanzen, Sträuchern und Bäumen orientiert sich daran, welche Blätter, Blüten, Früchte und Wurzeln wir rund um Prägraten am Großvenediger finden können, die Kamillus für die Heilwirkung erntet und aufbereitet. Bis auf wenige Ausnahmen sind diese auch in ganz Österreich, der Schweiz und bis in den Norden Deutschlands zu finden. Viele sind „international" ansässig, solange klimatische Bedingungen vergleichbar sind.

Wir sind uns bewusst, dass wir hier nur eine kleine Anzahl an Schätzen präsentieren, die uns die Natur bietet. Ackerschachtelhalm, Acker-Stiefmütterchen, Alant, Augentrost, Baldrian, Blutwurz, Echter Steinklee, Dost, Gänseblümchen, Geflecktes Lungenkraut, Goldrute, Hirtentäschel, Rosenwurz oder Wald-Ziest, um nur einige wenige zu nennen, besitzen ebenso eine heilbringende Wirkung. Aus Platzgründen können wir jedoch nur eine begrenzte Anzahl an Pflanzenarten berücksichtigen.

Das grüne Paradies ist für alle Menschen und Tiere da. Diese Honigbiene erfreut und labt sich an den Blüten der Arzneiengelwurz.

Pflanzen und Sträucher

Ein Paradies für Pflanzen, Tiere, Menschen –
wer mag, kann sich auf den Weg machen,
es zu finden. Diese Biene hat in dem Acker-
Stiefmütterchen bereits ihr Paradies gefunden.

Arnika

Wer im Sommer vom Tal in die Höhe wandert, dem begegnen auf Bergwiesen und in lichten Wäldern bis 2500 m Seehöhe zerzauste, gelbe Blütenköpfe. Sie strahlen schon von Weitem, auch wenn die Sonne mal nicht scheint. Ob Sturm und Regen, Kälte oder Sonne, bescheiden im Anspruch an den Boden behauptet sich dieser Wirbelwind. Arnika will uns vermitteln, dass sie für alle, die sich durchsetzen und immer wieder aufrichten müssen, die trotz schwieriger Lebensumstände immer strahlen und einen positiven Eindruck erwecken wollen, der geeignete Partner in der Pflanzenwelt ist. Auch der Wanderer, der vielleicht schon keine Kraft mehr hat weiterzugehen oder der am Abend von Muskelschmerzen oder geschwollenen Knien geplagt ist, fühlt sich von diesem Strahlemann angesprochen.

Arnika ist eine streng geschützte Pflanze. Sie ist mit der Ringelblume die am meisten verwendete Heilpflanze in Mitteleuropa und gilt als die wilde Schwester der Ringelblume.

Als Volksheilmittel war diese robuste, strahlende Bergblume immer schon mystisch. Von Arnika erwartete man, dass sie Gewitter besänftigte, den Zauber der Hexen abwandte und schließlich als Wundermittel vor Krankheiten schützte.

Arnica montana L.

Ab Juli begrüßt uns das zerzauste Blütenköpfchen der Arnika in der Höhe. Sie ist eine der am meisten verwendeten Heilpflanzen.

FAMILIE:

Korbblütler, Asteraceae

ANDERE NAMEN:

Echte Arnika, Bergwohlverleih, Donnerblume, Engelkraut, Fallkraut, Kraftwurz, Mitterwurz, Sternblume, Wundkraut

Ein wunderschönes Blütenkörbchen mit unzähligen orange-gelben Zungen- und Röhrenblüten. Typisch die sichtbaren Nerven der Zungenblüten.

Erkennen mit allen Sinnen

Die ausdauernde Pflanze ist das Sonnenkind der Hochgebirgswiesen. Arnika wächst auf saurem Milieu, trockenen Matten, auf Moor- oder mageren, auch sandigen Bergwiesen in Höhen von 800 bis 2500 m Seehöhe. Kalkhaltige Böden mag sie gar nicht. Sie kann 20 bis 60 cm groß werden.

ZUR BESTIMMUNG

Blüte: orange-gelbes Körbchen mit Zungen- und Röhrenblüten; Zungenblüten haben 3 Zacken und 5 bis 12 sichtbare Nerven

Blatt: eiförmig-lanzettlich, gegenständig am Stängel, Grundblätter als Blattrosette, vier- bis siebennervige Blätter; Blattnerven laufen vom Blattansatz bis zur -spitze durchgehend

Stängel: fein behaart, aufrechtstehend, 20 bis 60 cm, allenfalls mit 1, höchstens 2 gegenständigen, ungestielten Blattansätzen

Typisch: zerzaustes Blütenköpfchen, endständig

Aus der Blattrosette kommt die Knospe, deutlich zu sehen ist die feine Behaarung.

Die fein behaarten Stängel stehen aufrecht und haben meist ein, höchstens zwei gegenständige kleine, ungestielte Blattpaare. Alle Blätter sind eiförmig-lanzettlich und ganzrandig. Die Grundblätter bilden eine Rosette aus der Wurzel heraus. Die vier- bis siebennervigen Blätter sind ein wesentliches Kennzeichen zur Unterscheidung. Sie sind leicht behaart, hellgrün und fast etwas fleischig. Die Blattnerven beginnen am Blattansatz und laufen durchgehend bis zur Spitze.

Das Blütenkörbchen, 5 bis 8 cm breit, ist endständig, d.h. es sitzt direkt auf dem Stängel. Weitere Blüten können aus den Blattachsen kommen. Orange-gelbe Zungen- und Röhrenblüten sind von weitem sichtbar. Die 3 bis 6 mm breiten Zungenblüten haben am Ende drei Zacken und sind durch fünf bis zwölf sichtbare Nerven gut zu erkennen. Blütezeit: Mai bis August. Der zarte Duft der Blüten ist typisch.

Grauweiße, borstige Pappushaare kennzeichnen die Samen. Sie sitzen kranzförmig am oberen Ende des schlanken Fruchtknotens und werden vom Wind verbreitet.

Unterirdisch finden wir einen etwa 1 cm dicken Wurzelstock, mit feinen Verzweigungen. Jeweils aus seinem vorderen Teil wird ein neuer Trieb gebildet, aus dem schließlich die neue Blattrosette erwächst. Der ältere hintere Teil wird abgestoßen. Anders ausgedrückt: auch die Arnika wandert durch die Berge.

Verwechsler

Im Alpenraum gibt es nur eine Art *Arnica*, die *montana*. Dem Erscheinungsbild ähnlich sind einige Gämswurz-Arten, insbesondere Gämswurz-Greiskraut, auch Gämswurz-Kreuzkraut genannt. Deren Stängel und Blätter sind jedoch wollig-behaart, fast filzig. Das gilt vor allem für die Blattrosette, deren einzelne Blätter buchtig gezähnt sind. Wichtiges Unterscheidungsmerkmal: Blätter am Stängel sind wechselständig angeordnet mit Blattnerven, die vom Mittelnerv ausgehen.

VERWECHSLER

Gämswurz-Greiskraut, *Senecio doronicum*, Erscheinungsbild wie Arnica montana, wollig behaarte, fast filzige Blätter und Stängel, Blätter am Stängel wechselständig

Weidenblättriges Ochsenauge, *Buphthalmum salicifolium L.*, viele Blätter am Stängel, Vielzahl an Blüten, Vorliebe für Kalkböden

Margeriten, *Leucanthemum* sp., unterschiedliche Arten, wechselständige Blätter, weiße Blütenblätter

INHALTSSTOFFE BLÜTEN

u. a. ätherische Öle (Thymol), Cumarine, Flavonoide, Phenole, Sesquiterpene, Triterpene

Diese Großköpfige Gämswurz hat eine zitronengelbe Blüte. Die stark sichtbaren Blattnerven unterscheiden sich wesentlich von denen der Arnika.

Ein wunderschönes Blütenkörbchen mit unzähligen orange-gelben Zungen- und Röhrenblüten. Typisch die sichtbaren Nerven der Zungenblüten.

RAT VON KAMILLUS

Arnika hat mich mein Leben lang begleitet. Ob wir uns gestoßen hatten oder der Arm weh tat – wenn es uns mal nicht so gut ging, kam die Arnika ins Spiel. Als Heilpflanze für innere und äußere Anwendung war „Bergwohlverleih" für uns fast tägliche Arznei.

In meiner Kindheit und Jugend waren unsere Hochwiesen auf der Wunalm oder im Kleinbachtal mit Arnika übersät. Wir hätten sie abmähen können, so dicht standen sie. Ich hatte von der Mutter und Großmutter gelernt, Arnika-Blüten nur mit Hochachtung und sehr vorsichtig zu ernten. Später, als die Arnika unter Naturschutz gestellt wurde, konnten wir das zunächst nicht verstehen. Wir hatten gelernt, die Pflanze zu schützen. Eine abgeschnittene Blüte brachte die Pflanze immer dazu, rechts und links wieder auszutreiben. Und da wir die Wurzelstöcke nie anrührten, konnten die Pflanzen weiterwachsen. Meldungen über das Aussterben des Wundermittels haben uns sehr berührt. 2001 wurde Arnica montana zur Arzneipflanze des Jahres ausgerufen.

Unsere eigene Arnika-Tinktur war eine fast täglich eingesetzte Medizin. Von den berühmten blauen Flecken bis zum Stamperl, wenn wir mal nicht so gut drauf waren. Inzwischen wissen wir, dass nur die äußere Anwendung selbst verantwortet werden kann. Zum Inhalieren und für Mundspülungen verwenden wir Arnika-Tee auch heute noch.

Wirkungen

ÄUSSERLICH: u. a. schmerzstillend, entzündungshemmend, desinfizierend, antiseptisch, abschwellend, antimykotisch, wundheilend, narbenrückbildend

In der Volksheilkunde war Arnika immer schon eine sehr heilbringende Pflanze. Sie wird empfohlen für die äußere Anwendung bei Verletzungs- und Unfallfolgen (wie Prellungen, Hämatome, Quetschungen, Frakturödeme), rheumatischen Muskel- und Gelenkbeschwerden, Furunkulose, Entzündungen als Folge von Insektenstichen, Sonnenbrand, Entzündungen der Schleimhäute von Mund- und Rachenraum und entzündlichen Erkrankungen hautnaher Venen.

Wegen möglicher Nebenwirkungen wie Durchfall, Schwindel, Nasenbluten und Herzrhythmusstörungen wird zur Einnahme nur unter ärztlicher Anleitung geraten. In der Homöopathie wird Arnika äußerst geschätzt und häufig eingesetzt. Richtig dosiert und abgestimmt kann sie ihre Wirkung sehr gut entfalten:
- bei den äußerlichen Anwendungen kann die Wirkung durch Einnahme entsprechender Präparate (Homöopathie) unterstützt werden
- bei Herzschwäche und Herzinsuffizienz, Herzrhythmusstörungen, Herzenge oder vegetativen Herzbeschwerden
- bei rheumatischen Erkrankungen und
- bei Altersbeschwerden

Ernte

Arnica montana zählt zu den besonders geschützten Pflanzen und darf in der Natur unter keinen Umständen geerntet werden. Wer eine Pflanze im Fachhandel bezieht und in den Garten setzt, der kann von Juni bzw. Juli bis August die Blüten ernten. Beim Pflanzenkauf sollte auf die Sorte geachtet werden: *A. chamissonis* verfügt nicht über die Inhaltsstoffe der *A. montana*. Zu Blühbeginn sind am meisten Wirkstoffe vorhanden. Wenn der Blütenkopf mit Messer oder Schere sauber abgeschnitten wird, treiben zwei neue Blüten aus. Die Staude wächst nach der Ernte des Blütenkopfes weiter, wenn Wurzel und Blattrosette nicht beschädigt werden.

Arnikablüten kann man in der Apotheke unter *Arnicae flos* kaufen.

*) Zulassungen:

Arnikablüten sind nach HMPC ein traditionelles pflanzliches Arzneimittel zur äußerlichen Anwendung

ESCOP, Kommission E: Zur äußerlichen Anwendung u. a. bei Verletzungs- und Unfallfolgen, Blutergüssen, Verstauchungen und lokalen Muskelschmerzen, Entzündungen infolge von Insektenstichen, Entzündungen der Schleimhaut im Mund- und Rachenraum, des Zahnfleisches und Aphten sowie bei rheumatischen Muskel- und Gelenk-Beschwerden

Hinweise und Nebenwirkungen: Vorsicht Korbblütler-Allergien. Keine längere Anwendung wegen möglicher Hautschädigungen. Kontakt mit Augen und offenen Wunden meiden.

TIPP VON LIESA FÜR UNTERWEGS

Wasser und Papiertaschentuch finden sich in jedem Rucksack. Arnikatinktur dazu kann helfen, an langen Wandertagen unterwegs wieder fit zu werden. Bei Ermüdungserscheinungen, Prellungen oder dicken Knien – in der wohlverdienten Pause auf der Alm legt man die Füße hoch, gibt etwas Arnikatinktur auf ein mit Wasser getränktes Papiertuch und legt es auf die müde Stelle. Ist die Jause vorbei, hat der Umschlag seine Wirkung getan. Es kann weiter gehen.

Rezepte zur Herstellung von

Tee für Inhalationen, Spülungen und Kompressen	201 ff.
Tinktur für Einreibungen und Kompressen	231
Ölauszug oder Tinktur als Basis für Salben	233 ff.

Artemisia
– heimische Bitterstoffspezialisten

Estragon ist in der feinen Küche als feinwürzig, leicht bitter und aromatisch bekannt, als Heilkraut mit wertvollen Artemisia-Wirkstoffen weniger.

Artemisia ist eine Gattung der Korbblütler, der Asteraceae, mit rund 500 Arten. Als wichtige Bitterstofflieferanten sind Artemisia-Arten heilkundlich und in der Ernährung unentbehrlich. Sie sind aufgrund ihrer Bitterstoffe in Kombination mit ätherischen Ölen in die Gruppe der „Amara aromatica" aufgenommen – als besonders wertvolle Pflanzen (lateinisch amara für bitter).

Der Gattungsname geht auf die griechische Göttin Artemis zurück. Als Schutzpatronin der Frauen wurde Artemisia ihr wegen der Wirksamkeit bei Frauenleiden geweiht. Als Zwillingsschwester des Heilgottes Apollon, Geburtshelferin und Beschützerin der Gebärenden war Artemis prädestiniert dazu, Patronin dieser ungewöhnlichen Pflanzengattung zu sein.

Einjähriger Beifuß hat als Heilkraut zuletzt aufgrund wissenschaftlicher Studien der Diabetiker- und Krebsforschung auf sich aufmerksam gemacht.

BEKANNTE VERTRETER IN UNSEREN BREITENGRADEN SIND:

Gewöhnlicher Beifuß | *Artemisia vulgaris L.* = bekanntes Kraut in der Küche, als Heilmittel bewährt, mit der Mythologie vieler Völker verbunden. (Seite 43 ff.)

Wermut | *Artemisia absinthium L.* = der bitterste Vertreter ist als vielseitiges Heilmittel und mystische Pflanze unentbehrlich. (Seite 47 ff.)

Estragon | *Artemisia dracunculus L.* = ein beliebtes Küchenkraut, ein wunderbares und sehr ergiebiges Würzkraut. Es lohnt sich, Blätter und Blüten frisch oder getrocknet einzusetzen. Estragon enthält, wenn auch in geringerer Menge, die Heilkräfte anderer Artemisia-Arten.

Einjähriger Beifuß | *Artemisia annua L.* = Heilmittel bei Diabetes I und in der Krebstherapie.

Eberraute | *Artemisia abrotanum L.* = für die Freunde des bitteren Genusses. Für die Küche werden einige Arten angeboten, die durch ihre Bitterstoffe in Kombination mit Zitronenaroma eine besondere Geschmacksexplosion hervorrufen. Sehr empfehlenswert als Gewürzpflanze im Kräutergarten.

Echte Edelraute, Hochgebirgsvariante, auch Bergwermut genannt | *Artemisia umbelliformis LAM. syn. A. mutellina VILL.* = ist die heilkräftigste Wermutart. Auf Seehöhen bis zu 2600 m wachsend, fast eingeklemmt unter Steinen oder aus Felsritzen hervorschauend, streckt sie uns unscheinbare gelbe Blüten entgegen. Ganz nach dem Motto: Hier gehöre ich hin, wo Sonne und Wind unbarmherzig sind. Traut man sich, ein kleines Blatt zu probieren, zieht es einem den Mund zusammen und löscht Durst durch sofortige Anregung der Speichelproduktion. Die wohltuende Wirkung der Bitterstoffe gibt dem Wanderer gleich wieder mehr Schwung, um weiter zu gehen. In der Volksheilkunde gilt sie als wichtige Heilpflanze bei Verdauungsproblemen und Magenschmerzen, zur Anregung des Stoffwechsels und als Entgiftungsmittel. Die Edelraute ist geschützt.

Echte Edelraute ist die Hochgebirgspflanze der Artemisia-Gattung. Sie ist streng geschützt und in Höhen von 2200 bis 2800 m Seehöhe zu finden.

So kennen wir ihn aus dem Garten und aus der freien Natur: Beifuß, umgeben von Borretsch, Indianernessel, im Hintergrund sehen wir Vogelbeeren.

Gewöhnlicher Beifuß

Beifuß ist ein jahrtausendealtes Kraut, das in Volksheilkunde und Mythologie einen außerordentlichen Stellenwert hat. Da seine Verbreitung in ganz Europa, Asien und Nordamerika sehr groß ist, sind auch die Mythen und Einsatzbereiche sehr vielschichtig.

Artemisia vulgaris L.

Erkennen mit allen Sinnen

Beifuß kommt in der freien Natur häufig vor. Die mehrjährige krautige Staude wird bis zu 200 cm hoch. Sie bevorzugt Feld- und Wegränder, Brachflächen oder Schutthalden, etwas feuchten Boden und wächst mit vielen aufrechten Stängeln aus einem Wurzelstock, der unterirdisch immerzu neue Triebe hervorbringt.

Besonderes Kennzeichen: Alle Blätter sind unterseitig grausilbrig, ein wichtiges Unterscheidungsmerkmal.

> **ZUR BESTIMMUNG**
>
> **Blüte:** gelbe bis rötlich-braune Röhrenblüten
>
> **Blatt:** einfach bis dreifach fiederteilig, evtl. lanzettlich, ganzrandig und gezähnt oben dunkelgrün, unten grausilbrig und behaart
>
> **Stängel:** kantig, grün bis rotviolett
>
> **Typisch:** fein würziger Geruch; Pflanze macht einen aufrechten und stabilen Eindruck am Rand von Feld und Wald

Die Stängel sind kantig, grün bis rotviolett überlaufen. Sie enden in einer dichten Rispe mit vielen kleinen Blütenkörbchen. Aus den Blattachsen wachsen jeweils Verzweigungen mit kleinen Blättern und aufrechten Blütenkörbchen. Die Blätter wachsen wechselständig und ohne Stiel.

Einfach bis dreifach fiederteilige, vielfach lanzettliche, meist ganzrandige oder auch gesägte Blätter sind von oben unbehaart, dunkelgrün bis schwarzgrün. Von unten sehen wir deutlich eine graugrün bis silbergraue Färbung und eine filzige Behaarung.

Die filzig behaarten 3 bis 4 mm langen Blütenkörbchen mit gelblich bis rötlich-braunen Röhrenblüten werden vom Wind bestäubt.

FAMILIE:

Korbblütler, Asteraceae

ANDERE NAMEN:

Besenkraut, Donnerkraut, Fliegenkraut, Gänsekraut, Sonnwendgürtel, Johannisgürtelkraut, Jungfernkraut, Weiberkraut, Werzwisch

In dieser Form begegnet uns Beifuß sehr häufig am Feldrand, an Schutthängen und -plätzen oder auf Brachflächen.

Beifuß zählt zu den Tiefwurzlern, die sich bei Wind und Wetter mit gutem Halt an ihren Standorten behaupten.

Zu den Bestimmungsmerkmalen der Pflanze zählt auch der Geschmack: Er ist angenehm würzig.

Verwechsler

Berücksichtigt man die Bestimmungsmerkmale ist keine Verwechslung möglich.

> **VERWECHSLER**
>
> **Beifuß-Ambrosia:** Blätter: beidseitig grün. Blüten und Samen in Trauben angeordnet, ohne Blätter. Stängel: grün, abstehend behaart.

Bei der zunehmenden Verbreitung der Beifuß-Ambrosia (Beifußblättriges Traubenkraut, *Ambrosia artemisiifolia L.*) ist es gut zu wissen, welche Unterscheidungsmerkmale es zu Beifuß gibt. Die Blätter der Ambrosia wachsen unten gegenständig, oben wechselständig. Sie sind auf der unteren Seite nicht silbern und filzig. Der Stängel ist grün und abstehend behaart. Die Samen sind in blattlosen Trauben angeordnet (Beifuß = Blütenkörbchen in Rispen), die männlichen Blüten befinden sich oben mit meist nur einer weiblichen Blüte oberhalb des ersten Blattes. Blütenstaub der Beifuß-Ambrosia löst heftige Pollenallergien aus und sollte gemieden werden.

Diese Knospen sind kurz vor der Blüte. Jetzt können wir sie ernten, um sie vollaromatisch für Tee und andere Heilmittel zu verwenden.

Wirkungen

> **INHALTSSTOFFE**
>
> u. a. Kraut enthält bis zu 0,3 % ätherisches Öl, Carotinoide, Cumarine, Flavonoide, Gerbstoff, Phytosterine, Sesquiterpene

Die Volksheilkunde beschreibt Beifuß u. a. als
- verdauungsanregend, beruhigend, krampfstillend, schlaffördernd, gegen Schlafwandeln, galleflussfördernd, anregend für müde Füße.
- Frauenkraut menstruationsregulierend und rückenmarkstärkend, fruchtbarkeitsfördernd, Geburt und Nachgeburt erleichternd.

*) Zulassungen:
Nach HMPC wurde Beifuß bisher nicht bearbeitet.
Kommission E: Bisher nur Negativmonographien. Man sieht zwei Risiken: Allergien und eine abtreibende Wirkung.

Ernte

Wenn die Knospen noch grün oder die Blüten gerade in den Fruchtstand übergehen, ist der richtige Erntezeitpunkt für Stängel, Blätter, Blüten.

Will man die gesamten Stängel trocknen, hängt man sie am besten in Büscheln an einem Seil quer durch einen luftigen Raum auf.

Wenn Blüten und Blätter getrennt getrocknet werden sollen, streift man Blätter und Blüten von oben nach unten vom Stängel und trocknet sie.

Achtung: Beifuß wird durch die Behaarung der Blattunterseite nach der Ernte schnell zäh. Es ist sehr ratsam, die Pflanze direkt nach der Ernte schnell zum Trocknen vorzubereiten.

RAT VON KAMILLUS

Beifuß ist seit jeher ein Kraut für müde Beine. Eventuell in Kombination mit Meisterwurz und Schafgarbe kann von den Füßen aufwärts wieder Leben in den Kreislauf gebracht werden. Ich nehme Stängel und die etwas derben Blätter, schneide sie und setze einen Sud an. Einmal aufgekocht und abgekühlt kann er als Beigabe für ein Fußbad verwendet werden. In Flaschen gefüllt hält er sich mit einem Stamperl Korn auch zwei bis vier Wochen, je nach Lagertemperatur.

Der Sud wird erwärmt oder mit kochendem Wasser verdünnt. 20 Minuten badet man die Füße darin. Wichtig: Nach dem Baden werden Füße und Beine nicht abgetrocknet. Man packt sie warm ein, legt sie hoch oder legt sich hin. Jetzt spürt man die feine Wärme und die anregende Durchblutung der Beine.

Heilendes

Volksheilkundlich wird Beifuß intensiv von Hebammen eingesetzt. In der Frauenheilkunde sind die Erfahrungen in Jahrtausenden erprobt und weitergegeben worden. Auch erfahrene Heilpraktiker setzen Beifußpräparate bei Frauenleiden ein.

Im Volk ist die Anwendung von Beifußkraut als Verdauungshilfe und Appetitanreger verbreitet. Mit Tee und Tinktur aus getrockneten Blüten und Blättern (*Artemisiae herba*, das Beifußkraut in der Apotheke) kann man einer ganzen Reihe von Verstimmungen begegnen.

Rezepte zur Herstellung von	
Tee zum Trinken, für Bäder	201 ff.
Tinktur für verdauungsfördernde Tropfen, Einreibungen und Kompressen	223 ff.

Wermut

Wer kennt nicht den Wermutstropfen, der einem die größte Freude zunichtemachen kann? Er trübt schöne Momente und bringt den bitteren Beigeschmack, auf den man gerne verzichtet hätte. Diese Redewendung deutet auf den bitteren Geschmack hin, der auch mit einem großen Stück Zucker nicht verschwindet. Genau das ist es, was Wermut kennzeichnet und als Heilkraut adelt.

Am besten gedeiht Wermut an sonnigen Hängen. Er entfaltet die meisten Bitterstoffe, wenn die Blüte gerade aufgeht. Mit dem Bitteren muss es auch etwas Positives auf sich haben, schließlich ist Wermut seit jeher ein begehrtes Kraut. Die Ägypter, die griechischen Ärzte der Antike, Paracelsus, die Pfarrer Kneipp und Künzle sowie Hildegard von Bingen sind prominente Beispiele, die die Heilwirkung von Wermut beschrieben haben. Auch wenn der Wermutstropfen erst durch Luther bekannt wurde, *Artemisia absinthium* und sein Ruf sind um vieles älter.

Artemisia absinthum L.

Erkennen mit allen Sinnen

Öde Plätze und trockene Felssteppen, Wein- oder Steinhänge, möglichst in der Sonne, mag er besonders. Ein warmes Plätzchen an Steilhängen bis 1500 m Seehöhe kann er gut vertragen.

> **ZUR BESTIMMUNG**
>
> **Blüte:** gelb, in einem runden Blütenkörbchen
>
> **Blatt:** silbergrau und filzig behaart
>
> **Stängel:** gerillt, silbergrau, filzig
>
> **Wurzel:** aus dem teilweise verholzten Wurzelstock kommen aufrechte, bis 120 cm lange Triebe
>
> **Samen:** silbergrau, filzig
>
> **Typisch:** intensiv aromatischer Geruch, sehr bitter im Geschmack

Ein Bestimmungsmerkmal für Wermut sind die leicht nach unten geneigten, gelben Blütenköpfchen.

FAMILIE:

Korbblütler, Asteraceae

ANDERE NAMEN:

Absinth, Bitterer Beifuß, Gärtnerheil, Gottvergiss, Gürtelkraut, Kampferkraut, Magenkraut, Wiegenkraut, Wurm- oder Würmelkraut, Wurmtod

Wermut gehört zu den mehrjährigen Korbblütlern und erreicht aufrecht verzweigt eine Höhe von bis zu 150 cm. Die unteren Stängel sind verholzt.

Das helle Grau des Wermuts leuchtet in der Kräuterstube im Vergleich zu den anderen grünen oder blühenden Pflanzen.

Die ein bis drei Mal gestielten und gefiederten Stängelblätter mit lanzettlichen Zipfeln sind silbergrau. Am Blütenstängel sind die Blätter sitzend, fiederspaltig, silbergrau und filzig behaart.

Die winzig kleinen Blüten sind umschlossen mit filzig-grauen Hüllblättern. Aus den halbkugeligen Körbchen kommen gelbe Blüten, die in Trauben angeordnet sind. Im Unterschied zu Beifuß, bei dem die Blüten aufrecht wachsen, zeigen Wermutblüten etwas nach unten, sie „nicken" sozusagen.

Ganz typisch ist sein sehr aromatischer Duft. Streift man mit der Hand an einem Stängel hoch zur Blüte, kommt einem dieser bitterwürzig entgegen.

Verwechsler

Man kann die Artemisia-Arten untereinander verwechseln. Am ähnlichsten sind sich Beifuß und Wermut, wobei Wermut häufig als „giftig" eingestuft wird. Das ist auf die bekannten Nebenwirkungen der Bitterstoffe zurückzuführen bzw. auf die Folgen von zu viel oder Dauerkonsum. Sinnvoll und bewusst eingesetzt kann Wermut für mehr Gesundheit und Wohlergehen sorgen.

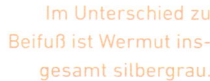

Im Unterschied zu Beifuß ist Wermut insgesamt silbergrau.

INHALTSSTOFFE

u. a. ätherisches Öl (0,2-1,5 %, Thujon ist am meisten enthalten), Bitterstoffe (0,15-0,4 %, Sesquiterpenlactone als Hauptkomponente), Flavonoide (wie z. B. Glykoside des Kaempferols, Quercetin und Flavone), Phenole

Absinthii herba – Wermutkraut der Apotheken muss enthalten: Bitterwert von mind. 10.000, Gehalt an ätherischem Öl von mind. 0,2 %

Wirkungen

Die Volksmedizin empfiehlt Wermut
- als magenstärkend, gallenflussfördernd, entblähend, appetitanregend, antimikrobiell, entzündungshemmend, krampflösend, keimhemmend, fiebersenkend, schweißtreibend, menstruations- und wehenfördernd
- bei Verdauungs-, Magen-Darm-Beschwerden, vor allem bei jenen Beschwerden, die auf einer gestörten Gallenproduktion und einer gestörten Gallenausscheidung aus der Gallenblase beruhen; zeitweilig auftretende und krankheitsbedingte Appetitlosigkeit

Heute weiß man, dass Bitterstoffe eine sehr weitreichende Bedeutung für den Menschen haben. Wermut kann durch die wärmende Wirkung den gesamten Energiestoffwechsel ankurbeln, was vor allem von schwachen und älteren Menschen als sehr wohltuend empfunden wird. Damit verbunden ist eine appetitanregende und allgemein kräftigende Wirkung. Auch die Psyche wird davon positiv beeinflusst. So bewahrheitet sich der Spruch „bitter macht munter".

Nebenwirkungen: Bei einer Überdosis kann es durch das enthaltene Thujon zu Symptomen wie z. B. Erbrechen, Magen- und Darmkrämpfen, Benommenheit oder Nierenschäden kommen. Wobei die Wasserauszüge, also die Tees, das Thujon nicht enthalten. Die Auszüge mit Alkohol führen nicht zu so hohen Konzentrationen von Thujon, so dass keine Nebenwirkungen entstehen können.

*) Zulassungen:

Wermut ist nach HMPC ein traditionelles pflanzliches Arzneimittel: bei Appetitlosigkeit, dyspeptischen und gastrointestinalen Beschwerden

ESCOP, Kommission E: bei Appetitlosigkeit und dyspeptischen Beschwerden

Hinweise und Nebenwirkungen: Vorsicht bei Überdosierung

Ernte

Man erntet das Kraut bis zu einer Höhe von 20 bis 40 cm, je nach Höhe der Pflanze, in jedem Fall ohne die holzigen Teile. Der Gehalt an Bitterstoffen steigt mit der Vollblüte auf nahezu das Doppelte an. (Informationen zur Ernte allgemein Seite 25 ff.)

Für Tee und Tinktur erntet man blühendes Kraut mit jungen Spitzen von Juli bis August. Für Bäder kann die gesamte Pflanze geerntet und getrocknet werden. (Seite 201 ff.)

Wenn Blüten und Blätter getrennt getrocknet werden, streift man Blätter und Blüten von oben nach unten vom Stängel und kann sie dann gut sortieren.

Die Aufbewahrung der getrockneten Kräuter in Papiertüten oder Kartons hat sich bewährt. Nicht in Plastik lagern! (Seite 29)

Die leuchtend gelben kleinen Blütenköpfchen sind jetzt gerade recht für die Ernte.

Heilendes

IN DER VOLKSHEILKUNDE HABEN SICH BEWÄHRT

Tee: Vor dem Essen zur Appetitanregung. Nach dem Essen zur Anregung der Gallen- und Verdauungstätigkeit. (Seite 201)

Tinktur von Wermutkraut für alle „Teemuffel", für unterwegs und für eine Wermutkur. (Seite 231)

Wermutkuren sind immer nur für eine begrenzte Zeit, z. B. höchstens drei Wochen, anzuwenden.

Wermut-Kräuter und -Produkte dürfen während der Schwangerschaft und Stillzeit nur unter ärztlicher Anleitung eingenommen werden.

RAT VON KAMILLUS

Wermut konnte bei uns nie so richtig wachsen. Wir waren mit der Ernte stets sehr vorsichtig, packten die Pflanze im Herbst gut ein, damit sie nach dem langen Winter wieder austreiben konnte.

Wermutstängel haben wir zur Blütezeit geerntet, zu Büscheln gebunden und über Leinen auf den Dachboden gehängt. Nach zwei bis drei Wochen, je nach Witterung, waren die Kräuter trocken.

Im Winter wurde immer eine Prise Wermut in den täglichen Bittertee gegeben und wenn eine Grippewelle kam, mussten wir jeden Tag eine Tasse Wermuttee trinken, damit die Grippe an uns vorbeiging.

Auch bei Darminfektionen war Wermut das erste Mittel. Wermut schützt die Darmflora vor eindringenden Viren. Wenn es uns richtig erwischt hatte, gab es die Rosskur: 2 TL Wermut auf eine Tasse, mindestens 10 Minuten ziehen lassen. Wenn der Stuhlgang wieder normal wurde, wurde die Menge reduziert.

Dieses Raublatt ist häufig in der Natur zu finden. Ein wenig Schatten und Feuchtigkeit und er wird wunderschön blühen.

Gewöhnlicher Beinwell

Symphytum officinale L.

Beinwell ist eine alte Heilpflanze. Heute, nach 2000 Jahren heilkundlicher Erfahrung, wird er seinem Ruf und seinen speziellen Wirkungen immer noch gerecht. Inzwischen sind seine Heilkräfte teilweise wissenschaftlich bestätigt. Das gilt uneingeschränkt für die äußere Anwendung. Aufgrund der Pyrrolizidinalkaloide (PA) im Beinwell – unaussprechlich, aber für den Menschen können sie leberschädigend sein – wird Beinwell heute nur für die äußere Anwendung empfohlen. Die in Apotheken angebotenen Beinwellprodukte stammen aus speziellen Züchtungen und Anbauten, deren Sorten keine PA enthalten.

Erkennen mit allen Sinnen

Beinwell ist eine mehrjährige krautige Pflanze, die bis zu 150 cm erreichen kann und insgesamt mehr oder weniger rau und borstig behaart ist. Schließlich zählt er zu den Raublattgewächsen.

Beinwell wächst an feuchten Wiesen, Wegrändern, Bachufern, in Bruchwäldern. Es sind in der Regel nährstoff- und basenreiche Böden bis 1500 m Seehöhe, in denen dieses Raublattgewächs gut gedeiht.

Zunächst wachsen die gestielten, breit lanzettlichen Grundblätter bis zu einer Länge von 30 cm heran. Stängelblätter sind lang und schmal und laufen wechselständig den Stängel hinab. Sie können bis 6 cm breit und 20 cm lang sein. An der Unterseite sehen wir grobe Adern und die oberen Laubblätter sind nicht gestielt. Beide Blattarten sind rauhaarig und oben spitz zulaufend. Der Stängel ist hohl, steif und mit zahlreichen Kieselsäurehaaren besetzt.

ZUR BESTIMMUNG

Blüte: weißlich-gelb oder rot bis blau-violett; Blüten hängen unten nach

Blatt: lanzettlich, untere gestielt

Stängel: steif, hohl, mit Kieselsäurehaaren

Wurzel: Pfahlwurzel, außen schwarz, innen weiß und schleimig

Typisch: tiefer Blütenschlund lässt nur langrüsselige Bienen an den Nektar; Raublattgewächs

FAMILIE:

Raublattgewächse, Boraginaceae

ANDERE NAMEN:

Beinbruchwurzel, Beinwurzel, Brechwurz, Milchwurzel, Schockwurz, Schwarzwurz, Wallwurz, Himmelbroad

Die Blütenstände sind schneckenförmig eingerollt und wachsen aus den oberen Blattachsen. Die gestielten Blüten sind gelblich-weiß oder rot- bis blauviolett. Sie hängen wie in Trauben nach unten. Man zählt fünf miteinander verwachsene Blütenblätter, die eine Röhre bilden. Der Blütenschlund ist so lang, dass nicht jedes Insekt den Weg zum Nektar findet. Dafür muss der Rüssel tatsächlich 11 mm lang sein.

Die kräftige Wurzel, eine Pfahlwurzel, kann bis zu 3 cm dick werden und sich sehr stark verzweigen. Die Ausläufer werden mit zunehmender Länge dünner. In den Wurzeln liegt die große Kraft des „Knochenheilers": Schneidet man eine Wurzel an, merkt man den Schleim. Das Innere ist weich und weiß.

Verwechsler

Blätter, die gerade herauskommen, sind rau und hilfreich als Blätterverband. Vorsicht: Man könnte sie mit denen des giftigen Fingerhuts verwechseln.

> **VERWECHSLER**
>
> **Giftig:** Fingerhut – verwechselbar sind Blätter, wenn es noch keine Blüten gibt. Die samtig-weichen Blätter des Fingerhuts sind gut zu unterscheiden von den rauen, behaarten Beinwellblättern
>
> **Nicht giftig:** Mit anderen Raublattgewächsen wie Borretsch, Phacelia, Natternkopf, Lungenkraut oder Ochsenzunge

Eine Verwechslung mit anderen Raublattgewächsen, wie z. B. Borretsch, ist möglich. Die rauen Gesellen wehren sich mit ihrer fast borstigen Behaarung gegen Schnecken. Sie sind nicht giftig – mit einer Ausnahme: Junge Blätter vom Beinwell sind mit den Blättern des Roten Fingerhuts (*Digitalis purpurea*) zu verwechseln. Ein wichtiger Unterschied ist dabei, dass die Blätter vom Fingerhut gezähnt sind und sich samtig-weich anfühlen. Die vom Beinwell sind dagegen glattrandig, rau und borstig.

> **INHALTSSTOFFE**
>
> u. a. ätherische Öle, Alkaloide wie Pyrrolizidinalkaloide, Allantoin, Cholin, Gerbstoffe, Kieselsäure, Rosmarinsäure, Schleimstoffe, Triterpene
>
> Beinwellwurzel enthält bis zu 6 % Allantoin und ca. 30 % Schleimstoffe

Wirkungen

Beinwell wird von der Volksheilkunde für die äußere Anwendung empfohlen: wundreinigend, wundheilend, gefäßverdichtend, reizlindernd, entzündungshemmend, adstringierend, durchblutungsfördernd, schmerzstillend, Wundsekret verflüssigend; er fördert die Wund-, Knochen- und Knorpelbildung, wie z. B. die Neubildung von Zellen.

Allantoin speziell kann Wundsekrete auflösen, sie verflüssigen und die Granulation fördern. In Verbindung mit anderen Inhaltsstoffen kann Allantoin besonders die Heilung des Knochengewebes und entzündeter Schleimhaut fördern.

Ernte

Verwendet werden das blühende Kraut, die Blätter und die Wurzeln. Für die Wurzeln ist der Erntezeitpunkt entscheidend. Der Allantoin-Gehalt ist von Januar bis März am höchsten. Zum Sommer hin nimmt er ab. Deshalb erntet man die Wurzeln im frühen Frühjahr oder ab Oktober. (Verarbeitung der Wurzeln Seite 27)

Getrocknete Wurzeln sollten niemals in Metall oder Plastik aufgehoben werden, sondern in Glas oder Pappschachtel, mit Küchenpapier ausgelegt und nie luftdicht verschlossen werden. Bei geringen Spuren von Feuchtigkeit riechen die Wurzeln schnell muffig und/oder schimmeln.

Beinwell baut Allantoin ab, wenn es mit Metall in Berührung kommt. Die Wurzeln schneiden wir deshalb mit einem Keramikmesser.

Auch in Schösslingen, jungen Blättern, Blüten und Knospen ist im Frühjahr Allantoin enthalten. Blätter sind am besten während der Blütezeit zu ernten.

Bis in die Spitzen ist Beinwell haarig und rau. Seine wunderschönen Blüten sind nur für Insekten mit einem Rüssel von 11 mm Länge interessant.

---

*) Zulassungen:

Beinwell ist nach HMPC ein traditionelles pflanzliches Arzneimittel.

ESCOP und Kommission E: Nur äußerliche Anwendung bei Schmerzen und Schwellungen von Muskeln und Gelenken, Gelenkarthrose, akuten Rückenmuskelschmerzen, Zerrungen, Quetschungen, Verstauchungen, bei schmerzhaftem Reizzustand der Sehnenansätze des Unterarmmuskels, Sehnenscheidenentzündung und schmerzhafte Schultersteife, zur lokalen Durchblutungsförderung

Beinwell nicht auf offene Wunden geben oder bei Hautkrankheiten verwenden, nicht bei Schwangeren und bei Kindern unter 2 Jahren.

Die Wurzel ist der wichtigste Teil. Sie beinhaltet den heilbringenden Saft, den man aus der frischen oder der getrockneten Wurzel gewinnt.

Heilendes

Aus dem frischen oder getrockneten Grün und Blüten stellt man Tee oder Aufguss her, der für Wickel oder Umschlag verwendet wird (Seite 211). Auch Frischblattumschläge sind möglich. (weitere Informationen Seite 197 f.)

Frischpflanzensaft für Kompressen und Umschläge kann man mit Alkohol haltbar machen. (Seite 199)

Die frische Wurzel reibt man grob, legt diesen Brei auf die entsprechende Stelle, umwickelt sie fest mit einem Baumwolltuch und lässt alles mindestens 30 Minuten oder über Nacht einwirken. Hat man keine frische Wurzel zur Hand, kann man trockene Wurzelstücke fein mahlen und mit warmem Wasser oder einem Beinwell-Blättertee verrühren bis die Masse schleimig wird. Diese verwendet man wie frischen Wurzelbrei.

RAT VON KAMILLUS

Beinwellblätter können hervorragende Kühlelemente sein. Frisch geerntete Blätter werden mit einem Rollholz gedrückt, bis sich der Saft zeigt, dann legt man sie direkt auf die Wunde und gibt ein Baumwolltuch darüber. Frisches Grün und Gerbstoffe nehmen den Schmerz und kühlen, damit keine Blutergüsse entstehen. (Seite 197 f.)

Ist die Zeit der frischen Blätter vorbei, kann man getrocknete Blätter in lauwarmem Wasser einweichen. Nach etwa 30 Minuten verfährt man wie mit frischen Blättern.

Das Heilen und Kühlen mit frischen Blättern, wie Beinwell und Meisterwurz, war zu meiner Jugend sehr gebräuchlich. Sie waren jederzeit zur Hand, wenn wir auf den Weiden waren. Nie hätten wir ein Pflaster dabeigehabt oder Verbandszeug. Ein Stofftaschentuch war immer parat und mehr brauchten wir nicht.

Beinwellöl und -salbe erweisen sich als sehr hilfreich. Sie können immer griffbereit sein und schnell und unkompliziert zum Einsatz kommen. (Seite 234 f. Seite 239) Vom Quarkwickel mit Beinwell bis zur einfachen Einreibung können so schmerzhafte Verletzungen schnell und kontinuierlich behandelt werden. (Seite 235)

In Gruppen, in frischem, kräftigem Grün, schnell wachsend. Brennnesseln für die Frühjahrskur und die ersten Blätter zum Trocknen für Tee.

Brennnessel

Wer kennt sie nicht? Die Brennnessel ist eine der bekanntesten und auch ältesten Heilpflanzen. Hätte sie nicht ihre unliebsamen Brennhaare, wäre sie vielleicht schon ausgerottet. So hat sie sich aber über Jahrtausende behauptet und wird von denen geschätzt, die sie als Heil-, Faser-, Garten- oder Nutzpflanze verwenden. In der Naturheilkunde und im Brauchtum hat die Brennnessel einen festen Stammplatz. Diese sehr heilsame und dazu leckere Pflanze sucht die Nähe von Menschen und Häusern. Auf der einen Seite wehrt sie durch ihre Brennhaare alles ab, was ihr zu nahekommt, auf der anderen Seite siedelt sie sich dort am liebsten an, wo der Kontakt zu Lebewesen da ist.

Urtica dioica L.

FUTTER FÜR SCHMETTERLINGSRAUPEN

Brennnesseln sind unentbehrliche Futterpflanzen für viele Schmetterlingsraupen. Kleiner Fuchs, Tagpfauenauge, Admiral oder Landkärtchenfalter finden in der Pflanze ihre Kinderstube und ihre lebenswichtigen Nährstoffe.

Eine schöne Pflanze, die gleichzeitig verflucht ist. Sie scheint keine Zierde für einen englischen Rasen. Um so wichtiger ist sie in ihrer Heilwirkung.

FAMILIE:

Brennnesselgewächse, Urticaceae

ANDERE NAMEN:

Donner-, Haar-, Hanf-, Tausend-, Scharf-, Seil-, Senznessel, Haarnesselkraut, Britzele, Gänsefutter, Feuerkraut

Erkennen mit allen Sinnen

Die Große Brennnessel begegnet uns überall auf der Welt. Sie ist bis auf 2500 m Seehöhe zu finden. Diese ausdauernde Pflanze kann eine Höhe von bis zu 200 cm erreichen. Ihre Wurzel reicht bis in eine Tiefe von 70 cm. Sie liebt feuchte Wälder, Uferböschungen, frische bis feuchte, nährstoffreiche, meist tiefgründige Lehm- und Tonböden. Die Brennnessel ist ein Stickstoffzeiger. Ihre reichlich verzweigten Wurzeln bringen im Frühjahr und im Laufe der Vegetationszeit zahlreiche neue Triebe. Brennnesseln gleichen Geschlechts stehen so häufig zusammen.

ZUR BESTIMMUNG

Blüte: weiße männliche und grüne weibliche

Blatt: ei- bis herzförmig, gesägt, behaart; satt grün in der Farbe

Stängel: vierkantig mit gegenständigen Blattachsen

Wurzel: tiefgehend und verzweigt

Typisch: gesamte Pflanze ist behaart; sie tritt immer in Gruppen auf stickstoffreichen Böden auf

Die Brennnessel ist zweihäusig, d. h., sie hat weibliche und männliche Pflanzen. Die männlichen Blüten stehen waagerecht vom Stängel ...

... die weiblichen hängen vom Stängel herab. Sie werden später die kleinen grünen Samen tragen, die als Powerfrüchte gelten.

An dem vierkantigen, aufrechten Stängel sitzen gegenständig angeordnete Blätter, die ei- bis herzförmig und am Rand gesägt sind. Die Blätter sind saftig grün und beidseitig behaart.

Ihre überall vorkommenden Brennhaare haben ihr den Namen gegeben. Diese enthalten Kieselsäure, sind mehrere Millimeter lang und sehr gut mit einer Lupe zu erkennen. Sie bestehen aus einer elastischen, eingesenkten Verdickung, der den Brennsaft enthält, einem starren mittleren Teil und einem kleinen Köpfchen. Berührt man dieses, bohrt sich der starre Teil in die Haut. Die Verdickung gibt den Brennsaft frei und dringt in die Haut ein. Der Brennnessel-Giftstoff besteht u. a. aus mehreren Säuren, Histamin und Serotonin. Die allerkleinste Menge reicht aus, Brennen und Pusteln zu verursachen. Die größte Brennwirkung ist in der Zeit vor und während der Blütezeit.

Die Brennnessel ist zweihäusig. Man erkennt die weiblichen Blüten daran, dass sie vom Stängel herabhängen, die männlichen stehen waagerecht. Sind die männlichen reif, öffnen sie sich explosionsartig und verstreuen eine Staubwolke mit Pollen, die sich auf die Suche nach einer weiblichen Blüte machen. Die dunkelgrünen weiblichen Blüten nehmen den Pollen mit einer kleinen weißen, pinselartig behaarten Narbe auf.

Die Samen der weiblichen Pflanze sind dunkelgrüne kleine Nüsschen. Sie hängen in Rispen nach unten.

TAUBNESSEL IST KEINE BRENNNESSEL

Die Taubnessel hat als Lippenblütler schon vom Erscheinungsbild her nichts mit der Brennnessel zu tun. Sie sticht oder brennt nicht und hat einen ausgeprägt viereckigen Stängel. In den Achseln der oberen Blätter bilden sich blassweiße Lippenblüten, die sich mit 3 bis 7 Stück in einem Quirl präsentieren. Die Taubnessel ist essbar, eine Verwechslung also unproblematisch.

MERKMAL	GROSSE BRENNNESSEL, *URTICA DIOICA L.*	KLEINE BRENNNESSEL, *URTICA URENS L.*
FAMILIE	Brennnesselgewächse, Urticaceae	Brennnesselgewächse, Urticaceae
VORKOMMEN	sie sucht die Nähe des Menschen, an Höfen, Häusern und Wegen, Gärten, Brachland	sie liebt Gärten und Höfe, ist nicht so verbreitet wie die Große
		sie brennt intensiver als die Große
GRÖSSE	30 bis 150 cm	10 bis 50 cm
PFLANZE	mehrjährig	einjährig
	zweihäusig, getrenntgeschlechtlich	einhäusig, getrenntgeschlechtlich
	Brennhaare auf allen grünen Pflanzenteilen	nur vereinzelt Brennhaare
STÄNGEL	vierkantig, unverzweigt, mit Brennhaaren besetzt	oft verzweigt
	Stängel und Blattstiele mit Flaumhaaren	
BLÄTTER	gegenständig, ungeteilt, gestielt, mit Nebenblättern	gegenständig, ungeteilt, gestielt, mit Nebenblättern
	6 bis 20 cm lang, 3 bis 13 cm breit	bis 5 cm lang
	Gesägt, selten doppelt gesägt	gesägt
	schmal-eiförmig bis ei- oder herzförmig, am Grund herzförmig oder rund	länglich oder rundlich, am Grund spitz zulaufend, kurze Spitze
	Brennhaare	wenige Brennhaare
BLÜTE	grün, weiß	grün-braun oder weiß
	Juli bis September	Juli bis September
FRUCHT	gelbliche, eiförmige, flache Nuss	Tropfenförmige, längliche, flache Nuss in gelb-braun
HEILPFLANZE	Geschätzte Nahrungs-, Heil- und Faserpflanze	etwas in Vergessenheit geraten, weil nicht so verbreitet;
		vergleichbar mit der Großen

Verwechsler

Brennnesseln sind nicht zu verwechseln. Es gibt die Große Brennnessel und die Kleine, die auch die Nährstoffe der großen Schwester hat, sowie die Taubnessel. Alle sind essbar.

> **INHALTSSTOFFE**
>
> **Blätter und Kraut:** u. a. Amine wie Histamin und Serotonin, Anthocyane, organische Säuren wie Ameisen- und Essigsäure, Flavonoide, Gerbstoffe und sehr viel Chlorophyll darüber hinaus Eiweiß, Kohlenhydrate, Vitamine: A, verschiedene B, C, E, K; Mineralstoffe (insgesamt bis zu 20 % des Gesamtgewichtes) wie Eisen, Kalzium und Kalium, Kieselsäure; Caffeoylchinasäuren, Acetylcholin, ungesättigte Fettsäuren
>
> **Brennhaare speziell:** u. a. Kieselsäure, biogene Amine wie Histamin, Serotonin
>
> **Samen:** u. a. essentielle Fettsäuren, Vitamin E, Phytohormone
>
> **Wurzeln:** u. a. Cumarine, Gerbstoffe, Lignane, Phytosterine, Schleimstoffe, Urtica-Agglutinin

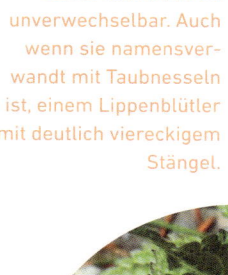

Die Brennnessel ist unverwechselbar. Auch wenn sie namensverwandt mit Taubnesseln ist, einem Lippenblütler mit deutlich viereckigem Stängel.

*) Zulassungen:

Brennnesselblätter, -kraut und -wurzeln sind nach HMPC traditionelle pflanzliche Arzneimittel ESCOP, Kommission E:

Blätter und Kraut: innere und äußere Anwendung bei rheumatischen Beschwerden, bei Arthritis, Arthrose, Rheuma, leichten Gelenkschmerzen, Entzündungen der ableitenden Harnwege; vorbeugend und zur Behandlung von Nierengrieß, Behandlung von einigen Hautkrankheiten

Wurzeln: bei vergrößerter Prostata (ohne die Vergrößerung zu beheben), bei Entzündungen der ableitenden Harnwege; harntreibend, rheumatische Beschwerden, Hexenschuss, Ischias

Wirkungen

Die Brennnessel ist nach der Volksheilkunde hilfreich für alles

WAS BRENNT: Nesselsucht, juckende, brennende Allergien oder bei Brennen der Harnorgane und

WAS MATT UND KRAFTLOS IST: Dieses Bündel an Wirkstoffen gibt Mensch und Tier Kraft und Durchhaltevermögen.

Grundsätzlich werden Brennnesseln und ihre Produkte aufgrund der Langzeitwirkung bei der Stärkung des Immunsystems und bei der schnellen Ausleitung von verschiedenen belastenden Entzündungsstoffen empfohlen.

WIRKUNGEN ALLGEMEIN: stoffwechselanregend, verdauungsfördernd, harntreibend (auch Ausscheidung von Harnsäure), blutzuckersenkend (durch den anregenden Einfluss auf die Enzymproduktion der Bauchspeicheldrüse), entgiftend, entschlackend, schleimlösend, Auswurf fördernd, blutreinigend und -stillend, Blutbildung anregend; insgesamt positive Wirkungen bei Gicht und Rheuma, Erschöpfung, bei einigen Hautkrankheiten

Während der Blütezeit ist die Brennnessel besonders entzündungshemmend und gegen rheumatische Beschwerden wirksam.

Wirkungen speziell der SAMEN: Vital- und Sexualtonikum, bei Stress und allgemeiner Müdigkeit, Leistungsschwäche und Erschöpfung ausgleichend und aufbauend, bei Gedächtnisschwäche und Vergesslichkeit bei älteren Menschen.

Wirkungen speziell der WURZELN: Steigerung des Harnstoffwechsels bis zur Reduzierung der Restharnmenge, immunmodulierend, entzündungshemmend, antiviral, antitumorös, bei gutartiger Prostatavergrößerung (ohne die Vergrößerung zurückbildend).

Nicht bei Ödemen anwenden, die infolge eingeschränkter Herz- oder Nierentätigkeit entstanden sind.

Ernte

Man erntet das Kraut: weiche, grüne Stängel, Blätter und, wenn vorhanden, auch die Blüten und Samen. Das gilt für die Verwendung des frischen Pflanzenmaterials oder zum Trocknen für Tees und andere heilende Anwendungen.

Gegen rheumatische Beschwerden sind blühende Brennnesseln bei trockenem Wetter und zur Vollblüte im Hochsommer empfehlenswert. Samen zur Stärkung werden während der Vollreife im August bzw. September geerntet.

> **SPITZWEGERICHBLÄTTER GEGEN DAS BRENNEN**
>
> Wenn die Brennhaare mal mit Erfolg in die Haut eingedrungen sind, gibt es Linderung durch Spitzwegerichblätter. (Anleitung Seite 197)

Samen können frisch oder getrocknet verwendet werden. Will man Brennnesselsamen und Blätter ernten, schneidet man die ganze Pflanze ab und legt sie ausgebreitet auf ein Tuch zum Trocknen. Der Samen fällt dann automatisch ab und kann separat eingesammelt werden. Die Blätter werden von den dicken Stängeln geschnitten, dünne Stängel können für Tee u. a. verwendet werden.

Die Wurzeln gräbt man im März, April oder im Oktober mit einem Spaten o. Ä. aus, schüttelt die Erde ab und lässt sie zunächst etwas antrocknen. Dann bürstet man die grobe Erde ab, bevor man sie gründlich wäscht und trocknet.

Wichtig für fast alle Brennnessel-Anwendungen: getrocknete Blätter und Samen.

Heilendes

Idealer Begleiter für eine Frühjahrskur: Wir können Brennnesseln, Löwenzahn, Spitzwegerich, Gundermann abschneiden und als Tee trinken.

FOLGENDE VERWENDUNGEN SIND VOLKSHEILKUNDLICH ÜBERLIEFERT

Frischpflanzensaft aus Blättern und Kraut (Seite 199)

Tee aus Blättern und Kraut (Seite 201 ff.)

Tinktur alle Pflanzenteile (Seite 223 ff.)

Speziell die Samen werden bei Hauterkrankungen und Rheuma empfohlen. Zerstoßene Samen werden als Auflage äußerlich verwendet. Ein Samen-Teeaufguss kann die Milchbildung stillender Mütter fördern.

Achtung bei Brennnesselsamen: Unter dem Motto „Die Menge macht das Gift!" muss man vor zu viel und vor regelmäßiger Einnahme warnen. Es gilt: nicht länger als eine Woche. Ansonsten wird der Körper mit der Nährstofffülle überfordert.

Brennnesseln kennt man in der Frühjahrskur oder für die Entwässerung. Die wassertreibende und stoffwechselanregende Wirkung von Brennnesseltee ist hier besonders im Vergleich zu anderen Kräutern hervorzuheben, da die zahlreichen Mineral- und Vitalstoffe der *Urtica* sp. die durch die Ausschwemmung verlorengegangenen, wertvollen Stoffe teilweise wieder ersetzt. (Seite 209)

Engelwurz

Wer nicht an engelhafte Wesen glaubt, wird nach der Begegnung mit einer Engelwurz eine völlig neue Sichtweise bekommen. Mit ihrem sehr dicken und stark verzweigten Stängel hält sie wie eine Mutter ihr weiterästeltes Netz an Doldenblüten fest im Griff. Sie ist eine stattliche Erscheinung von der man sofort den Eindruck hat, alles abzuwehren, was nicht gut für sie und ihre Kinder ist. Gleichzeitig lädt sie ein, sich dazuzugesellen. Mit ihren strahlenden Blüten und ihrer positiven Ausstrahlung wirkt die Engelwurz gastfreundlich. Sie strömt einen feinen, moschusähnlichen Duft aus, mit dem sie unzählige Insekten anlockt.

Im Virgental finden wir die Wald-Engelwurz sehr häufig. Schon im Frühjahr liegen ihre kräftig dunkelgrünen Blätter auf dem noch grauen Waldboden oder am Wegesrand. Im Frühsommer werden die Blätter schnell größer und der Stängel mit den vielen Verzweigungen beginnt zu leben. Im Sommer ragen einem die dunkelroten, kräftigen Stängel entgegen, auf denen die teller- bis kugelförmigen Dolden stehen.

Angelica archangelica L.

Diese stattliche Pflanze steht in ihrem 2. Jahr und kurz vor der Blüte. Sie beschützt alles, was sich unter ihren Mantel begeben will.

FAMILIE:

Doldenblütler, Apeaceae

ANDERE NAMEN:

Arznei-Engelwurz, Angstwurz, Brustwurz, Cholerawurzel, Geilwurz, Heiligenbitter, Liebeswurz, Magenwurz, Nervenstärk, Zahnwurz

Erkennen mit allen Sinnen

Engelwurz ist eine Gartenpflanze, Wald-Engelwurz eine Wildpflanze. Die Heilpflanze aus dem Kräutergarten gilt als die wirkstoffreichere. Doch nicht jeder hat die Gelegenheit, eine so mächtige Pflanze anzubauen. Da wir sie als Wald-Engelwurz wild finden können, beschreiben wir beide Arten.

MERKMAL	ENGELWURZ, *ANGELICA ARCHANGELICA L.*	WALD-ENGELWURZ, *ANGELICA SYLVESTRIS L.* WIE LINKS MIT FOLGENDEN UNTERSCHIEDEN
VORKOMMEN	in Gärten, nicht in freier Natur; feuchtes Klima, keine stauende Nässe	wächst in ganz Nordeuropa, ursprünglich aus dem Norden kommend; am Waldrand, an feuchten Uferzonen, feuchte Wiesen
	humusreicher, tiefgründiger Boden	
GRÖSSE	150 cm bis 200 cm	80 bis 250 cm
PFLANZE	2- bis 4-jährig, nur einmal blühend	mehrjährig, nur einmal blühend, bis 1500 bis 1700 m Seehöhe
	Geruch und Geschmack sind würzig und aromatisch	
STÄNGEL	hohl, rund, fein gerillt, nach oben von grün bis rot/rot-lila	hohl, rund, fein gerillt, meist bereift, weiß oder rötlich
	Blattstängel mit einer rinnenartigen Vertiefung auf der Oberseite	
BLÄTTER	wechselständig	
	aus bauchigen Blattscheiden entwickeln sich lang gestielte, mehrfach gefiederte, endständige, großflächige Grundblätter	
	hellgrün, „dreieckiger Grundriss"	dunkelgrün
	Einzelblättchen: kahle Unterseite, ungleichmäßig gesägt	breit eiförmig, gesägter Rand
	Endfieder an der Blattspreite sind dreispaltig	rote Ringe an der Blattunterseite am Ansatz jedes Fiederblattes
	Blattstiel: glatt, rund, hohl	
	Stängelblätter mit bauchigem Blattgrund (= Blattscheide) als Knospenschutz	
BLÜTE	große Doppel-Dolde, 20- bis 40-strahlig, fast kugelig, ohne Hülle, Döldchen mit Hüllchenblätter etwa gleich lang, Doldenstiele nur oben behaart	große Doppel-Dolde (Durchmesser bis 20 cm), viele bis einige Strahlen, lang und flaumig behaart, flach bis halbrund, zum Rand hin mit längeren Strahlen (alle bekommen Sonne ab)
	Insekten anziehend	Insekten anziehend
Farbe Zeit	weiß bis gelblich-grün, nie rosa Juli – August	weiß bis rosa/rötlich August – September
FRUCHT	oval, erst grün dann braun	
WURZEL	knollig, verzweigt, faserreich	pfahlförmig, dünn
	würzig mit feiner Schärfe, erzeugt sofort Wärme und Pelzigkeit im Mund,	würzig-scharf
	Bitterstoffe „benebeln" die Zunge	Bitterstoffe sind intensiver als bei der Engelwurz
DUFT	gesamte Pflanze: positiv würzig; stärkster Duft in der Wurzel, erinnert an Ananas und Sellerie; Blüten: moschusartig	je älter die Pflanze desto herber wird sie

Verwechsler

Die Engelwurz hat eine Reihe von Verwechslern, die giftig bis sehr giftig sind:

Der Gefleckte Schierling ist einer der giftigsten Vertreter der Doldenblütler.

Die Blätter der beiden Pflanzen sind gut voneinander zu unterscheiden und eindeutig zu bestimmen.

- Kälberkropf (*Chaerophyllum sp.*) ist eine Pflanzengattung, die auch zur Familie der Doldenblütler gehört. Von dieser giftigen Pflanze sind bei uns unterschiedliche Arten verbreitet:

  · Berg- oder Behaarter Kälberkropf (*Chaerophyllum hirsutum L.*): dreifach gefiederte Blätter und bewimperte Kron- und Hüllchenblätter, vorkommend in Bergauenwäldern und Staudenfluren

  · Taumelkerbel, Taumel-Kälberkropf oder Hecken-Kälberkropf (*Chaerophyllum temulum L.*): Blätter mit Fiedern 2. Ordnung, Stängel rot gefleckt, unter den Knoten verdickt, wächst in Auenlandschaften

  · Knolliger Kälberkropf oder Knollenkerbel (*Chaerophyllum bulbosum L.*): kann bis zu 2 m groß werden, seine knollenartigen Wurzeln sind genießbar

GIFTIGE VERWECHSLER

Kälberkropf, Riesen-Bärenklau, Schierling, Hundspetersilie, je nach Umgebung andere Doldenblütler

An der Blattunterseite am Ansatz jedes Fiederblattes sind deutlich sichtbar die roten Ringe – ein unverwechselbares Merkmal der Wald-Engelwurz.

- Riesen-Bärenklau (*Heracleum mantegazzianum* Sommer & Levier), Stängel bis zu 10 cm Durchmesser mit vielen weinroten Flecken, Blätter bis zu 3 m lang, tief in 3–9 Abschnitte geteilt, Blütendolden bis zu 50 cm Durchmesser, löst bei Berührung sofort Hautreizung bis verbrennung aus

- Gefleckter Schierling (*Conium maculátum L.*), sehr unangenehm im Geruch, bis 2 m hoch, Stängel mit roten bis rotvioletten Flecken, Blätter 3- bis 4-fach gefiedert, Hülle rückwärtsgerichtet, Hüllchen abstehend

- Hundspetersilie (*Aethúsa cynápium L.*), Blättchen fein zerteilt, 2- bis 3-fach gefiedert, ergibt ein Dreieck, auf der Unterseite glänzend dunkelgrün, bis 1 m hoch

INHALTSSTOFFE WURZEL

u. a. ätherische Öle, Bitterstoffe, Cumarine, Flavone, Furanocumarine, Gerbstoffe, Phenolcarbonsäuren

Blätter und Samen enthalten geringere Anteile

Wirkungen

Die Engelwurz zählt zu den Amara aromatica, zu den Pflanzen, die ätherische Öle und Bitterstoffe gleichzeitig enthalten. Wurzeln werden schwerpunktmäßig für die Verdauung, die Atemwege oder als „Schutzpflanze" eingesetzt.

WIRKUNGEN NACH DER VOLKSHEILKUNDE:

antibiotisch, antimikrobiell, keimtötend, abwehrsteigernd, entzündungshemmend, schmerzlindernd, nervenberuhigend, entgiftend, verdauungs- und leberanregend (Speicheldrüsen-Magensaft-, Gallensekretion anregend), appetitanregend, krampflösend, auswurffördernd, hustenlösend, menstruationsfördernd, abortiv, aphrodisierend, potenzsteigernd, wärmend, nervenstärkend, angstlösend, antidepressiv, vitalisierend – eben ein Lebenselixier.

VORSICHT:

- Furanocumarine machen lichtempfindlich. Nach der Einnahme von Engelwurz bzw. Engelwurzprodukten vorsichtig mit Sonneneinstrahlung sein. Bei Kuren mit Engelwurzprodukten Sonne meiden.

- In der Schwangerschaft keine Engelwurzprodukte verwenden. Ätherische Öle gehen durch die Haut, deshalb auch keine äußerliche Anwendung.

- Nicht bei Magen- und Darmgeschwüren oder bei zu viel Magensäure oder Gallenwegsverschluss.

Die Früchte beider Pflanzen werden möglichst grün geerntet und für Tinkturen zur Unterstützung des Verdauungssystems eingesetzt, links: Wald-Engelwurz.

*) Zulassungen:
ESCOP, Kommission E: Leichte Bauchkrämpfe, verzögerte Verdauung, Blähungen und Völlegefühl, Appetitlosigkeit, Bronchitis
Nebenwirkungen durch Furanocumarine

Ernte

Für alle oberirdischen Teile der Pflanze gilt: je älter, desto bitterer. Sind sie im Laufe der Vegetationszeit herb-bitter, so sind sie ein hervorragendes Gewürz und werden feindosiert auch im Zusammenspiel mit anderen Pflanzen eingesetzt.

Blätter: Frisch kann man sie immer ernten, solange sie noch grün sind. Später werden sie herb-würzig. Man kann Blätter trocknen.

Blüten werden geerntet, wenn sie sofort gebraucht werden, z. B. als essbare Dekoration. Wenn sich die Blattscheide öffnet und die Knospen hervorkommen, sind sie eine echte Delikatesse.

Samen schmecken am besten, wenn sie in noch grünem Zustand geerntet werden. Sind sie reif, werden sie braun. Sie werden als Dolde oder einzelne Samen getrocknet. Frisch sind auch sie eine echte Delikatesse.

Die Wurzeln der Engelwurz erntet man für Heilzwecke vor der Bildung des Blütenstängels. Die Wurzel der Wald-Engelwurz gräbt man vor dem Blattaustrieb im Mai, sobald der Schnee weg ist, die ersten Spitzen erkennbar sind und der Blattwuchs beginnt. Beim Graben ist darauf zu achten, dass die Wurzel nicht beschädigt wird. Zuerst wird sie vorsichtig abgebürstet und gewaschen, dann geschnitten und schließlich schnell getrocknet.

Engelwurz-Wurzeln können über Apotheken bezogen werden (*Angelicae radix*).

Heilendes

FOLGENDE VERWENDUNGEN SIND VOLKSHEILKUNDLICH ÜBERLIEFERT.

Tee für Bäder, Umschläge (Seite 211)

Tinktur: Wurzelansatz mit 70%igem Alkohol (Seite 223 ff.)

Tinktur: Blätter und Samen werden gerne mit anderen Bitterstoffpflanzen wie Meisterwurz, Beifuß, Wermut, Thymian usw. für ein ausgleichendes Magenmittel angesetzt. Für heilende und edle Getränke wie Melissengeist, Schwedenbitter, Heidelberger-Kräuter-Pulver, etc. wird immer auch Engelwurz verwendet. (Seite 223, 231)

Ätherisches Öl, verdünnt für Einreibungen mit entkrampfender Wirkung oder für besseren Schlaf.

Salbe auf der Basis eines Auszugsöls mit Wurzeln oder Pflanzenteilen (Seite 242 ff.)

Wohltuendes wie Kräuterkissen und Badesalz

RAT VON KAMILLUS

Meisterwurz und Engelwurz haben in der Wirkung der Wurzeln vieles gemeinsam. Beide sind Heilpflanzen. Die Engelwurz ist eine imposantere Pflanze als die Meisterwurz. Sie ist nicht so bitter-herb und viel ergiebiger, weil sie größer und voluminöser sind. Wir haben von Kindheit an Meisterwurz als Heilpflanze gesucht. Die Wald-Engelwurz wurde eher als Brauchtums-Pflanze genutzt. Wenn es möglich ist, wird die Blüte im Kräuterbuschen eingesetzt, weil sie den Mythos einer Engelspflanze hat.

Frauenmantel, Silbermantel

Wer in den Morgenstunden über eine Wiese geht, der wundert sich, dass so viele Wassertropfen wie Diamanten strahlen. Sie sitzen rundherum auf den winzig kleinen Spitzen der Frauenmantelblätter. Werden sie zu schwer, wandern sie in die Mitte des scheinbar gefalteten Blattes und sammeln sich dort als ein Tropfen. Man mag denken, „das ist Tau". Weit gefehlt – das ist ein Trick der Pflanze. Botaniker sprechen von Guttation. Aus den kleinen Drüsen an den Blatträndern gibt die Pflanze ihren Zellsaft bei übermäßigem Druck ab. Was sich sehr nüchtern anhört, ist seit der Entdeckung der Pflanze ein wahrer Quell für Mythen und Sagen. Die kleinen Perlen regen die Fantasie der Menschen seit Jahrhunderten an. Im Mittelalter z. B. wurden die Tropfen von den Alchimisten gesammelt und teuer verkauft. Daher ihr botanischer Name Alchemilla.

Gelbgrüner, Gewöhnlicher Frauenmantel

Alpen-Frauenmantel = Silbermantel

Alchemilla vulgaris L. (syn. *Alchemilla xanthochlora* Rothm.)

Alchemilla alpina L.

Erkennen mit allen Sinnen

ZUR BESTIMMUNG

Blüte: gelblich-grün, 4 innere und 4 äußere gelbe Blütensternchen, 4 Staubblätter

Blatt: Blatt mit Fächern, Umriss kreis- bis nierenförmig, gezähnt; Unterseite behaart; mantelartiges, gefächertes Blatt

Stängel: lange Blattstängel, Blütenstängel mit Blättern sitzend, behaart

Typisch: Guttations-Tropfen auf den winzig kleinen Spitzen an den Blatträndern, die zu einem dicken Tropfen in der Blattmitte laufen

Frauenmantel ist eine ausdauernde krautige Pflanze, die sich gerne in Gebüschen und lichten Wäldern versteckt und auf Wiesen und an Wegen zu finden ist. Sie mag Sonne und Feuchtes. Frauenmantel breitet sich flächig aus, so dass er wie ein Teppich erscheint.

Die grundständigen, lang gestielten Blätter erscheinen als Erste. Sie sind 7- bis 11-lappig, unterschiedlich eingeschnitten, und entfalten sich mit dem Größerwerden wie ein Mantel. Auch ausgewachsen sind die Falten deutlich zu sehen. Der Umriss ist kreis- bis nierenförmig. Sie können 3 bis 8 cm groß werden, sind gezähnt und mal kahl, öfter jedoch unterseits flaumig behaart. Silbermantel oder -mantele ist die alpine Variante.

FAMILIE:

Rosengewächs, Rosaceae

ANDERE NAMEN:

Dächlichrut, Frauenlieb, Frauentrost, Immertau, Jungfernwurz, Liebfrauenmantel, Marienmantel, Muttergottesmantel, Wundwurz, Venusmantel

Wie Diamanten schimmern seine Tropfen. Für die Alchimisten im Mittelalter wurden sie aufgrund spezieller Mythen gesammelt und teuer verkauft.

Die Knospen werden geschützt von den sitzenden Blättern, in denen die Blüte in Ruhe wachsen kann.

Der feine silberne Blattrand hat ihm seinen Namen gegeben: der Silbermantel, die Hochgebirgsvariante des Frauenmantels.

Die 10 bis 50 cm langen Blütentriebe sind verzweigt, mit sitzenden Blättern. Die winzig kleinen Blütensternchen (4 äußere und 4 innere Kelchblätter) sind gelb-grün und sitzen an endständig doldigen Rispen. Die Blüte hat eigentlich keine Blütenblätter. Staubblätter, bis zu 4, können schon mal fehlen. Der Nektar ist so gering, dass sich kein Insekt recht interessiert. Frauenmantel blüht zwischen Mai und August.

Über die Samen sorgt der Frauenmantel für seine Verbreitung. Tiere fressen Blätter, Blüten, Samen. Über die Ausscheidung der unverdaulichen Samen ist der Fortbestand gesichert.

Der kriechende Wurzelstock ist verholzt und rötlich. Er sorgt dafür, dass die Pflanze Jahr für Jahr wieder austreibt.

Den alpinen Silbermantel findet man in Höhen bis zu 2500 m. Er wird kaum größer als ca. 10 cm und hat sehr feste, dunkelgrüne Blätter und ist unterseits silbergrau und behaart. Die Blätter des Silbermantels sind rund und fast bis zum Blattgrund tief eingeschnitten. Das silberne Schimmern der Blätter entsteht durch die dichte silbrige Behaarung auf der Unterseite. Die Blüten sind gelbgrün und unscheinbar.

Verwechsler

VERWECHSLER GIBT ES NICHT

höchstens mit anderen Frauenmantelarten, die alle nicht giftig sind

Die Form der Blätter ist so typisch, dass kaum eine Verwechslung möglich ist. Es könnte eine mit anderen Frauenmantelarten vorkommen. Solch ein Irrtum ist jedoch ungefährlich, weil sie alle nicht giftig sind. Silbermantel hat ähnliche Inhaltsstoffe, ist intensiver als Frauenmantel und kann ebenso verwendet werden.

INHALTSSTOFFE

u. a. ätherisches Öl, Bitterstoffe, Gerbstoffe, Flavonoide, Phytosterine, Salicylsäure

Wirkungen

Er ist das Frauenkraut schlechthin und kann von der Jugend bis ins hohe Alter begleiten. In den verschiedenen Lebenslagen kann er über einen Ausgleich der Hormone für die Linderung vieler Frauenleiden sorgen. Auch heilt Frauenmantel innere und äußere Wunden durch den hohen Gerbstoffgehalt.

Die Volksmedizin empfiehlt Frauenmantel als
- entzündungshemmend, antibakteriell, antioxidativ, antiviral, fungizid, antirheumatisch, schmerzstillend, krampflösend, beruhigend, gewebsstärkend, menstruations- und hormonregulierend, adstringierend, kräftigend, laktationsfördernd, stopfend, wundheilend.
- Tee hilfreich gegen Beschwerden der Wechseljahre, gegen zu starke Monatsblutungen, als Waschung oder Spülung der Scheide junger Mädchen, als Waschung von eiternden Wunden oder Blutreinigungskur (insbesondere bei Hautunreinheiten von Mädchen in Kombination mit Acker-Stiefmütterchen); bei Senkungsbeschwerden, Eierstockzysten, chronisch entzündlichen Frauenleiden, klimakterischen Beschwerden usw.; bei Magen- und Darmbeschwerden, als Mittel gegen Husten; bei entzündeten Augen oder nässenden Ekzemen, zum Gurgeln oder als Mundspülung bei entzündeten Schleimhäuten Frauenmantel wirkt leicht stopfend.

Die fast unscheinbare Blüte bietet keinen besonderen Leckerbissen für Insekten. Blüten und Blätter werden noch knackig grün geerntet und getrocknet.

Ernte

Es werden Blätter, Blatt- und Blütenstängel sowie Blüten gesammelt und getrocknet. Von Mai bis August kann man die Blätter, von Juni bis August die Blüten ernten. Optimal sind die Inhaltsstoffe, wenn die Blätter frisch grün und knackig sind. Wenn sie dunkelgrün, etwas fad oder gar welk sind, ist der Zeitpunkt verpasst. Die Blütensterne zeigen ihre Erntezeit an, wenn sie gerade als gelb-grün wahrnehmbar sind.

Geerntet werden Blätter und Blüten, wenn die Himmelstropfen verdunstet sind und das Wetter schön ist.

Heildendes

FOLGENDE VERWENDUNGEN SIND VOLKSHEILKUNDLICH ÜBERLIEFERT

frische Blätter zum Auflegen auf Wunden (Seite 197)

frischer Presssaft fördert die Wundheilung (Seite 198)

Tee zur innerlichen und äußerlichen Anwendung (Seite 201 ff.)

auch für Bäder, Waschungen und Umschläge sowie zum Gurgeln

speziell der Tee vom Silbermantel ist ein Waschwasser zur Heilung entzündeter Augen

Tinktur innerlich – auch für „Teemuffel" – und äußerlich (Seite 223)

Tinktur kann in verdünnter Form auch als Wickel oder Umschlag genutzt werden. Es ist zu überlegen, ob ein warmer Tee einer Tinktur vorzuziehen ist. Alkohol in der Tinktur trocknet einerseits die Haut aus, andererseits kühlt er.

---

*) Zulassungen:
ESCOP, Kommission E: Heilmittel bei leichtem, unspezifischem Durchfall aufgrund des Gerbstoffgehaltes, weiter bei Magen-Darm- und Menstruationsbeschwerden.

Gänsefinger-
kraut

Gänsefingerkraut zählt in der Volksheilkunde zu den sehr häufig genutzten Heilkräutern. Vor allem in den Bergen setzten die Frauen diese Pflanze als Krampfkraut ein. Bauern wenden es noch heute als Notfallmittel für ihre Tiere an, auch um Krämpfe zu lösen.

Wenn wir über Wiesenwege gehen, treten wir häufig auf diesen Bodendecker, der sich fast unbemerkt ausbreitet. Aufmerksam wird man, wenn man eine gelbe Blüte sieht, die sich zwischen den grünen und silbrig schimmernden Blättern herauswindet. Die Blüte deutet mit ihren fünf Blütenblättern auf ein Rosengewächs hin, das Blattwerk erinnert weniger an diese edle Familie.

Potentilla anserina L., syn. *Argentina anserina* (L.) RYDB.

Erkennen mit allen Sinnen

Gänsefingerkraut ist eine mehrjährige, niedrig kriechende und trittfeste Pflanze. Sie liebt feuchten, tonigen Boden in Gräben, auf Wiesen, an Wegrändern oder auch auf Ödland. Gänsefingerkraut braucht Nährstoffreichtum und Bodenverdichtung. Über meterlanges Bewurzeln breitet es sich rasch aus. Zunächst wachsen die Blätter mit ihren Wurzelausläufern bodendeckend, die Blüten winden sich aus diesem Blattwerk heraus und leuchten wie eine aufgehende Sonne.

Unverwechselbare Merkmale sind die graugrüne Blattunterseite und die fünf Blütenblätter in leuchtendem Gelb.

ZUR BESTIMMUNG

Blüte: Mai bis September mit 5 gelben Blüten- und 5 Kelchblättern, endständig

Blatt: unterbrochen vielpaarig gefiedert, scharf gesägt, oberseits kahl, unterseits silbrig schimmernd und behaart; unterschiedlich lange Fieder, kleine Seitenblätter

Blütenstängel: lang, ohne Blatt, aus Blattachsen der Bewurzelung kommend

Typisch: teppichartige Verbreitung

FAMILIE:

Rosengewächs, Rosaceae

ANDERE NAMEN:

Fingerkraut, Gänserich, Handblatt, Krampfkraut, Säukraut, Silberkraut

Im Frühjahr finden wir die unpaarig gefiederten Blätter auf Wegen und Wegrändern. Sie werden immer dichter und bedecken schließlich den gesamten Boden.

Die Blätter sind gestielt und 7- bis 21-zählig (immer unpaarig) unterbrochen gefiedert. Die Fiederblättchen sind grob gesägt bis fiederspaltig und unterschiedlich groß, zur Mitte hin größer werdend. Am Blattgrund stehen kleine Seitenblätter. Unverkennbar sind diese Blätter, weil sie unterseits silber-weiß schimmernd und leicht behaart sind.

Die gelben Blüten sind endständig, lang gestielt mit 5 Blüten- und 5 Kelchblättern. Der ausdauernde Wurzelstock bringt im Frühjahr zunächst eine Blattrosette hervor. Anschließend macht sich die Pflanze mit ihren Wurzelausläufern auf den Weg, ihre Umgebung zu erobern.

Verwechsler

Ähnlich ist der Kriechende Hahnenfuß, der wie alle Hahnenfußgewächse als giftig eingestuft wird. Seine Blätter sind dreigeteilt und unterseits nicht silbrig behaart.

VERWECHSLER

Giftig: Kriechender Hahnenfuß mit dreiteiligen Blättern, unterseits grün. Als leicht giftig gilt der Große Odermennig, mit senkrechtem Blütenstängel, Blätter unterseits grün.

Nicht giftig: Kleiner Odermennig mit vergleichbarer Grundrosette, jedoch mit grüner Blatt-Unterseite.

Odermennig ist eine weitere Pflanze, die dem Gänsefingerkraut im Stadium der Blattrosette ähnelt. Seine Blätter sind beidseitig grün, das Gänsefingerkraut ist im Unterschied dazu unterseits silbrig. Der Blütenstiel wächst beim Kleinen Odermennig gerade in die Höhe bis zu 100 cm. Im Blühstadium besteht keine Verwechslung mehr.

INHALTSSTOFFE

u. a. Cumarine, Gerbstoffe (bis 10 %), Flavonoide, Phytosterine, organische Säuren

Man könnte Gänsefingerkraut mit der Blattrosette des leicht giftigen großen Odermennigs verwechseln. Er hat jedoch keine grausilberne Blattunterseite.

Wirkungen

Die Volksmedizin empfiehlt Gänsefingerkraut als
krampflösend, blutstillend, keimhemmend, appetitanregend, verdauungsfördernd, hustenlösend, straffend, wasserausschwemmend, schlaffördernd (bei nervös bedingten Schlafstörungen), bei Menstruationsbeschwerden (vorwiegend bei krampfartigen Beschwerden), bei Magen-, Darm- und Muskelkrämpfen, bei Mund-Rachen- sowie Augen-Entzündungen oder Gerstenkorn.
VORSICHT: Bei einem Reizmagen könnten sich die Beschwerden verstärken.

Blätter und Blüten werden mit ihren Stängeln geerntet, getrocknet und für Tee, Abkochungen und Tinktur verwendet.

Ernte

Blätter und Blüten werden gesammelt, wenn die Blätter knackig und die Blüten gerade aufgegangen sind. Getrocknet werden Fiederblätter sowie Ausläufer und Blüten. Alles wird ausgebreitet getrocknet.

Heilendes

FOLGENDE VERWENDUNGEN SIND VOLKSHEILKUNDLICH ÜBERLIEFERT

Tee bei Bauchkrämpfen, auch bei Kindern, sowie zum Gurgeln und Spülen (Seite 201 ff.)

Blattabkochungen in Milch gegen Bauchkrämpfe

Tinktur für Teemuffel (Seite 223)

RAT VON KAMILLUS

Gänsefingerkraut ist bei Frauen sehr gefragt. Sie haben die Erfahrung gemacht, dass gerade bei Krämpfen im Bauch, die vor oder während der Menstruation auftreten, Tee sehr geholfen hat. Überaus hilfreich war auch Gänsefingerkraut in Milch gekocht, um inneren Krämpfen zu begegnen.

---

*) Zulassungen:
    Kommission E: Beschwerden im Zusammenhang mit der Regelblutung, zur Therapieunterstützung von Durchfallerkrankungen, leichte Entzündungen im Bereich der Mund- und Rachenschleimhaut.

Gelber Enzian, Getüpfelter Enzian

Auf den blauen Enzian wird das hohe Lied gesungen. Die wahre Kraft jedoch liegt im gelbem, der es nie zu einem Lied gebracht hat. Wer in den hohen Bergen unterwegs ist und plötzlich vor dieser stattlichen Pflanze mit den prächtig gelben Blüten steht, ist erst einmal ergriffen. Der Gelbe Enzian strahlt etwas Herrschaftliches und gleichzeitig Sonniges aus, obwohl das Gelb nicht so protzig und grell ist wie von manch anderer Pflanze. Daher der alte Name *Asterias lutea* – gelber Stern. Etwas bescheidener in seinem gelben Glanz ist der Getüpfelte Enzian. Beide sind als Bitterstoffträger und als „Rohstoff" für die Schnapsbrennerei heiß begehrt.

Heute ist der Bedarf an Enzianwurzeln so groß, dass man um die Bestände bangen muss. Obwohl der Gelbe Enzian in Deutschland, Österreich und Südtirol unter strengem Naturschutz steht, ist der Bestand immer noch gefährdet. Inzwischen gibt es einen Anbau für die Verarbeitung der Wurzeln, der jedoch den Bedarf für das Arzneimittel und die Spirituosen-Industrie nicht decken kann. In Deutschland liegt die Nachfrage bei ca. 6.000 Tonnen im Jahr (Wolfgang Blaschek, Stuttgart 2016, Seite 287).

Gentiána lútea L.,
Gentiána punctáta L.

FAMILIE:

Enziangewächse,
Gentianaceae

ANDERE NAMEN:

Bergfieberwurzel, Bitterwurz, Enznerwurz, Gelbsuchtwurzel, Großer Enzian, Halunken, Hochfieberwurzel, Janzerwurz, Magenwurzel

Majestätisch steht er am Wegesrand, trotzt Wind und Wetter ohne sich zu beugen: der Gelbe Enzian.

Erkennen mit allen Sinnen

Der Gelbe und der Getüpfelte Enzian sind streng geschützt. Sie sind gleichermaßen Nutz- und Heilpflanze und heiß begehrt. Beide sind mehrjährige krautige Pflanzen.

Der Gelbe Enzian wird bis zu 150 cm hoch und wächst vorzugsweise auf Kalkböden der Alpen im südlichen Mittel- und Südeuropa bis zu 2800 m Seehöhe. Er kann 40 bis 60 Jahre alt werden. Der Getüpfelte bevorzugt kalkarme Böden. Er ist etwas kleiner im Wuchs. Beide findet man nur auf ungedüngten Bergwiesen. Feinde haben sie nicht. Sie sind zu bitter für das Vieh, selbst für die gefräßigen Bergziegen.

ZUR BESTIMMUNG

Blüte: gelb, bis zum Grund 5- bis 6-zipfelig (in der Regel); als Scheinquirl in zwei gegenständigen Blättern sitzend (Blattschale)

Blatt: gegenständig, bis 30 cm lang und 15 cm breit, breit-lanzettlich, ungeteilt, ganzrandig, blau-grün mit deutlichen Blattnerven; obere Blätter gebogen

Stängel: rund, hohl, unverzweigt, bis 150 cm hoch

Wurzel: stabile, dicke Wurzel bis 100 cm lang und 6 cm dick

Typisch: bitterste Wurzel, die wir in Europa kennen, altes Heilmittel

An dem runden, hohlen, unverzweigten Stängel sind die sitzenden Blätter kreuzgegenständig angeordnet.

Die sehr markanten Blätter werden bis zu 30 cm lang und 15 cm breit. Sie sind breit-lanzettlich, ungeteilt, ganzrandig und bläulich-grün. Kennzeichen sind die deutlich sichtbaren, 5 bis 7 stark gebogenen verzweigten Hauptnerven, die über das ganze Blatt gehen. Die Blattstiele werden von unten nach oben immer kürzer. Die oberen Blätter sind gewölbt wie Schalen, sie bieten den Blüten Halt und Schutz.

Die Pflanze beginnt erst nach mehreren Jahren von Juni oder Juli bis August oder September zu blühen, evtl. erst nach 10 Jahren. 3 bis 10 Blüten befinden sich in den Achseln der schalenförmig sitzenden Tragblätter. Sie bilden Scheinquirle. Wenn sich die Blattschalen öffnen, kommen die Blütenknospen hervor. Die goldgelbe Krone ist trichterförmig bis fast zum Grund geöffnet, häufig 5- bis 6-teilig (selten nur 4- bis 12-teilig). Die schmal-lanzettlichen Zipfel können bis zu 3,5 cm lang sein. Sie wirken wie Sterne. Der Kelch ist dünnhäutig,

2- bis 6-zähnig und auf einer Seite tief aufgeschlitzt. Da von diesen Einzelblüten oder -sternen viele in den Blattschalen liegen, wirkt der Scheinquirl etwas wirr.

Die kräftige, bis 6 cm dicke und 100 cm lange Wurzel, kann bis zu 7 kg wiegen. So ist die Pflanze gut verankert. Die Wurzel ist gelbbraun und quer gerillt. Ab und an teilt sie sich, um sich dann wieder ineinander zu verschlingen.

Die Wurzeln werden im Frühjahr oder Herbst gegraben.

In der Blütenform und -farbe unterscheiden sich die beiden Enziane: Die Blüten des Getüpfelten Enzian haben eine hellgelbe Blütenkrone, die dunkel punktiert ist. Der Kelch ist nur bis zur Mitte hin 5- bis 8-teilig eingeschnitten. Beim Tüpfel-Enzian zählen wir in einer Blattschale bis zu 3 Blüten, die sich in der Vollblüte zu einem Trichter öffnen. Am Ende der Sprossachse sitzen sie köpfig meistens zu fünft. Der Gelbe Enzian hat drei bis zehn Blüten je Blattschale mit bis zum Grund eingeschnittene Blütenblätter. So wirken sie wie ein Scheinquirl.

Der Bitterwert beider Wurzeln ist abhängig von vielen Faktoren, so z. B. vom Alter der Pflanze, von der Höhe des Standortes (je höher, desto bitterer) oder vom Erntezeitpunkt (im Frühjahr ist der Bitterwert am höchsten).

Der etwas kleinere Getüpfelte Enzian behauptet sich ebenfalls in großer Höhe. Auch seine Wurzel wird als Heilkraft sehr geschätzt.

Verwechsler

VERWECHSLER

Giftig: Gemeiner Germer, *Verátrum álbum L.* (Weißer und Grünlicher Germer) mit wechselständig angeordneten Blättern. Beim Gelben und Getüpfelten Enzian wachsen sie kreuzgegenständig.

Ernsthafte Verwechselungsgefahr besteht nur mit dem Gemeinen oder Weißen Germer. 1 bis 2 g von seiner getrockneten Wurzel gelten als tödlich. Er hat im Frühstadium, wo er nur Blätter ausgebildet hat, Ähnlichkeit mit dem jungen Enzian. Wichtiges Unterscheidungsmerkmal ist die Anordnung der Blätter: Die Blätter des Weißen Germers sind dreizeilig wechselständig angeordnet und unterseits flaumig behaart. Seine Blätter laufen vom Stängel aus nach oben. Enzian hat im Vergleich gegenständig angeordnete Blätter, die nicht behaart sind.

Wenn wir genau hinschauen, sehen wir schon bei den Jungpflanzen den Unterschied der Blätter. Beim Germer laufen sie am Stängel hinab und sind wechselständig angeordnet.

INHALTSSTOFFE WURZEL

Inhaltsstoffe sind u. a. ätherische Öle, Bitterstoff-Anteile (2-3 %, Enzian wird Bitterstoffdroge genannt, Bitterwert mind. 10.000), Gerbstoffe, Pektin, Schleimstoffe.

Der bittere Geschmack geht auf das nur in Spuren vorhandene Amarogentin zurück – eine der bittersten Substanzen, die wir kennen (Bitterwert mehr als 50.000.000, d. h. in einer Verdünnung von 1:50.000.000 würden wir den Bitterstoff immer noch schmecken).

Wirkungen

Der hohe Anteil an Bitterstoffen und der niedrige an Gerbstoffen führt zu den verdauungsanregenden Wirkungen des Gelben Enzian ohne Magenreizungen. Er ist wohl die am Stärksten wirkende Heilpflanze zur Unterstützung der Verdauung.

Die Volksmedizin empfiehlt die Wurzel des Gelben Enzian seit Jahrhunderten als: appetitanregend und verdauungsfördernd (positive Wirkung auf die Leber), Völlegefühl und Blähungen abbauend, körperliche und seelische Schwächezustände ausgleichend, körperliche Stärkung bei chronischen Leiden, die Rekonvaleszenz nach Infektionen unterstützend, zur Wundbehandlung.

Nicht für Schwangere geeignet oder bei Magen-Darm-Geschwüren oder Magenübersäuerung.

---

*) Zulassungen:
Nach HMPC als traditionelles pflanzliches Arzneimittel eingestuft
ESCOP, Kommission E: Leichte Beschwerden im Oberbauch, die mit dem Verdauungsvorgang zusammenhängen, auch Blähungen und Völlegefühl, Magen-Darm-Beschwerden und/oder zeitweilig auftretende Appetitlosigkeit.
Nebenwirkungen: Magen-Darm-Beschwerden, Juckreiz, Kopfschmerzen.

Ernte

In einigen Bergtälern gibt es eine „Lizenz" für das Graben dieser kostbaren Wurzel. Der „Beruf" des Enzianstechers zeigt, dass man es können muss. Wird die Pflanze angegraben, so wird sie erst nach sieben Jahren wieder regeneriert sein. Mit Hilfe der Wurzelstücke, die im Boden verblieben sind, baut die Pflanze eine neue Wurzel auf. Es muss also immer so viel Rhizom in der Erde bleiben, dass sich die Pflanze wieder erholen kann.

Da der Gelbe und der Getüpfelte Enzian streng geschützt sind, bestellen wir ihn in der Apotheke unter Gentianae radix, Enzianwurzel.

Heilendes

Wenn der Gelbe Enzian seine Wirkung entfalten und alle Vorgänge rund um die Verdauung anregen soll, so muss er eine halbe Stunde vor dem Essen eingenommen werden. Auf diese Weise regen die Bitterstoffe die Geschmacksnerven an, so dass die Speichel- und Magensaftsekretion in Gang kommt.

FOLGENDE VERWENDUNGEN SIND VOLKSHEILKUNDLICH ÜBERLIEFERT

Tee, der den Appetit anregen soll, wird eine halbe Stunde vor den Mahlzeiten getrunken (Seite 201 ff.)

Tinktur: vor den Mahlzeiten 10 Tropfen mit etwas Wasser einnehmen (Seite 223 ff.)

Alkoholische Auszüge/Ansätze (Seite 231)

Die gegenständigen Blätter des Gelben Enzians sind zur Spitze hin gebogen. Sie bieten den Blüten Schutz und Halt.

So wie Wermut wird auch Gelber Enzian in verdauungsfördernden und bitteren Likören und Schnäpsen, in Theriaks und Schwedenkräutern verwendet.

> **RAT VON KAMILLUS**
>
> Für uns war der Enzian auf unserer Wunalm (bis 2800 m Seehöhe) die wichtigste Quelle, um die Wurzeln für die Versorgung eines Jahres zu sammeln. In der Wundheilung war der Wurzelsud besonders wichtig. Aus Wurzelstücken wurde ein Sud wie ein Tee aufgegossen und abgeseiht. Damit wurden Wunden abgetupft oder offene Füße behandelt. Hier ist unsere Mutter immer sehr vorsichtig vorgegangen, um zu sehen, ob der Patient den Enzian auch verträgt. In schlimmen Fällen haben wir Kraut-Wurzel-Ansätze vom Enzian gemacht und besonders hartnäckige Wunden damit behandelt.
>
> Ansonsten haben wir gebrannten Enzianschnaps gekauft und Kräuterschnapsansätze mit einem Stück Enzianwurzel aufgewertet. Heute graben wir keine Enzianwurzeln, da er streng geschützt ist.

Schwarzer Holunder

Mit dem Namen Holunder sind Ehrfurcht und Hochachtung verbunden. Man sollte den Hut ziehen, wenn man an ihm vorbei geht, sagen die Alten. Auf dem Land, an den Bauernhöfen findet man den Schwarzen Holunder auch heute noch sehr verbreitet. Die Menschen wissen um die Mythen und Sagen ebenso wie um die Heilkraft, die uns gut über den Winter bringen kann sowie den guten Geschmack für Süßspeisen, Sirupe oder Fruchtaufstriche.

Wer in einer lauen Sommernacht mal unter einem Hollerbusch gesessen hat, hat sich vielleicht gewundert, dass unter dem Blätterdach keine Insekten stören. Auch das kann der Holler: Um ihn herum ist die Luft sauber, Insekten mögen seine Ausdünstungen nämlich nicht.

Ein Strauch mit so großer Heilwirkung und langer Tradition in der Volksheilkunde bringt auch viele Mythen und Sagen mit sich. Jeder kennt die Märchen rund um Frau Holle, die unter dem Hollerbusch wohnt.

Sambucus nigra L.

Unzählige weiße Blütensternchen gehören zu einer Blütentrugdolde des Schwarzen Holunder, die wie ein Teller gen Himmel zeigt.

Blauer Himmel, Sonnenschein und Holunderblüten gehören zusammen. So prächtige Holunderbüsche sind viele Jahre alt. Man begegnet ihnen mit Hochachtung.

FAMILIE:

Moschuskrautgewächse, Adoxaceae

ANDERE NAMEN:

Altholder, Elderbaum, Holler, Holderbusch, schwarzer Flieder, Keilken, Marterblumen, Schwarzholder, Schwitztee, Zickenblüten

Erkennen mit allen Sinnen

Der bis zu 10 m hoch werdende Strauch oder Baum wächst in Laubwäldern, Hecken, Gebüschen oder an Bachufern. Er sucht die Nähe der Menschen: an Häusern, Bauernhöfen und Scheunen. In der Nähe von Viehställen steht er, meistens an einem Eck, wo er als Schutz für Mensch, Haus und Stallungen geachtet wird.

Seine Äste und sein Stamm sind graubraun mit vielen warzigen Öffnungen auf der Rinde. Durch diese sogenannten Lentizellen atmet der Strauch. Das weiche, weiße Mark aus den Zweigen ist leicht herauszudrücken. Die hohlen Zweige dienten früher als wohlklingende Flöten, die man Sambuco nannte.

Die Blätter des Schwarzen Holunder sind gegenständig angeordnet, unpaarig gefiedert und setzen sich aus fünf bis sieben elliptisch zugespitzten, hellgrünen Fiederblättchen mit gesägtem Rand zusammen.

ZUR BESTIMMUNG

Blüte: weiß-gelblich, Trugdolde, fast tellerartig gen Himmel gerichtet

Blatt: gegenständig, unpaarig gefiedert, 5 bis 7 elliptisch zugespitzte, hellgrüne Fiederblättchen mit gesägtem Rand

Früchte: dunkelviolett bis schwarze Beeren

Äste: weiches, weißes Mark

Typisch: in der Blütezeit ragen die weißen Dolden in den Himmel, sie wollen zur Sonne; im Herbst zeigen die Dolden voll mit Früchten zur Erde

Die einzelne Blüte ist ein duftendes, 5-strahliges Blütensternchen, das die übervollen gelbgoldenen Staubbeutel umschließt. Sehr viele Einzelblüten ergeben zusammen eine weiße Trugdolde, die zum Himmel zeigt. Der Holunder wirkt in der Blütezeit wie ein grüner Strauch, der mit vielen weiß-strahlenden Tellern den Blick nach oben zur Sonne richtet. In dieser Zeit liegt ein wunderbarer, geheimnisvoll süßlich-aromatischer Duft in der Luft.

Kaum eine andere Pflanze produziert so viele Blüten wie der Holunder. Was für die Pollenallergiker zum Nachteil ist, ist vielen Menschen zum Wohlergehen. In den Blütenpollen liegt die Kraft der Holunderblüte, die uns Hilfe bei Erkältung und Fieber bietet.

Wenn der Sommer zu Ende geht, werden die grünen Früchte immer dunkler, bis sie von dunkelviolett bis fast schwarz und reif sind. Die Dolden zeigen nach unten. Fast hat man den Eindruck, dass sie die schwere Last der prallen Früchte nach unten zieht. Diese säuerlich-herben, schwarzen Perlen bieten den Menschen zum zweiten Mal für die kommende kalte Jahreszeit ein heilendes Kraftpaket.

Verwechsler

Die traubenartigen Blüten des Roten Holunder sind deutlich anders als die des Schwarzen.

> **Giftig:** Zwergholunder kleiner, in allen Teilen giftig, sehr unangenehmer Geruch, aufrechtstehende Zweige
>
> Roter Holunder trägt Früchte in leuchtend roten Trauben. Seine Früchte sind bis auf die Kerne essbar. Alles andere ist wie beim Schwarzen nicht genießbar.

Schwarzer Holunder könnte mit dem Zwergholunder oder Attich, *Sambucus ebulus L.*, verwechselt werden. Er ist ähnlich dem schwarzen, jedoch kleiner, und wächst bis 1500 m Seehöhe. Man nennt ihn Stinkholunder. Blüten sind in einer aufrechtstehenden Dolde angeordnet. Seine Früchte sind nicht nur ungenießbar, sondern sogar giftig.

Auch der Rote Holunder (*Sambucus racemosa L.*) blüht weiß, hat aber eine andere Blütenform als der Schwarze. Eine Traube, fast eiförmig, trägt die leuchtend roten Früchte. Er kann somit nicht mit dem Schwarzen Holunder verwechselt werden. Aus den Früchten vom Roten Holunder kann man über den Dampfentsafter einen leckeren Saft herstellen. Die Kernchen im Innern der Früchte sind nicht genießbar.

> **INHALTSSTOFFE WURZEL**
>
> **Holunderblüten:** u. a. ätherische Öle, Flavonoide, Phenole (Kaffeesäure), Phytosterine, Triterpene, Schleimstoffe
>
> **Holunderfrüchte:** u. a. ätherische Öle, Anthocyane, Bitterstoffe, Flavonoide, Gerbstoffe, organische Säuren, Phenolsäuren
>
> Rohe Früchte enthalten wie die gesamte Pflanze Glykosid (Sambunigrin) – das führt zu Übelkeit und Erbrechen, wird durch Erhitzen abgebaut, so dass sich ab 70 °C die toxische Wirkung verliert

Wirkungen

Die Volksmedizin empfiehlt Holunderblüten als
- schweißtreibend, fiebersenkend, abwehrkräftigend, Bronchialsekrete lösend, antioxidativ, immunstimulierend (mobilisieren körpereigene Abwehrstoffe), harntreibend, bei Rheuma, Schleim und Galle abführend, bei Entzündungen im Mund- und Rachenraum entzündungslindernd.
- antioxidativ, antiviral, abführend, harn- und schweißtreibend, darmreinigend, antineuralgisch.

---

*) Zulassungen:
Holunderblüten nach HMPC als traditionelles pflanzliches Arzneimittel eingestuft. ESCOP, Kommission E: schweißtreibendes Mittel bei Erkältung, grippalen Infekten und Fieber, bei einer banalen Erkältung, Hustenlöser, Behandlung der oberen Luftwege
Holunderbeeren: Für Holunderbeeren liegt noch keine Monographie vor.

Ernte

Die Blüten bzw. Blütendolden wollen nicht zu früh, nicht zu spät und an den richtigen Tagen geerntet werden, damit sie sorgfältig getrocknet werden können:

Geerntete Blätter der Blütendolden können zum Trocknen in Büscheln aufgehängt werden.

- zum Erntezeitpunkt der Blüten müssen die Pollen entwickelt sein, d. h. die Dolden müssen gerade aufgegangen sein; wenngleich Dolden nachwachsen reduziert jede Blütendolde, die abgeschnitten wird, die Ernte der Beeren; der Holunderstrauch fühlt sich durch das Abschneiden der Blütendolden „verletzt"; er wird alle Anstrengungen unternehmen, neue Blüten nachzuschießen; irgendwann ist die Zeit für die Blütenbildung jedoch vorbei
- Blüten nicht bei Regen oder an feuchten Tagen ernten, erst nach mind. einem regenfreien Tag; Feuchtigkeit und Regen waschen kostbare Inhaltsstoffe aus, die erst wieder neu aufgebaut werden müssen
- ganze Blüten mit Schere oder Messer abschneiden und vorsichtig in einen Korb oder eine Wanne legen; immer ein trockenes Baumwolltuch als Untergrund einlegen, damit Pollen und kleine Blütensternchen aufgefangen werden; wenn die Dolden ausgebreitet sind, Ernte gut verlesen und schauen, ob alle kleinen Insekten den Weg nach außen gefunden haben und vom Tuch entfernt werden können
- man kann auch Blütendolden mit einigen Blättern abschneiden, um diese gebündelt aufzuhängen; wenn Blüten aufgehängt werden, ein Tuch darunter spannen, um Pollen und Blütensternchen aufzufangen
- nach dem Trocknen wird die gesamte Ernte in mit Tüchern ausgelegten Kartons verschlossen aufgehoben
- man kann auch die kleinen getrockneten Blüten vom Zweig rebeln; Blüten werden für Tee und Heilzwecke verpackt

Holunderbeeren werden völlig reif, schwarz-violett geerntet. Grüne oder nicht ganz reife Früchte enthalten Giftstoffe und müssen entfernt werden:

So schwarz müssen alle Beeren sein, wenn wir sie ernten wollen. Grüne oder rote Beeren müssen aussortiert werden.

- Blütendolden vorsichtig abschneiden und in eine Wanne legen, Vorsicht: sie färben; beim Ernten schon darauf achten, dass nichts in die Wanne fällt, was nicht hineingehört (Blätter, grüne, halbgrüne Beeren, Zweige, Insekten)
- sorgfältig verlesen, sortieren nach Beeren pur und Beeren mit Stiel
- Beeren pur für Heilzwecke und Delikatessen – die Mühe lohnt sich; ohne Stiel können die Beeren auch im Ganzen verarbeitet werden und müssen nicht unbedingt durch den Entsafter; sie enthalten zusätzlich wertvolle Ballaststoffe (Haut und Kernchen)
- Beeren mit Doldenstielchen für Saft allgemein, wenn man sich nicht so viel Arbeit machen will; mit Stielen wird der Saft etwas herber
- Beeren pur können bei ca. 100 °C getrocknet werden (damit auch hier die Giftstoffe abgebaut werden); diese Beeren können den Winter über in Müsli oder pur, auch im Ganzen als Heilmittel gegessen werden

Will man die Blätter für Heilzwecke ernten, so schneidet man junge Blätter im Mai, Juni ab und trocknet diese; man kann sie für Teemischungen und Inhalationen verwenden

Heilendes

FOLGENDE VERWENDUNGEN SIND VOLKSHEILKUNDLICH ÜBERLIEFERT

HOLUNDERBLÜTENTEE:

Holunderblütentee schweißtreibend: 4 TL Holunderblüten auf 500 ml kochendes Wasser, 10 Minuten ziehen lassen, abseihen, möglichst heiß und schnell trinken und anschließend in ein warmes Bett legen

Holunderblütentee bei Rheuma: Kur über 3 Wochen, jeden Tag 3 mal 1 Tasse; 2 TL auf 250 ml kochendes Wasser, 10 Minuten ziehen lassen, abseihen

Erkältungs- oder Grippetee: Holunderblüten mit Lindenblüten 1:1; 1 EL der Mischung auf 250 ml kochendes Wasser, 10 Minuten ziehen lassen, abseihen

Erkältungstee Infekt (Husten, Schnupfen nach Infektion in Menschenansammlungen): 2 TL Holunderblüten auf 250 ml kochendes Wasser, 15 Minuten ziehen lassen, 3 mal am Tag

Zweige und Blätter können als Tee aufgegossen und für Bäder, Inhalationen etc. verwendet werden

Weitere Informationen zu Tee: Seite 201 ff.

HOLUNDERBEERENSAFT:

Tinktur: Blüten werden mit 38%igem Alkohol angesetzt (Seite 226 f.)

Bei Erkältung: Saft mit heißem Wasser aufgießen und in kleinen Schlucken trinken

Schnapsansatz gegen Erkältung: Latschenkiefernblüten und andere Kräuter ergeben zusammen mit Holunder- und Schwarzem Johannisbeersaft einen hervorragenden Erkältungsschnaps (Seite 229)

RAT VON KAMILLUS

Will man Erkältung und Grippe vorbeugen, trinkt man am besten jeden Tag den gesamten Winter hindurch eine große Tasse bitteren Kräutertee „Tee für deine Gesundheit", in dem auch Holunderblüten enthalten sind. (Seite 202)

Holunderblüten sind Bestandteil meiner Kräutermischung zum Inhalieren. Spürt man Schnupfen, Husten, Heiserkeit aufziehen, so beginnt man am besten sofort damit. (Seite 212 f.)

Die Ernte der weißen Blüten ist eine besondere Freude für Kamillus. Ihr wunderbarer Duft macht die Arbeit zur reinsten Erholung.

Isländisch Moos

Isländisch Moos zählt im Kreis der Heilkräuter zu den Geheimnisvollen. Wandert man auf den Sonnenhängen des Virgentals, so findet man diese Flechte auf den von Heide und Alpenrosen bewachsenen, mit Felsen und einzelnen Lärchen durchsetzten Hängen. Zusammen mit anderen Flechten oder mit Preiselbeeren verbreiten sie sich auf Felsen, Baumwurzeln oder Erde. Mit anderen Moosen und Flechten schützen sie den Boden vor Wetterkapriolen in den Höhen.

Auch wenn es Moos genannt wird, ist es eine kleine, unscheinbare Flechte, die seit langem zu einem der wertvollsten Heilmittel zählt. Bekannt ist Isländisch Moos als Hustenmittel, die Flechte kann jedoch viel mehr.

Cetraria islandica L., syn. *Lichen islandicus*

Erkennen mit allen Sinnen

ZUR BESTIMMUNG

Bodendecker in Heidegegenden, Zwergstrauchheiden, lichten Wäldern; geweihähnliche, am Rande bewimperte, olivgrüne bis braune mit weißen Flecken versehene Lappen.

Die rötlichen Wurzeln kennzeichnen die noch junge Flechte.

Man findet Isländisch Moos im Flachland ebenso wie im Gebirge bis 2500 m Seehöhe. Es liebt Heidelandschaft und sonnige, trockene Wälder.

Statt Sprossachse, Wurzel und Blatt entwickelt die Flechte einen sogenannten „Thallus", der unmittelbar aus dem Boden hervorkommt. Die bodendeckende Flechte wird 4 bis 12 cm hoch und ist am Rand bewimpert. Sie hat eine gabelig verzweigte, geweihartige Form mit braunen Lappen, die olivgrün bis braun auf der Oberseite und weißlich-grün bis hellbraun auf der Unterseite sind. Oft findet man auf beiden Seiten weiße Flecken. Der untere Teil der Flechte, der häufig rot gefärbt ist, geht in den Untergrund und zieht aus diesem die Nährstoffe, die er braucht.

FAMILIE:

Strauchflechte, Parmeliaceae (Lichenes = Flechte)

ANDERE NAMEN:

Blätterfechte, Blutlungenmoos, Fiebermoos, Berggraupen, Goaßtraube, Halswehkraut, Hirschhornflechte, Isländerflechte (Hahnemann), Lungenmoos, Strübli

Diese weiße Flechte wächst häufig mit Isländisch Moos. Sie muss schon beim Ernten entfernt werden. Getrocknet sind sie nur schwer zu trennen.

Verwechsler

VERWECHSLER

Ungenießbar: andere Flechten, die eine andere Farbe und Form haben

Häufig wächst Isländisch Moos zusammen mit einer durch und durch weißen Flechte, die sehr viel dünnere Triebe hat. Es ist ratsam, sie auf jeden Fall noch bei der Ernte zu entfernen, weil sie sonst nicht ohne Verlust vom Isländisch Moos zu trennen ist.

INHALTSSTOFFE WURZEL

u. a. Schleimstoffe (ca. 50 %, das sind Polysaccharide), Bitterstoffe, Flechtensäuren

Wirkungen

Die Volksmedizin empfiehlt Isländisch Moos als
krampflösend, hustenmildernd, schleimlösend, reizmildernd, appetitanregend, antibiotisch, tonisierend, milchfördernd.

Der hohe Anteil an Schleim legt sich wohltuend auf die entzündeten Schleimhäute von Mund und Rachen sowie Magen und Darm. Bitterstoffe wirken kräftigend und belebend, regen Magen und Darm an, aktivieren die Verdauung und regen gleichzeitig den Appetit an. Die antibiotisch wirkenden Inhaltsstoffe lassen Entzündungen zurückgehen.

Ernte

Wenn das Wetter von August bis September feucht ist, kann man die Flechten ganz leicht herausziehen. Während sie in feuchtem Zustand elastisch sind, brechen sie trocken leicht auseinander. Wir ziehen sie sorgfältig heraus und achten darauf, dass

*) Zulassungen:
Nach HMPC wird Isländisch Moos als traditionelles pflanzliches Arzneimittel eingestuft.
ESCOP, Kommission E: Schleimhautreizungen in Mund- und Rachenraum und damit verbundener trockener Reizhusten, gegen Appetitlosigkeit (zeitweilig)

So leicht lässt sich Isländisch Moos ernten, wenn es feucht ist. Ist es trocken, stellt es seinen Stoffwechsel ein und hat weniger Wirkstoffe.

So getrocknet können wir Isländisch Moos zu Tee und Tinktur verarbeiten.

wir die weiße Flechte nicht mitnehmen. Man kann sie gut unterscheiden. Die Ernte legen wir in einen Stoffbeutel, damit sie unbeschadet transportiert werden kann.

Die Flechte hat an feuchten Herbsttagen mehr Inhaltsstoffe als bei trockenem Wetter. In Trockenperioden stellt sie ihren Stoffwechsel nämlich ein.

Daheim sortiert man das Gesammelte noch einmal, breitet die Flechte auf einem Tuch aus und lässt sie ohne Einfluss von Sonne trocknen. In einem Karton, mit Papier ausgekleidet, kann die Ernte bis zur Verwendung aufgehoben werden.

Heilendes

Bei der Verarbeitung von Isländisch Moos gilt es, zuerst festzulegen, für welchen Zweck man das Heilmittel einsetzen will. Will man die Bitterstoffe für Magen, Darm, zum Tonisieren und Anregen, dann müssen diese erhalten und ausgezogen werden. Bitterstoffe gewinnt man mit heißem Wasser oder Alkohol.

Will man die Schleimstoffe gegen Entzündungen einsetzen, so gilt es, diese aus der Flechte herauszuholen. In diesem Fall setzt man Isländisch Moos in kaltem Wasser an und gibt ihm Zeit (mind. 2 Stunden oder über Nacht = Kaltauszug) zum Ausziehen, bevor man alles erwärmt, abseiht und trinkt. Was sich an Schaum bildet, sind ebenfalls Schleimstoffe.

FOLGENDE VERWENDUNGEN SIND VOLKSHEILKUNDLICH ÜBERLIEFERT.

Tee und Tinktur (Seite 201 ff. und Seite 223 ff.)

gegen Husten – Kaltauszug

zum Gurgeln bei Mandel-, Zahn-, Mund- und Rachenentzündungen – Kaltauszug

zur Wundbehandlung-Kaltauszug

bei Magen- und Darmproblemen, zur Appetitanregung (vor dem Essen trinken) – Tee oder Tinktur

bei Erschöpfungszuständen – Tee oder Tinktur

bei Infektionskrankheiten – Tee oder Tinktur

RAT VON KAMILLUS

Ich gebe Isländisch-Moos in meine Mischung „Tee für deine Gesundheit" zur Vorbeugung mit hinein. Hier kann es durch die Bitterstoffe täglich das Immunsystem anregen und es kommt erst gar nicht zu einer Erkältung.

Einen Isländisch-Moos-Tee zur Schleimgewinnung setzt man am Abend in kaltem Wasser an, über Nacht lässt man ihn stehen, am Morgen wird er abgeseiht. Diesen Tee trinkt man über den Tag verteilt. Er löst hartnäckigen Husten. Besonders wichtig ist Isländisch Moos für diejenigen, die chronisch an Husten leiden oder leicht auf der Lunge befallen sind.

Wenn es einen dann doch mal erwischen sollte, kann man Isländisch-Moos-Kaltauszug pur trinken oder einen Sirup daraus täglich einnehmen. Auch ein Schnapsansatz zusammen mit Latschenkiefernblüten kann sehr hilfreich sein. (Seite 229)

Johanniskraut

(Tüpfel-) Johanniskraut | *Hypericum perforatum L.*

Im Juni, in der kürzesten Nacht zur Sommersonnenwende, wird der endgültige Sieg über die Dunkelheit gefeiert. Die Pflanzen, die jetzt blühen, haben eine ganz besondere Bedeutung. Aus der Geschichte heraus und von ihrer Heilwirkung her haben sie für die Menschen schon immer eine große Rolle gespielt. Es sind dies z. B. Arnika, Beifuß, Dost, Kamille, Johanniskraut, Königskerze, Quendel, Schafgarbe.

Während das Sonnwendfeuer die Kraft der Sonne symbolisiert, waren Tänze und viele Bräuche dazu da, das Glück heraufzubeschwören, Unheil und Krankheit abzuwehren und der Freude Ausdruck zu verleihen. Ein sichtbares Zeichen, dass die Sonne für die Menschen da ist und ihnen Heil bringt. Was vor der Christianisierung das Sonnwendfeuer verkörperte, war hernach der Johannistag, das Fest als solches jedoch scheint so alt wie die Menschheit.

Heute ist bestätigt, dass Johanniskraut Sonnenstrahlen mit all ihren Wirkungen einfängt und in Hypericin verwandelt. Diesen Wirkstoff können wir Menschen wiederum als Seelenfeuer und -licht nutzen. Auf diese Weise lässt sich erklären, dass dieses heilsame Kraut so unterschiedlich positive Wirkungen auf den Menschen ausübt. Ob Stimmungsaufheller, Wundheiler, Magen- und Darmstreichler oder auch als Motor für viele Stoffwechselvorgänge – die Anwendungen von Johanniskraut sind vielfältig.

Johanniskraut mit den wichtigen Erkennungsmerkmalen: kantiger Stängel, helle Punkte auf den Blättern, dunkle Punkte auf den Blütenblättern.

FAMILIE:

Hartheugewächse, Hypericaceae (Guttiferae)

ANDERE NAMEN:

Blutkraut, Elfenblutkraut, Tüpfel-Hartheu, Herrgottsblut, Jesuwundenkraut, Johannisblut, Maria Bettstroh, Sonnenwendkraut, Wundkraut

Erkennen mit allen Sinnen

Diese mehrjährige krautige Pflanze wird 30 bis 100 cm hoch und wächst mit ausdauernden Ausläufern zu allen Seiten.

ZUR BESTIMMUNG

Blüte: 5 gelbe Blütenblätter, abgeschrägt mit dunkelroten Punkten; mit bis zu 100 Staubgefäßen

Blatt: gegenständig, ohne Stiel, ellipsen- bis eiförmig mit kleinen durchsichtigen Punkten (Öldrüsen)

Stängel: zweikantig, grün; nach oben hin stark verzweigend

Typisch: die einzelne Blüte strahlt wie die Sonne selbst

Man findet sie an Weg- und Feldrändern, Dämmen, an Sonnenrainen, in lichten Wäldern und Gebüschen, in Bergmatten in ganz Mitteleuropa. Nach oben hin sind die Stängel reich verzweigt.

Die zweikantigen Stängel sind das 1. Erkennungsmerkmal des Tüpfel- oder Echten Johanniskrauts.

Die Blätter sind elliptisch bis eiförmig, ganzrandig, kahl und ohne Stiel gegenständig angeordnet. Sie werden zwischen 1,5 und 3 cm groß. Hält man die Blätter gegen das Licht, so zeigen sie kleine durchsichtige Punkte: das 2. Erkennungsmerkmal, die Öldrüsen. Es handelt sich dabei um Sekretbehälter, die ätherisches Öl und Harz enthalten.

Das 3. Merkmal schließlich sind die goldgelben Blüten. Sie haben fünf Blütenblätter, die winzig kleine, dunkle, rote Punkte zeigen. Zerreibt man die Blüten zwischen den Fingern, so werden diese rot. Die Blüte insgesamt erinnert an ein Sonnenrad. Die Blütenblätter sind nicht gleichschenklig, sondern besitzen die Form von Windrädern. In der Mitte der Blüte sehen wir einen Büschel, der bis zu 100 Staubgefäße enthält. Die Blüten produzieren mehr Pollen als für die Bestäubung erforderlich sind, was die Insekten sehr freut.

Die Blütezeit liegt zwischen Juni und August, je nach Höhenlage.

Beim Verblühen zeigt sich eine dunkelbraune Färbung, die auch die Samen übernehmen.

Die roten Punkte auf den Blütenblättern zeigen das Hypericin an, der beruhigende Wirkstoff im Johanniskraut. Später sieht man an den rötlichen Früchten das Hyperforin, das Antidepressivum.

Die Blüte kennzeichnet diese Sonnenpflanze: ein strahlend gelbes Rad mit 5 Blütenblättern, abgeschrägt wie Windräder mit vielen Staubgefäßen.

Verwechsler

VERWECHSLER

Verwechsler ausschließen durch die Erkennungsmerkmale des Echten Johanniskrauts:

1. zweikantiger Stängel
2. kleine durchsichtige Punkte auf den Blättern, die Öldrüsen
3. kleine dunkle Punkte auf den Blütenblättern

Wenn man die Merkmale berücksichtigt, kann es keine Verwechslungen geben:

- Geflecktes Johanniskraut (*H. maculatum*), hohler Stängel mit vier erhabenen Längsleisten
- Berg-Johanniskraut (*H. montanum*), behaarte Blätter, nur die oberen besitzen Öldrüsen
- Niederliegendes Johanniskraut (*H. humifusum*), wird kaum höher als 15 cm
- Behaartes Johanniskraut (*H. hirsutum*), Pflanze ist überall wollig behaart

INHALTSSTOFFE

u. a. ätherisches Öl, Carotinoide, Flavonoide, Gerbstoffe, Hypericin, Hyperforin, Phenolsäuren

Wirkungen

Die Volksmedizin empfiehlt Johanniskraut als
INNERLICH: entzündungshemmend, entspannend, krampflösend, blutbildend, antibakteriell, antibiotisch und tonisierend; wirkt nervenstärkend und ausgleichend, baut Wetterfühligkeit, Erschöpfungszustände, Wechseljahrbeschwerden, Migräne und Reizblase ab, fördert die Verdauung einschließlich der Gallentätigkeit, fördert den Schlaf, hilft bei rheumatischen Beschwerden.
ÄUSSERLICH: wundheilend, schmerzlindernd, bei Schnitt- und Schürfwunden, Verstauchungen, Verbrennungen 1. Grades, Sonnenbrand, zur Narbenpflege, bei Entzündungen im Zahnbereich.

Johanniskraut gilt als ist ein Antidepressivum, das beruhigend wirkt. Es sorgt über eine Kurzeit von vier bis sechs Wochen für eine deutliche Stimmungsaufhellung.

ANMERKUNGEN

Da Johanniskraut lichtempfindlich macht, sind Sonne und Sonnenbank zu meiden. Bei Einnahme ist in jedem Fall vorher ein Arzt zu befragen.

Ernte

Für das sogenannte Rotöl werden Kraut, Blätter und Blüten bis zu einer Höhe von ca. 10 bis 15 cm benötigt. Man verwendet frische Blätter und Blüten (ohne Stiele). Aus anderen Erfahrungen weiß man, dass auch nur Blüten oder nur Blüten und Blätter verwendet werden können. (siehe Seite 97 unter „Heilendes")

Man erntet die ganze Pflanze und schneidet sie kurz über dem Erdboden ab, wenn man das Kraut für Tee verwenden möchte. Einzelne Büschel daraus werden zusammengebunden und kopfüber zum Trocknen an einen luftigen Ort gehängt.

Ernte zwischen dem 21. und 24. Juni ist optimal, aber nicht immer möglich. Wichtig ist, dass die Blüten voll geöffnet sind, nur dann ist der Hypericin-Gehalt am höchsten. Der Hyperforin-Gehalt ist in den reifen Samen am höchsten. Pflanzen, die nach der ersten Ernte noch wachsen und blühen, können auch später für Tee und Tinktur geerntet werden.

Die Blüten haben bei Sonne in der Mittagszeit die höchsten Anteile an ätherischen Ölen.

Hier erntet Kamillus auf über 2000 m Seehöhe Johanniskraut ...

---

*) Zulassungen:

HMPC-Anerkennung als fest etablierter Trockenextrakt und als Auszugsmittel Ethanol bei leichten bis mittelschweren Depressionen.

ESCOP, Kommission E: leichte bis mittelschwere Depression, kurzfristig bei leichter depressiver Verstimmung; Linderung vorübergehender mentaler Erschöpfungszustände, symptomatische Behandlung leichter Magen-Darm-Beschwerden; äußerlich mit öligen Auszügen: leichte Hautentzündungen wie z. B. Sonnenbrand, kleine Wunden, zur Nachbehandlung von scharfen und stumpfen Verletzungen und Muskelschmerzen.

Vorsicht bei äußerlicher Anwendung: Johanniskraut macht lichtempfindlich.

RAT VON KAMILLUS

Früher achtete man Johanniskraut für ganz spezielle Krankheiten, in erster Linie bei nervlich bedingten und bei Verbrennungen. Heute ist Johanniskraut in kleinen Dosen auch im Alltag schon wichtig. Die stark belasteten Frauen und Familien, gestresst durch Beruf, Schule, Hobby etc. vertragen im „Tee für deine Gesundheit" etwas getrocknetes Johanniskraut. Im nicht immer sonnigen Alltag soll es helfen, die Welt etwas ruhiger und fröhlicher zu sehen. (Seite 202)

Heilendes

FOLGENDE VERWENDUNGEN SIND VOLKSHEILKUNDLICH ÜBERLIEFERT

Tee innerlich (Seite 201 ff.)

Tee äußerlich (Seite 211)

Johanniskraut-Öl

Das bekannte Rotöl wird nach dem Deutschen Arzneibuch aus kaltgepresstem Olivenöl und frischen Johanniskrautblüten im Verhältnis 4:1 hergestellt. Frische Blüten werden gemörsert oder gequetscht, mit Olivenöl in einem hellen Glas übergossen und unter regelmäßigem Schütteln sechs Wochen an einen warmen, sonnigen Ort gestellt (siehe auch: www.arzneipflanzenlexikon.info/johanniskraut.php)

Das enthaltene Hypericin färbt das Öl mit der Zeit rot.

Dann seiht man die Pflanzenteile und Staubgefäße durch ein feines Sieb ab, der wässrige Teil des Auszugs darf nicht mit in das Rotöl gelangen (weitere Infos auf Seite 236 f.)

Johanniskraut-Tinktur

Die stärkste antibiotische Wirkung geht von den Alkoholauszügen aus. Zur Behandlung von Zahnfleischentzündungen oder Geschwüren im Mundraum sowie zur Wundheilung nach Zahnextraktionen kann Johanniskraut-Tinktur besonders hilfreich sein. (Seite 223)

Gerbstoffe mit ihrer entzündungswidrigen und schmerzmindernden, bakteriziden Wirkung werden mit einem Alkoholauszug (Seite 231) oder mit Wasser (Seite 201) ausgezogen

... das er später zu Sträußchen zusammengebunden in seiner Kräuterstube zum Trocknen aufhängt.

Kamille

Kamillenblüten lachen einen an jedem Feld- oder Waldrand, auf Wegen oder auch mitten in Getreidefeldern an. Als Unkraut benannt und ausgemerzt sind die Bestände aller Arten zurückgegangen. Und doch fragt man sich bei jeder Blüte: Ist sie es oder ist sie es nicht?

In Osttirol wird die Kamille als besonders wertvoll eingestuft. Man soll auch heute noch, ähnlich wie beim Holunder, den Hut vor einer Kamille ziehen und sich verneigen.

Echte Kamille | Matricarae recutita L. (neu), syn. Chamomilla recutita (L.) RAUSCHERT, syn. Matricaria chamomilla L.

Die Echte Kamille ist aus der Heilpflanzenkunde nicht wegzudenken. Wenn wir genau hinschauen und riechen, finden wir sie auch in freier Natur.

FAMILIE:

Korbblütler, Asteraceae

ANDERE NAMEN:

Apfelblümchen, Blaue Kamille, Feldkamille, Kindbettblume, Kleine Kamille, Laugenblume, Mägdeblume, Mariamagdalenenkraut

Die weißen Blütenblätter entwickeln sich erst langsam und neigen sich nach unten, wenn die Blüte dem Ende zugeht.

Erkennen mit allen Sinnen

MERKMAL	ECHTE KAMILLE, *MATRICARAE RECUTITA L.*	STRAHLENLOSE KAMILLE, *MATRICARIA DISCOIDEA DC.*	RÖMISCHE KAMILLE, *CHAMOMILLA NOBILE (L.) ALL.*
FAMILIE	Korbblütler	Korbblütler	Korbblütler
VORKOMMEN	an Wegrändern, auf Schuttplätzen, Brachland, an Mauern, im Acker; frischer, nährstoffhaltiger Boden bis 1400 m Seehöhe	in Trittrasen und in Siedlungsnähe befindlichen Grünflächen, bevorzugt nährstoffreichen, dichten Lehm- und Tonböden bis 1500 m Seehöhe Stickstoffzeiger	liebt lehmhaltigen Boden, auch an stehenden Gewässern
GRÖSSE	15 bis 40 cm hoch	5 bis 30 cm hoch	15 bis 40 cm hoch
PFLANZE	einjährige krautige Pflanze, intensiv aromatischer Duft der Blütenköpfe	einjährige krautige Pflanze, aromatischer Duft	mehrjährig, ausdauernde krautige Pflanze, zuerst liegend, dann senkrecht in die Höhe gehend, intensiv aromatischer Duft
STÄNGEL	aufrechter, im oberen Teil stark verzweigter, runder, kahler Stängel, aus dem Seitenäste im oberen Teil wachsen	aufrechter, nach oben hin evtl. etwas fleischig werdend und verzweigt, evtl. auch von unten an verzweigt Zweige unten kahl, evtl. im Bereich des Köpfchens wenig behaart	weniger stark verzweigt, behaart
BLÄTTER	zunächst Blattrosette, weitere Blätter wachsen aus den Seitenästen 4-7 cm lang, 2- bis 3-fach gefiedert; einzelne Fieder sind fadenförmig mit Spitze; wechselständig	2-6 cm lang, 2- bis 3-fach gefiedert, kahl mit vielen Zipfeln, spitz und begrannt; wechselständig	sitzend, 2- bis 3-fach gefiedert; linear, schmal, spitz; wechselständig
BLÜTE	zahlreiche, endständige, einzelnstehende, lang gestielte Blütenköpfchen, Durchmesser bis 3 cm; halbkugelige Hülle, zahlreiche grüne Hüllblätter; Blütenkörbchen mit ca. 15 weißen Zungenblüten, an der Spitze fünfzähnig, 400 bis 500 gelbe Röhrenblüten, die von unten nach oben aufblühen; Zungenblüten seitlich abstehend, gegen Blühende hängend; Blütenboden im Reifestadium innen hohl; wölbt sich kegelförmig nach oben; Blütezeit Mai bis August	Blütenköpfchen mit Hüllblättern, Durchmesser 5-10 mm ohne weiße Zungenblüten gelblich-grüne Röhrenblüten, aromatisch Blütezeit Juni bis September	endständige Blüten, Blütenköpfchen einzeln, lang gestielt; Köpfchen bis 3 cm Durchmesser, zahlreiche fast ausschließlich weiße Zungenblüten, bis 7 mm lang, mit 4 annähernd parallellaufenden Nerven, dreizähnig an der Spitze; Röhrenblüten bilden eine gelbe Krone; gelber Blütenboden, gefüllt mit Spreublättern, gewölbter halbkugelförmiger Blütenboden Blütezeit Juli bis September bzw. Oktober

MERK-MAL	ECHTE KAMILLE, *MATRICARAE RECUTITA L.*	STRAHLENLOSE KAMILLE, *MATRICARIA DISCOIDEA DC.*	RÖMISCHE KAMILLE, *CHAMOMILLA NOBILE (L.) ALL.*
IN-HALTS-STOFFE	stark duftende Blüten; typisch ist das Kamillenöl in blauer Farbe Flavonoide, Cumarin, pflanzliche Säuren und Schleimstoffe	ähnlich duftend wie die Echte, aber schwächer; das ätherische Öl ist farblos und enthält weniger Wirkstoffe als das der Echten	stark duftend, Kamillenöl ist farblos Flavonoide, Monoterpene, Sesquiterpene
HEIL-PFLANZE	Magen- und Darmprobleme, Entzündungshemmer, Krampflöser; schmerzlindernd, krampflösend, antiseptisch; äußerlich bei Haut- und Schleimhautentzündungen; nicht für Augenbäder	als Heilpflanze ist die Echte Kamille zu bevorzugen; Strahlenlose hat keine entzündungshemmenden Wirkstoffe	wird im westlichen Europa wie die Echte als Heilpflanze eingesetzt; Menstruations- und Verdauungsprobleme, zur Beruhigung und Appetitanregung, bei allgemeiner Schwäche; äußerlich als Entzündungshemmer
VER-WECHS-LER	Blütenboden anderer Kamillenarten sind nicht hohl und der typische Duft fehlt; Beispiele: • Acker-Hundskamille (*Anthemis arvensis L.*) und Geruchlose Kamille (*Tripleurospermum inodorum (L.) SCH.BIP.*) – Blütenboden innen gefüllt; Blütenkopf duftet nicht oder kaum • Stinkende Hundskamille (*Anthemis cotula L.*) am Geruch zu unterscheiden	keine	Mutterkraut (*Chresanthemum parthenium*, siehe Foto Seite 102), wechselständige Blätter, drei bis sieben Paar geteilte, eiförmige Blätter; Blütenböden im Unterschied zur Echten Kamille ausgefüllt

INHALTSSTOFFE

u. a. ätherisches Öl, Bitterstoffe, Cumarine, Flavonoide, Gerbstoffe, Schleimstoffe, Triterpene, Polyphenole, Phenolsäuren

Die strahlenlose Kamille (*discoidea*) hat keine weißen Blütenblätter, aber wie die Echte Kamille einen hohlen Blütenboden, der hier als Wölbung zu sehen ist.

Wirkungen

Die Volksmedizin traut der Echten Kamille (in der Regel geht es um die „Echte", wenn wir von Kamille sprechen) alles zu und ganz speziell:

INNERLICH: entzündungswidrig, schmerzlindernd, krampflösend, beruhigend, heilungsfördernd, reizmildernd, antibakteriell, fiebersenkend, entblähend, Schutz für Schleimhäute.

ÄUSSERLICH: entzündungshemmend, desinfizierend, schmerzstillend, erweichend, wundheilend.

empfohlen wird sie besonders bei Entzündungen im Magen-Darm- bzw. Verdauungs- und Genitalbereich, bei Menstruationsstörungen, bei Infektionen (Staphylokokken und Streptokokken – werden entschärft), bei Entzündungen im Mund- und Rachenraum, grippale Schleimhautentzündungen der oberen Luftwege, Atemwegs-Katarrhe, Bauchweh, Blähungen, Durchfall, Nervenschmerzen

In der Kinderheilkunde ist Kamille unentbehrlich: bei Windeldermatitis, Zahnweh, Bauchschmerzen oder zur Beruhigung.

Ernte

Man erntet für Heilzwecke nur die Blütenköpfchen ohne Stiel. Will man Kamille auch zum Baden oder Inhalieren verwenden, erntet man Blütenstiele und Blattanteile dazu, keine Stängel. Sie sollten 3 bis 5 Tage voll aufgeblüht und das Wetter sonnig sein. Die Wirkstoffe sind ohne Sonne nicht so hoch, bei Feuchtigkeit noch geringer.

Bohrfliegen legen ihre Eier in den Blüten ab, die sofort bei der Ernte aussortiert werden müssen.

Blüten und Kraut werden am besten unabhängig voneinander luftig getrocknet. Niemals über 45 °C trocknen, wenn man sich künstlicher Wärme bedient. Am besten bündelt man das Kraut und hängt es auf.

„Matricariae flos", wie der Apotheker sagt, darf nur Kamillenblüten enthalten.

Mutterkraut, ein Migräne-Heilmittel, hat ein ähnliches Erscheinungsbild wie Echte Kamille. Es ist eindeutig an dem etwas muffigen Geruch zu erkennen.

*) Zulassungen:
Nach HMPC werden die Echte und die Römische Kamille als traditionelles pflanzliches Arzneimittel eingestuft.
ESCOP, Kommission E: Zur innerlichen und äußerlichen Anwendung u. a. bei Krämpfen im Magen-Darm-Bereich sowie entzündliche Erkrankungen von Magen, Darm, Haut- und Schleimhautentzündungen, bei bakteriellen Hauterkrankungen einschließlich Mundhöhle und Zahnfleisch, entzündlichen Erkrankungen und Reizzuständen der Luftwege, Erkrankungen im Anal- und Genitalbereich
Kamille ist ungiftig und zeigt keine Nebenwirkungen. Allergien sind möglich. Es wird vor einer Daueranwendung gewarnt. Kamillentee nicht für Augenspülungen verwenden.

Heilendes

FOLGENDE VERWENDUNGEN SIND ÜBERLIEFERT.

Tee innerlich (Seite 201 ff.)

Tee äußerlich wie z. B. Inhalation mit Kamillentee für alle Mund- und Rachenentzündungen und Erkältungen, Gurgeln, Mundspülung, Einlauf, Spülen, Sitzbad, Dampfbad, Rollkur (Seite 211, 213)

Tinktur innerlich (Seite 223)

Ölauszug zur Beruhigung und Entspannung (Seite 234 f.)

Salbe aus Öl- und/oder Alkoholansatz (Seite 239, 242)

Rezepte für spezielle Anwendungen: Irene Hager u. a., Die Kraft der Kräuter nutzen, Innsbruck 2016

RAT VON KAMILLUS

Kamille ist wunderbar geeignet, eine Teemischung weich und aromatisch zu gestalten. Kann der herbe und bittere „Tee für deine Gesundheit" nicht getrunken werden, nehmen die Kamillenblüten das Bittere. Kinder reagieren sehr sensibel auf Bitterstoffe. Sie haben mehr Bitterstoffrezeptoren im Mund als Erwachsene. So kann man mit Kamille und evtl. noch Zitronenmelisse die Teemischung „kindgerecht" gestalten.

Kostbare Kamille hängt bei Kamillus in der Kräuterstube zum Trocknen.

Königskerze

Sie haben es wieder geschafft: Die Mahd ist überstanden, der Bauer hat um sie herum gemäht. Es muss ein besonderes Gewächs sein, das man auf jeden Fall erhalten will. Sonst würde kein Bauer auf seiner eigenen Wiese Kurven fahren, um eine Pflanze zu schützen, schließlich soll sein Vieh alles Gute von der Wiese bekommen. Es ist die Königskerze, die mit ihren gelben Blüten in den Himmel wachsen will. Sie hat außer ihrer Vorliebe für Sonne nicht viele Ansprüche. Aber sie kann den Menschen viel geben, ist ein altes Heilmittel, vor allem gegen Husten. Darüber hinaus gilt sie als Wetterprophet und hat für manchen Brauch und viel Mystisches Pate gestanden. Als sehr heilkräftig und als Juni-Blüher zählt sie zu den Sonnenwendkräutern. Da das Feuer das Sinnbild der Sonne ist und Feuerrituale in der damaligen Zeit eine besondere Rolle gespielt haben, wurde die Königskerze auch als Fackel benutzt. In Pech getaucht waren ihre wollig-filzigen Blätter und Stängel die richtige Grundlage für lang anhaltendes Feuer. Heute ist die Königskerze wichtig für den Kräuterbuschen, der zum 15. August gesammelt und anlässlich Maria Himmelfahrt geweiht wird. Diese geweihten Pflanzen haben als Räucher- und/oder Ritualpflanzen auch heute noch eine Bedeutung.

Großblütige Königskerze | *Verbascum densiflorum* Bertol., syn. *Verbascum thapsiforme* Schrad.

Es zieht sie in den Himmel, der Sonne entgegen. Von unten nach oben gehen im Laufe von Wochen die Blüten nacheinander auf.

FAMILIE:

Braunwurzgewächse, Scrophulariacea

ANDERE NAMEN:

Brennkraut, Donnerkerze, Fackelkraut, Filzkönigskerze, Frauen-, Johannis- und Marienkerze, Himmelbrand, Wetterkerze, Windblumen, Wollblume

Erkennen mit allen Sinnen

Die zweijährige *Verbascum densiflorum* ist filzig behaart und im ersten Jahr als große grauweiße Rosette mit lang elliptischen Blättern zu sehen. Sie wächst an steinigen Hängen, Wiesen- und Feldrändern, auf Schutthängen, am liebsten sonnig und trocken. Die dichte bis filzige Behaarung wehrt Schnecken ab und ist gleichzeitig Sonnenschutz.

> **ZUR BESTIMMUNG**
>
> **Blüte:** 5 gelbe Blütenblätter, 5 Staubfäden, davon zwei länger und kahl, 3 kürzer und behaart
>
> **Blatt:** Blätter beidseitig filzig behaart, gegenständig, Blattgrund am Stängel herablaufend
>
> **Stängel:** aufrecht oder vereinzelt verzweigt
>
> **Typisch:** solitäre Stellung in Feld und Flur

Im 2. Jahr bildet der hochwachsende, derbe, wollig-behaarte Stängel die Kerze. Manchmal kommen auch mehrere Blütentriebe dazu, wenn der Stängel sich teilt.

Ihre wechselständigen Blätter sind beidseitig filzig behaart, die Blattspreite ist runzelig, mit kleinen Grübchen versehen. Die Unterseite zeigt deutliche Blattadern. Die gegenständigen Blätter laufen stängelumfassend hinunter bis zum nächsten Blatt.

Die zahlreichen gelben, wohlriechenden Blüten sind jeweils zu zweien bis fünfen gebüschelt. Diese Büschel sind von unten bis oben in einer aufrechten Ährentraube angeordnet. Die einzelne Blüte hat 5 Blütenblätter. Von den insgesamt 5 Staubfäden sind 3 kürzer und stark wollig behaart, die beiden längeren sind kahl. Durch die Behaarung der Staubfäden täuscht die Pflanze ein besonders großes Pollenangebot vor. Die Blütezeit beginnt im Juni und zieht sich bis in den September hinein. Die Königskerze blüht von unten nach oben. Jeden Tag öffnen sich einige Blüten mit einem wunderbar zarten Duft.

Die Frucht der Königskerze ist eine Kapsel, die zahlreiche Samen enthält.

Die Wurzel geht spindelförmig in die Erde und kann bis zu 1 m lang werden. Kein Wunder also, dass sie als Solitärpflanze Wind und Wetter überstehen kann.

Die Wiese ist gemäht. Die Königskerze steht noch. Die Menschen haben Achtung vor dieser sagenumwobenen Pflanze.

Verwechsler

> **VERWECHSLER**
>
> Andere Königskerzen sind nicht giftig.

Es gibt mehrere Arten von Königskerzen, *Verbascum* sp., die sich bei uns angesiedelt haben. Alle anderen haben aber nicht die Wirkstoffe wie die *V. densiflorum*.

In der Wirkung sind diese der Großblütigen, *V. densiflorum,* ähnlich:
- Gemeine Königskerze, *V. phlomoides*, kürzere, leicht dreieckige Stängelblätter, wenig am Stiel herablaufend
- Kleinblütige Königskerze, *V. thapsus*, hellgelbe bis weißliche, kleinere Blüten, zwei längere Staubfäden sind kahl und etwa dreimal so lang, die kurzen sind weißwollig behaart, Grundblätter gestielt, Blätter beidseitig wollig, verfilzt, Stängelblätter herablaufend bis zum nächsten Blatt, wächst bis 180 cm, bis über 1600 m Seehöhe

Keine Heilpflanzen relevante Inhaltsstoffe haben:
- Schwarze Königskerze, *V. nigrum*, alle Staubfäden sind deutlich violett
- Mehlige Königskerze, *V. lychnitis*, alle Staubfäden dicht-wollig

> **INHALTSSTOFFE**
>
> u. a. ätherisches Öl, Carotinoide, Flavonoide, Phenolsäuren, Phytosterine, Saponine, Schleimstoffe, Triterpene, Iridoide (Aucubin)

Die Schwarze Königskerze, erkennbar an den violetten Staubfäden, hat nicht die Wirkstoffe der Großblütigen.

Wirkungen

Die Volksmedizin empfiehlt die Königskerzenblüten als auswurffördernd, wundheilend, reizlindernd, schleimlösend, gegen chronischen Husten, Wasser ausleitend, Antirheumatikum, äußerlich zur Wundbehandlung.

Die Pflanzenschleime, wohltuend und lindernd bei Husten und Heiserkeit, können gleichzeitig auswurffördernd und sekretlösend wirken. Saponine können Schmerzen lindern und zeitgleich heilen. Gerade in der heutigen Zeit, wo trockene Räume und Stadtluft die Atemwege durch Austrocknen gefährden, legen sich die Wirkstoffe der Königskerzenblüten schützend und heilend über die Schleimhäute.

Ernte

Die Blüte enthält die Wirkstoffe: Wir ernten die verwachsenen Blütenblätter zusammen mit den Staubgefäßen ohne den Kelch.

Man erntet nur die Blüten, am besten täglich, wenn die Sonne scheint, da sie nach und nach aufgehen. Zum Ernten und Trocknen müssen wir viel Sorgfalt aufbringen, wenn die Blüten schön gelb bleiben und nicht braun werden sollen. Denn damit würden sie einen Großteil ihrer Wirkstoffe verlieren.

Der späte Vormittag, wenn die Sonne den Tau abgetrocknet hat, ist die beste Erntezeit. Man erntet die zur Blütenkrone verwachsenen Blütenblätter mit den daran festgewachsenen Staubgefäßen ohne den Kelch.

Die Blüten werden einzeln auf ein Tuch gelegt, so dass sie sich nicht berühren. Beim Trocknen muss es luftig zugehen. Nimmt man künstliche Wärme dazu, darf diese nicht mehr als 50 °C betragen.

Auch bei der Aufbewahrung ist viel Sorgfalt nötig. Die Blüten müssen vor Licht und Feuchtigkeit geschützt, also in dicht verschlossenen Gefäßen gelagert werden. Sie würden sonst die Feuchtigkeit aus der Luft wieder anziehen.

*) Zulassungen:
Nach HMPC sind die Blüten der Königskerze als traditionelles pflanzliches Arzneimittel eingestuft.
ESCOP, Kommission E: Halsschmerzen im Zusammenhang mit Reizhusten und Erkältung, Auswurffördernd bei Husten und rauem Hals im Zusammenhang mit einer banalen Erkältung, Katarrhe der Luftwege.

Heilendes

Königskerzenblüten werden gerne zusammen mit anderen Heilkräutern verwendet. Je nach Indikation kombiniert man mit Eibisch, Süßholzwurzel, Schlüsselblumen- und Malvenblüten. (Rezepte dazu: Irene Haber u. a., 2016, Seiten 75, 87 etc.)

FOLGENDE VERWENDUNGEN SIND VOLKSHEILKUNDLICH ÜBERLIEFERT

Tee bei Erkältung, Kaltauszug (Seite 201)

Tee als Badezusatz bei Hämorrhoiden, Afterjucken (Seite 211)

Ölansatz mit frischen Blüten, früher das sogenannte „Königsöl": Eine Hand voll frische Blüten mit 100 ml kaltgepresstem Olivenöl in einem Glas übergießen. Das Glas sollte dann 3 bis 4 Wochen stehen, wo die Sonne immer mal wieder scheint. Nicht vergessen: einmal am Tag schütteln. Abschließend durch ein feines Tuch seihen. Das Öl kann bei Ohrenschmerzen, Entzündungen im Gehörgang oder bei chronischer Mittelohrentzündung helfen.

Tinktur aus frischen Blüten: In einem Auszug mit Alkohol wird das Aucubin mitherausgezogen. Es wirkt keimhemmend und hindert das Wachstum von Bakterien wie Streptokokken und Staphylokokken. Zugleich wirkt es fiebersenkend und beruhigend (Einnahme Seite 224 f.)

Die zweijährige Königskerze zeigt sich im ersten Jahr mit einer wunderschönen Blattrosette. Der stattliche Blütenstängel wächst erst im 2. Jahr.

RAT VON KAMILLUS

Die Königskerze heißt bei uns „Himmelsbrand". Wenn die Königskerze in die Höhe schießt und sich erst dann verzweigt, gibt es einen harten Winter.

Ich verfeinere einen Hustentee mit den Blüten der Königskerze, vor allem dann, wenn er für Kinder ist. Diese feine gelbe Blüte macht mit ihrem leicht blumigen Aroma die oft herben Hustenkräuter etwas milder.

Kümmel

Echter Kümmel, Wiesen-Kümmel |
Carum Carvi L.

Kümmel ist eines der ältesten Gewürze und Heilkräuter der Welt, das bei Magen- und Darmproblemen heute noch bekannt ist. Aktuelle wissenschaftliche Studien zeigen, dass *Carum Carvi* antimikrobielle und pilzhemmende Wirkung hat.

ALLES KÜMMEL?

Echter Kümmel: Wiesen-Kümmel, unten links im Bild

Echter Schwarzkümmel oder Nigella (Familie Hahnenfußgewächse), beheimatet am Mittelmeer, in Westasien, für Hildegard von Bingen war Schwarzkümmel ein Heilmittel, herb-nussiger Geschmack, leicht bitter

Kreuzkümmel, auch Cumin genannt, sieht Wiesen-Kümmel ähnlich, ursprünglich Gewürz aus dem östlichen Mittelmeerraum, intensiv würzig, erdig-süß und leicht herb

Leider ist Kümmel nicht jedermanns Geschmack. Vielleicht liegt es oft an der Menge oder Zubereitungsart. Mancher mag auch einfach nicht auf Kümmelfrüchte beißen. Hier könnte man die gemahlene Variante probieren.

Auf vielen Wiesen finden wir diese wunderschönen Blüten des Wiesenkümmel.

FAMILIE:

Doldenblütler, Apiaceae

ANDERE NAMEN:

Brotkümmel, Feldkümmel, Kümmich, Mattenkümmel,

Aus der Blattrosette erwächst der Blütenstängel, der später die weißblühenden Doppeldolden hervorbringt.

Erkennen mit allen Sinnen

Wiesen-Kümmel ist eine zweijährige Halbrosettenpflanze, die an Wegrändern, auf Fettwiesen und -weiden, auf nährstoff- und basenreichen Böden in kühlen Lagen wächst, oft auch auf Kalkböden. Er ist vor allem im Gebirge bis 2200 m Seehöhe verbreitet und wird 30 bis 80 cm hoch.

ZUR BESTIMMUNG

Blüte: kleine weiße Blüte, im Gebirge auch rosa-rot, Doppeldolde

Blätter: im Frühling in grundständiger Blattrosette stehend, doppelt bis dreifach gefiedert; unterste Fieder 2. Ordnung kreuzweise

Stängel: kahler, aufrechter, gefurchter und verästelter Stängel im 2. Jahr

Wurzel: Pfahlwurzel, spindelartig

Früchte: Doppelachänen mit sichelförmigem Aussehen, sehr aromatisch

Typisch: zweijährig; Kümmelgeruch, am stärksten in den Früchten

Aus der Wurzel kommt ein aufrechter, gefurchter und verästelter Stängel mit doppelfiederteiligen, grasgrünen Blättern.

Im ersten Frühling wächst eine grundständige Blattrosette. Die Blätter sind sehr fein, 2- bis 3-fach gefiedert und wie ein Lineal geformt, mit in allen Richtungen abstehenden Abschnitten. Das unterste Fiederpaar zweiter Ordnung nähert sich der Blattspindel, so dass die Fiedern fast quirlig stehen. Teilblätter letzter Ordnung sind fiederteilig mit zugespitzten Enden. Der Abstand zwischen den Teilblättern oder Fiedern wird nach oben hin kleiner.

Die Doppeldolden haben meist keine Hüllblätter und bis zu zwei Hüllchenblätter. Sie blühen weiß oder rosa (im Gebirge). Die Einzelblüten sind sehr klein und duften intensiv. Bestäuber sind Fliegen und Käfer. Die Blütezeit liegt zwischen Mai und Juni/Juli.

Wiesen-Kümmel erkennt man an den Früchten. Ihr typischer Kümmelgeruch verrät sie schon im unreifen Zustand. Früchte sind ab Juli reif. Es sind Doppelachänen mit sichelförmigem Aussehen

Die Pfahlwurzel geht spindelartig wie eine Rübe in die Erde.

Die feinen Blätter zeigen wie an einem Lineal aufgereiht 2- bis 3-fach gefiedert, in alle Richtungen zeigend, bis zum Ende immer kürzere Abstände.

Verwechsler

Die Doldenblütler, zu denen auch der Kümmel zählt, sind eine sehr vielfältige Familie. Es gibt sehr heilsame, aber auch sehr giftige Vertreter (vgl. Seite 65). Es ist nur sehr schwer möglich, eine eindeutige Unterscheidung der giftigen und essbaren Vertreter zu finden. Laien ist die Bestimmung kaum zweifelsfrei möglich. So kann die Empfehlung an dieser Stelle nur sein, die Finger von Doldenblütlern zu lassen, die mit giftigen Vertretern verwechselt werden könnten.

VERWECHSLER

Giftig: Wasserschierling, Hundspetersilie

Essbar: Koriander, Wilde Möhre, Kerbel

Es lohnt sich, Kümmel selbst anzubauen, dann weiß man, was man hat und kann die Bestimmung üben.

INHALTSSTOFFE KÜMMELFRÜCHTE

u. a. ätherisches Öl, Cumarin, fettes Öl, Flavonoide, Phenolsäuren

Wirkungen

In der Volksmedizin ist Kümmel sehr beliebt. Er wirkt antibiotisch, gegen Blähungen, beruhigend, wärmend, appetitanregend.

Er wird als Magenmittel und zur Appetitanregung, gegen Koliken, Galle- und Leberbeschwerden, als Hustenmittel empfohlen. Auch als Beruhigungsmittel für Kleinkinder hat er sich bewährt, wahrscheinlich weil Kümmel Blähungen abbaut und Kinder sehr häufig durch „innere Winde" unruhig sind. Man hat es auch zur Unterstützung bei der Milchbildung gegeben. Das ätherische Öl wird in Mundwasser zum Gurgeln oder zu hautreizenden Einreibungen in verdünnter Form verwendet.

Bei Speisen, die Blähungen hervorrufen (wie Kohlgemüse, fette Gemüseeintöpfe oder Braten sowie frisches Brot), wird Kümmel als Gewürz beigemischt, um keine „Winde" aufkommen zu lassen.

Kümmel zeigt sachgerecht angewendet keine Nebenwirkungen.

---

*) Zulassungen:

HMPC hat Kümmelfrüchte und Kümmelöl als traditionelles pflanzliches Arzneimittel eingestuft.

ESCOP, Kommission E: bei Beschwerden im Oberbauch, zur symptomatischen Behandlung von Verdauungsstörungen wie Blähungen und Völlegefühl, bei krampfartigen gastrointestinalen Blähungen; äußerlich: Öl zur Einreibung des Bauchbereichs, insbesondere auch bei Blähungen von Kindern.

Ernte

Es werden Blätter, Früchte und Wurzeln gesammelt.

Man erntet junge Blätter aus der Blattrosette für Gemüse oder Salat für den sofortigen Gebrauch im April beziehungsweise Mai. Die Blätter haben einen milden Geschmack, der etwas an glatte Petersilie erinnert, ebenso die Wurzel.

Erntezeit des Kümmels ist Juli bis September. Will man die Früchte zum Trocknen ernten, so schneidet man kurz vor der Vollreife die Dolden ab (zu diesem Zeitpunkt ist der Gehalt an ätherischen Ölen am höchsten) und hängt sie auf, wo es luftig ist. Sobald sie trocken sind, rebelt man den Kümmel ab und legt ihn zum Nachtrocknen noch einmal an die Luft.

Heilendes

Ein Teelöffel Kümmel, etwas angemörsert oder gemahlen, ergibt eine für den Magen sehr wohltuende Tasse Tee.

FOLGENDE VERWENDUNGEN SIND VOLKSHEILKUNDLICH ÜBERLIEFERT

Das Wertvollste ist das ätherische Öl der Früchte, gewonnen über Wasserdampfdestillation.

Kümmel ist seit jeher das beste pflanzliche Mittel gegen Blähungen, Völlegefühl, bei leichten krampfartigen Magen- und Darmbeschwerden und nervösen Herz- und Magenbeschwerden. Man kann

- die Früchte als Tee zubereiten, trinken oder für warme Umschläge verwenden; Kümmel vor dem Aufgießen anmörsern (Seite 203)
- das ätherische Öl in einem Pflanzenölgemisch für Bauchmassagen einsetzen
- Tinktur: Ansatz zur besseren Verdauung, vor dem Essen zu sich nehmen (Seite 231)

RAT VON KAMILLUS

Wir haben früher den Kümmel als ganze Pflanze geerntet, in Büscheln zusammengebunden und auf dem Dachboden aufgehängt. Wenn die Mutter Kümmel gebraucht hat, durfte ich einzelne Pflanzen herunterholen. Sie hat ihn gerebelt und Suppen und anderes damit gewürzt, hauptsächlich Sauerkraut und Brotteig. Bekannt war bei uns die Brennsuppe. Mehl wurde in wenig Fett gebräunt und mit Kartoffeln, Brühe und Kümmel aufgegossen. Manchmal gab es Würstl dazu. Man hat früher Kümmel, Anis und Fenchel als Gewürz in Brot verarbeitet, um die tägliche Dosis dieser verdauungsfördernden Gewürze sicherzustellen.

Wenn wir von Kümmel sprechen meinen wir die Samen, die das unverkennbare Aroma haben. Typisch ist die doppelte Achäne mit sichelähnlichen Früchten.

Löwenzahn

Taraxacum officinale Weber

Löwenzahn ist eine Pflanze mit sehr vielen Facetten, auch wenn viele ihn für das schlimmste Unkraut halten. Zugegeben – diese gelben Blumen mit ihren vielen Blättern haben eine Wurzel, die aus einem englischen Rasen nicht einfach herauszubekommen ist. Hat man die Pflanze mal gepackt und ein Stück Wurzel erwischt, so treibt sie doch von unten wieder nach. Sie verfolgt uns bis in die Vorgärten und macht auch nicht vor einer Ritze in einem frisch gepflasterten Weg halt.

Die Anpassungsfähigkeit, die ihn so unbeliebt macht, macht ihn für uns zu einer unentbehrlichen Heilpflanze. Je satter der Boden von Mist- und Kunstdünger, desto intensiver breitet er sich aus. D. h. er ist ein „Verwerter" der aktuellen Umweltbedingungen. Er baut Negatives ab. Wenn wir Löwenzahntee trinken oder -blätter und -wurzeln zu uns nehmen, hilft er uns das auszuleiten, was wir an Umweltgiften aufgenommen haben.

FAMILIE:

Korbblütler, Asteraceae

ANDERE NAMEN:

Augenblume, Augenmilchkraut, Bettpisser, Bettsaicher, Butterblume, Eierblume, Kuhblume, Pusteblume, Röhrliblume, Sonnenmilchkraut, Wilde Zichorie

Löwenzahn ist fast das ganze Jahr da und ist damit wichtige Bitterstoffpflanze. Er versteht es darüber hinaus, unsere Umweltsünden abzubauen.

Erkennen mit allen Sinnen

Löwenzahn wächst überall in der gemäßigten Zone, auf Wiesen, an Wegrändern, in Mauerspalten.

Die Blüte ist mit ca. 200 fünfzipfeligen Zungenblüten ein echtes Wunder. Unverkennbares Merkmal ist der hohle, mit Milchsaft gefüllte Blütenstängel.

> **ZUR BESTIMMUNG**
>
> **Blüte:** gelb mit vielen gelben Zungenblüten mit 5 Zipfeln
>
> **Blätter:** wachsen aus grundständiger Rosette; mehr oder weniger gezähnt, eilanzettlich, Milchsaft; nicht behaart
>
> **Blütenstängel:** rund, hohl, voller Milchsaft, „Gallebitter"
>
> **Wurzel:** Pfahlwurzel, viel Milchsaft, im Frühjahr bitterstoff-, im Herbst inulinhaltig
>
> **Samen:** Pusteblume mit vielen Samenschirmchen
>
> **Typisch:** Löwenzahn wächst das ganze Jahr, alle Pflanzenteile (bis auf die Blütenblätter) enthalten den weißen Milchsaft.

Die eiförmigen bis eilanzettlichen Blätter wachsen in einer grundständigen Rosette. Je nach Standort und Umgebung sind sie mehr oder weniger gezähnt. Einige sind so tief gezähnt, dass man an die Zähne der Löwen denkt, andere sind fast glattrandig. In jedem Fall sind die Blätter nicht behaart und enthalten weißen Milchsaft.

Die Blütenstängel sind rund, glatt, hohl und voll mit weißem Milchsaft. Am Ende „thront" eine Blüte prall gelb mit ca. 200 kleinen fünfzipfeligen Zungenblütchen. Die Blüte wird von unten durch einen Kranz von Hüllblättern geschützt, die äußeren sind nach unten gebogen, die inneren umschließen erst die Knospe und später die Blüte.

Löwenzahn lebt mit der Sonne. Wenn sie morgens um 5 Uhr kommt, geht die Blüte auf, mit dem Sonnenuntergang schließt sie sich wieder. Erscheint die Sonne nicht, öffnet sich die Blüte nicht.

Die schon Kindern bekannte Pusteblume trägt auf einer vielstrahligen Kugel die Samen in die Welt hinaus.

Zur Zeit der Reife umfassen die Hüllblätter dann die Blüte. Der Stängel neigt sich nach unten. Sind die Löwenzahn-Samen reif, hebt er sich wieder mit der Pusteblume in Richtung Himmel. Sie ist eine vielstrahlige Kugel mit Samen, die auf einem gewölbten weißen Blütenboden sitzen. Jeder einzelne hat einen langen Stiel, der in einem weißen borstigen Haarkranz endet. Die Fallschirme sind fertig, der Wind kann kommen. Die Schirmchen fliegen beim kleinsten Windhauch los und lassen sich irgendwo nieder. Vorsichtshalber haben sie einen Widerhaken, so kann sie nicht jeder Windhauch wieder fortblasen.

Der Wurzelstock besteht aus einer Pfahlwurzel, die auch verzweigt sein kann. Sie gibt der Pflanze über Jahre den Halt, den sie bei Wind und Wetter braucht, ob sie abgemäht oder niedergetreten wird.

Blätter, Blütenstängel und Wurzeln enthalten den weißen Milchsaft, Blüten weniger.

Die Wurzel ist der heilkräftigste Teil der Pflanze. Man kennt inzwischen mehr als 50 Inhaltsstoffe allein in den Wurzeln.

Verwechsler

Zottiges Habichtskraut – ein Verwechsler mit Blattansatz und Behaarung am Blütenstängel.

Im Frühjahr kann der Löwenzahn mit keiner Pflanze verwechselt werden, da es in dieser Zeit noch keine ähnlichen mit Milchsaft gibt.

Im Blattstadium kann ich ihn mit dem gelbem Wiesenpippau verwechseln, der essbar ist. Die Blätter des Wiesenpippaus sind auf der Oberseite meist deutlich spürbar behaart, die Mittelrippe der Blattunterseite ist immer behaart.

> **VERWECHSLER – NICHT GIFTIG**
>
> **Frühjahr:** es gibt keine vergleichbaren Pflanzen, die mit Milchsaft durchdrungen sind.
>
> **Sommer, Herbst:** Wiesenpippau, Herbstlöwenzahn, Wiesenbocksbart, Wiesenferkelkraut oder Habichtskräuter
>
> **Wichtig bei der Bestimmung:** Löwenzahn ist nicht behaart, hat am Blütenstiel keine Blattansätze und überall Milchsaft, bis auf die Blütenblätter

Im Herbst besteht die Möglichkeit, den Gewöhnlichen Löwenzahn mit dem Herbstlöwenzahn (*Leontodon autumnalis*) zu verwechseln. Seine Blütenstängel sind nicht hohl. Er hat wenige kleine, lanzettliche Hochblätter (der Löwenzahnblütenstängel ist ohne Blattansatz) und blüht von Juli bis Oktober. Herbstlöwenzahn ist nicht giftig.

> **INHALTSSTOFFE**
>
> u. a. bitterstoffe, Carotinoide, Cholin, Cumarine, Flavonoide, Gerbstoffe, am meisten Kalium in den frischen Blättern, Phenole, Phytosterine, Schleimstoffe, Triterpene
>
> **Wurzeln:** Bitterstoffe (Frühjahr), Flavonoide, Inulin (Herbst), Schleimstoffe, Terpene

Wirkungen

Die Volksmedizin empfiehlt Löwenzahn als
entzündungshemmend, stoffwechselanregend, appetitanregend, immunstimulierend, mobilisierend, blutbildend, blutreinigend, harntreibend, abführend, gallenfluss- und verdauungsfördernd, Blähungen abbauend, insbesondere lymphentlastend, entfettend, stoffwechselfördernd, bei Hautleiden und magenbedingten Kopfschmerzen

Löwenzahn hat sich bewährt: bei Leber- und Gallenstörungen; als Anregung auf Dickdarmschleimhaut und Nieren, um harnpflichtige Stoffe auszuscheiden; bei Schmerzen chronisch Kranker mit Rheuma und Arthritis; bei Leberleiden mit Wasseransammlungen, bei Müdigkeit, aufgrund ungenügender Lebertätigkeit; zur Aktivierung des Wärmehaushalts; bei Infektionskrankheiten; zum Ausgleich der körperlichen und seelischen Stimmungen bei alten Menschen; Kalium wirkt harntreibend

und kann Nierengries auflösen; Diät- und Heilpflanze mit hohem Inulingehalt.
VORSICHT: Bitterstoffe nicht bei Magenbeschwerden einnehmen; harntreibend, also nicht abends einnehmen/trinken.

Milchsaft ist auch für die Wurzel ein wichtiges Erkennungsmerkmal. Diese Ernte ist ideal zur Unterstützung einer Frühjahrskur.

Ernte

Man erntet Blätter, Knospen, Blüten und Wurzeln.

Knospen-Köpfchen müssen schön grün sein, innen sind sie dann prall gelb. Blüten sollten bei der Ernte noch mit allen Zungenblüten schön knackig sein. Es ist wichtig zu wissen, welche weitere Verwendung man vorhat. Grüne Hüllblätter können bei der Ernte direkt entfernt werden, wenn man Blüten-Ansätze plant.

- Knospen und Blüten werden sehr vorsichtig mit Messer oder Schere direkt unter dem Ansatz abgeschnitten. Der weiße Milchsaft ist auch hier zu berücksichtigen. Er verursacht auf Haut und Textilien schwarze Flecken. Die Ernte wird locker in einen Korb geschichtet und direkt weiterverarbeitet.

RAT VON KAMILLUS

Alles, was in der Sonne reift, ist wertvoller. Der Löwenzahn als Sonnenpflanze hat auch aus diesem Grund eine so unglaubliche Fülle an Nährstoffen, die für uns Menschen unsagbar wertvoll sind. Wir können es kaum schätzen. Der beste Vorsatz, wenn es anfängt draußen grün zu werden, ist, dass man möglichst viel Löwenzahntee trinkt. Löwenzahn zu essen war bei uns nicht üblich. Heute würde ich es dringend empfehlen.

Die Blätter sind vom Geschmack her am gefälligsten, am leckersten, wenn noch keine Knospe da ist. Dann ist der Anteil an Bitterstoffen am geringsten. Sind die Blüten erst da, werden die Blätter zunehmend bitterer. Für Heilzwecke sind Bitterstoffe gewollt.

- Blätter werden mit einem scharfen Messer abgeschnitten, sortiert und sofort weiterverarbeitet. Sollte das einmal nicht möglich sein, kann man die Ernte über Nacht im Kühlschrank locker in feuchte Tücher eingepackt zwischenparken.

- Blätter legt man zum Trocknen nebeneinander auf ein Tuch oder eine luftdurchlässige Unterlage, so dass sie schnell trocknen und nicht aneinanderkleben.

Die Wurzeln werden je nach Verwendung geerntet: Im Frühjahr enthalten sie viele Bitterstoffe, im Herbst mehr Inulin – für Diabetiker ein leckeres und sehr gesundes Gemüse. (Ernten und Verarbeiten der Wurzeln siehe Seite 27)

Man kann die Wurzel auch mit den Blättern zusammen aus der Erde holen, säubern, der Länge nach teilen und kopfüber zum Trocknen aufhängen. Ebenso kann man Pflanze und Wurzel nach dem Waschen in Stücke schneiden und für die tägliche Frühjahrskur Tag für Tag verwenden.

> **RAT VON KAMILLUS**
>
> Die einfachste und bitterste Frühjahrskur besteht darin, jeden Tag einen Löwenzahn-Blütenstängel zu kauen, drei Wochen lang. Vorsicht: gallebitter!
>
> Wem das zu hart ist: Eine Frühjahrskur ist auch mit Löwenzahntee erfolgreich. Blutreinigend, belebend, Leber, Galle, Nieren und Blase anregend, dazu noch Vitamin C und Kalium – was brauchen wir mehr, um unseren Körper aus dem Winterblues in die Frühjahrssonne zu holen?

Heilendes

FOLGENDE VERWENDUNGEN SIND VOLKSHEILKUNDLICH ÜBERLIEFERT

Frischsaftkuren mit Blättern, Knospen, Blüten (Seite 199)

Tee – Blätter, Blüten, Wurzeln (Seite 208 f.)

Tee – Wurzeln sind im Entgiften durchschlagender als ein Blätter-Blüten-Wurzel-Tee: 1 gehäufter TL kleingeschnittene Wurzel auf 250 ml kochendes Wasser geben, 10 Minuten ziehen lassen.

Häufig werden Tees in Mischungen empfohlen, die eine ähnliche oder ergänzende Wirkung haben: wie Leber-Gallen-Tee mit Löwenzahnwurzel und -kraut, Schafgarbenkraut, Wermut, Pfefferminzblätter oder andere Mischungen nach Irene Haber 2016

Tinktur – Alkoholauszug aus der Wurzel (Seite 231)

*) Zulassungen:

Nach HMPC sind Löwenzahnblätter, -kraut mit Wurzeln und Löwenzahnwurzeln als traditionelles pflanzliches Arzneimittel eingestuft.

ESCOP, Kommission E:

- Löwenzahnkraut mit Wurzeln: Störungen des Gallenflusses, zur Anregung der Harnausscheidung durch die Niere, Appetitlosigkeit, Verdauungsbeschwerden im Oberbauch bei Völlegefühl und Blähungen, bei Rheumatismus
- Löwenzahnwurzeln: Wiederherstellung der Leber- und Gallefunktion, bei Verdauungsbeschwerden und Appetitlosigkeit
- Nebenwirkungen: evtl. Übersäuerung des Magens durch zu viele/konzentrierte Bitterstoffe

Echtes Mädesüß, Spierstaude

Ein wirrer Kopf von wunderschönen kleinen weißen Blüten gemischt mit Knospen, die noch nicht aufgegangen sind – so sehen wir Mädesüß, wenn wir es an Gräben und feuchten, hellen Waldwegen entdecken. Es kann ein gutes Mittel gegen immer wiederkehrende Kopfschmerz sein. Schaut man genauer hin, stellt man fest, dass es eine Pflanze für Schmetterlinge und Insekten ist.

In den Anfängen der Phytotherapie im 19. Jahrhundert verfolgte man zunächst das Ziel, Wirkstoffe aus Pflanzen zu bestimmen und zu isolieren, um auf dieser Basis neue chemische Gemische zu entwickeln und Arzneimittel zu produzieren. Bei Pflanzen wie Weide oder Mädesüß folgte man der Spur der erfahrenen Kräuterkundigen, die mit Weidenrinde und Mädesüßblüten schon immer Schmerzen gestillt haben. In ihnen fand man die Salicylsäure als schmerzstillenden Wirkstoff. 1899 kam durch das chemische Verfahren der Acetylierung das erste Aspirin auf den Markt. Inzwischen erfolgt die Herstellung rein synthetisch.

Im Laufe der Jahre machte man die Erfahrung, dass ein aus einer Pflanze isolierter, als Arznei hergestellter Wirkstoff andere Reaktionen hervorrufen kann als der Wirkstoffkomplex Pflanze. Das macht heute, wie wir wissen, den Unterschied. Das natürliche Salicin aus Weidenrinde und Mädesüß hat keine Nebenwirkungen, wenn es sachgerecht angewendet wird. Denn das pflanzliche Salicin wird erst in der Leber und nicht bereits im Magen zu Salicylsäure umgewandelt.

Filipendula ulmaria (L.) Maxim, syn. *Spirea ulmaria* L.

Gleichzeitig mit den Blüten sind auch bereits die ersten Samen, balgartige Nüsschen, die spiralig gefiedert sind, da.

FAMILIE:

Rosengewächse, Rosaceae

ANDERE NAMEN:

Beielichrut, Geißbart, Geißleitere, Honigblüte, Johanneswedel, Spierblume, Sumpfspierenblüten, Wiesengeißbart, Wiesenkönigin

Diese ausdauernde krautige Pflanze braucht das Feuchte und wird mit ihren nach Mandeln duftenden Blüten von Insekten geliebt.

Erkennen mit allen Sinnen

Das Echte Mädesüß wächst auf Feuchtwiesen, an Ufergebüschen, in Auenwäldern und Gräben. Das Wasser ist eine wichtige Lebensgrundlage für die Spierstaude. Die Wurzeln versorgen die Pflanze so reichlich mit Wasser, dass sich auch die Blüten manchmal feucht anfühlen.

Die rispigen Blütenstände zeigen Knospen und Blüten gleichzeitig. Die fünf Blütenblätter werden mit zahlreichen langen Staubblättern begleitet.

> **ZUR BESTIMMUNG**
>
> **Blüte:** an einer Rispe sind zahlreiche weiße, nach Mandeln duftende Blüten angesiedelt, 5 Blütenblätter, zahlreiche Staubblätter
>
> **Blatt:** wechselständig, endständige Fieder mit Nebenblättern, gesägt, unterseits weiß gefilzt, oben dunkelgrün und kahl
>
> **Stängel:** aufrecht, ca. 150 cm lang, rot anlaufend, kantig
>
> **Typisch:** in Feuchtbeständen, von weitem weiß leuchtend, mandelartiger Duft der Blüten

Diese ausdauernde, krautige Staude ist mit einem kräftigen Wurzelstock fest verankert, so dass der aufrechte Stängel 150 cm lang und kantig, oft rot unterlaufen, in die Höhe wachsen kann. An aufrechten Seitenzweigen bilden sich endständige Blütenrispen, die über die Blatttriebe hinauswachsen. So hat man den Eindruck, dass die kleinen hellen Blüten in den Himmel wachsen. Stängel und Blätter haben einen leicht „medizinischen" Geruch.

Blätter sind wechselständig, endständig, besitzen unterbrochene Fiedern mit 2 bis 5 Paaren, sind eiförmig, doppelt gesägt, unterseits weißfilzig bzw. behaart, oben dunkelgrün und kahl. Zwischen den großen Fiederpaaren sitzen kleine gezähnte Nebenblätter. Am Blattansatz finden wir echte Nebenblätter über eine Verbreiterung des Blattansatzes, der unmittelbar in den Blattstiel übergeht.

Die vielstrahligen, leuchtenden Blüten haben einen stark duftenden Mandelgeruch. An rispigen Blütenständen dieser Trugdolde sind unglaublich viele kleine, weiße bis cremefarbige Blüten, die immer gruppenweise aufblühen. Jede einzelne hat 5 Blütenblätter mit zahlreichen langen Staubblättern. Die Blütezeit liegt zwischen Juni und September. Wenn die Blüten abgeschnitten werden, wachsen rasch neue nach.

Die Samen sind balgartige Nüsschen, spiralig gefiedert.

Verwechsler

Das Echte Mädesüß ist vom ungiftigen Kleinen Mädesüß (*Filipendula vulgaris*) zu unterscheiden. Es wächst nur bis 80 cm hoch, hat einen dünnen, runden Stiel, der ganz schwach gerillt sein kann. Seine Blätter sind unterbrochen gefiedert mit mehr als 20 Fiederpaaren. Das Kleine Mädesüß wächst mehr auf trockenen Hügeln und im lichten Gebüsch, am liebsten auf Kalk. Ein weiteres Merkmal zur Unterscheidung sind die bis zu 20 Fiederpaar-Blättchen. Das große Mädesüß hat 2 bis 5 Fiederpaare.

> **VERWECHSLER**
>
> Es gibt keine giftigen Doppelgänger. Das ungiftige Kleine Mädesüß ist durch bis zu 20 Fiederpaare an den Blättern eindeutig zu unterscheiden. Außerdem wächst es an trockenen Standorten, das Echte Mädesüß an feuchten.

Geißbartgewächse haben einen anderen Blütenstand und können nicht verwechselt werden. Sie haben keine Nebenblätter.

> **INHALTSSTOFFE**
>
> u. a. ätherisches Öl (u. a. mit Salicylaldehyd), Flavonoide, Flavonol- und Phenolglycoside (Salicin), Gerbstoffe, Phenolsäuren (Salicylsäure)

Wirkungen

Die Volksmedizin empfiehlt Mädesüß als schmerzstillend, antirheumatisch, entzündungshemmend, fiebersenkend, harntreibend, hustenstillend, schweißtreibend, hautreinigend.

Mittel gegen Schmerzen wie Kopfweh, Zahnschmerzen nach Extraktion, Gicht sowie Muskel- und Gelenkrheuma, Grippe, Erkältung und Fieber sowie Hautausschlag

VORSICHT BEI ÜBERDOSIERUNG: Es kann zu Magenbeschwerden, Übelkeit kommen.

Ernte

Im Frühjahr ernten wir zunächst die zarten Blättchen für den Sofortgebrauch oder zum Trocknen sowie später die Blütenrispen, wenn sie voll aufgeblüht sind. Da die Blütenrispen in Büscheln aufblühen, erntet man u. U. nur Teile der Rispen. Wenn es möglich ist, bindet man sie zu Büscheln zusammen und hängt sie zum Trocknen auf (ein Tuch darunter für die Blütchen, die herunterfallen). Wir können die Blüten auch auf ein Tuch zum Trocknen auslegen. Will man künstliche Wärme hinzuziehen, dann nicht mehr als auf 40 °C heizen.

Heilendes

FOLGENDE VERWENDUNGEN SIND VOLKSHEILKUNDLICH ÜBERLIEFERT

Die getrockneten Mädesüßblüten und -blätter können als Mädesüßtinktur oder -wein und als ein sehr aromatisches Heilmittel Kopf- und andere Schmerzen lindern.

- Tee (Seite 201)
- Tinktur (Seite 231)
- Wein: 1/3 eines Gefäßes füllt man locker mit Mädesüßblüten, 2/3 mit Bio-Weißwein. Nach 10 bis 14 Tagen kann man die Blüten abseihen. Die Haltbarkeit liegt zwischen 2 und 4 Wochen bei Lagerung im Kühlschrank.
- Diesen Wein kann man als Genusswein, auch für Süßspeisen, verwenden oder zur Schmerzlinderung einnehmen.

Bereits im Frühjahr können die ersten Blätter geerntet werden. Die rötliche Färbung ist auf die noch immer kalten Nächte zurückzuführen.

---

*) Zulassungen:
Nach HMPC sind Mädesüßkraut und -blüten als traditionelles pflanzliches Arzneimittel eingestuft.
ESCOP, Kommission E: Mädesüßkraut wirkt unterstützend bei banalen Erkältungen und leichten Gliederschmerzen, fördert die Harnausscheidung.
Gegenanzeige bei Überempfindlichkeit durch Salicylate.

Wilde Malve, Große Käsepappel

Die Malve ist ein Liebling aller Kräuterfreunde, wenn es um die Blüten geht. Sie wächst so reichlich, dass man sie immer wieder zur Dekoration ernten kann. Erst im Herbst, wenn die Blüte dem Ende zu geht, kommt der Gedanke, dass es versäumt wurde, für den Winter, die Haupterkältungszeit, einen Vorrat an Blättern und Blüten zu trocknen. Denn die Malve ist eine alte Heilpflanze.

Für den Namen Käsepappel finden sich in der Literatur viele Deutungen, etwa die käseförmige Gestalt der Samen oder der pappartige Brei, den man aus den schleimhaltigen Blättern kochen kann.

Knospen mit vier, selten bis zu zehn Blütenansätzen wie hier, gehen nach und nach auf.

In jedem Frühjahr kommen aus dem verholzten Teil der Staude grüne Triebe, die über den Sommer hinweg eine Vielzahl an Blüten hervorbringen.

oder Große/Großblühende Käsepappel oder Mauritius Malve | *Malva sylvestris* L.

FAMILIE:
Malvengewächse, Malvaceae

DEUTSCHLAND:
Malve

ÖSTERREICH:
Käsepappel

SCHWEIZ:
Käslikraut

WEITERE NAMEN:
Feldmalve, Fünfadernkraut, Hasenpappeln, Johannispappel, Katzenkäse, Schwellkraut, Waldeibisch

Erkennen mit allen Sinnen

Die obere Blüte zeigt die sog. männliche Phase mit der verwachsenen Säule, in der unteren Blüte sind die Griffel zu sehen, die weibliche Phase.

Die Malve wächst an Wegen und auf Schuttplätzen. Sie wird bis 150 cm hoch und ist eine ausdauernde, seltener eine zweijährige Halbrosettenpflanze. Der Stängel ist rauhaarig. Der verholzte Teil enthält im Innern ein weiches Mark.

> **ZUR BESTIMMUNG**
>
> **Blüte:** weiß bis rosa, lila, 5 Blütenblätter mit verwachsenen Staubblättern, Griffel und Fruchtknoten
>
> **Blatt:** mit langem Stiel, handnervig, 3- bis 7-lappig, am Rand abgerundet und gekerbt, weich behaart
>
> **Stängel:** rauhaarig
>
> **Wurzel:** spindelförmige Pfahlwurzel
>
> **Samen:** vielsamige Kapsel
>
> **Typisch:** die gesamte Pflanze hat keinen, einige Teile haben eher einen negativen Geruch

Die Blätter sind handnervig, das heißt die Hauptnerven entspringen der Ansatzstelle am Blattstiel, der rauhaarig ist, während die Blätter sehr weich behaart sind. Sie sind 3- bis 7-lappig, die einzelnen Lappen sind abgerundet mit gekerbtem Rand. Malven richten ihre Blattspreiten immer nach der Sonne aus, so dass sie senkrecht zur Einfallsrichtung des Lichtes stehen. Die Nebenblätter am Blattansatz sind sehr klein und fallen früh ab.

Die Blüten haben 5 Blütenblätter, bis 3 cm lang, rosa bis violett, mit 3 dunkleren Streifen. Sie sitzen in einem 5-zähligen Kelch, um den herum Hochblätter stehen.

Die Farbe der Blütenblätter von rosa bis violett oder blau hängt von den Inhaltsstoffen, z. B. von den Anthocyanen, ab. Sie ist so intensiv, dass sie zum Färben von Tees und zur Herstellung von Lebensmittelfarbe verwendet wird.

Es gibt 5 bis sehr viele Staubblätter, die zu einer Säule verwachsen sind und Griffel und Fruchtknoten umschließen. Wenn sich die Pollen entleeren, kommen die reifen Griffel zum Vorschein (siehe Fotos).

Die Frucht der Malve ist eine vielsamige Kapsel. Sie reift im Schutz des Kelches heran, ähnelt von der Form her einem Käselaib und schmeckt auch danach.
Mit der spindelförmigen und sehr tiefreichenden Pfahlwurzel steht die Malve auch an Uferböschungen.

> **RAT VON KAMILLUS**
>
> Blätter und Blüten von „Käspapple", ernte ich, in dem ich die Triebe 10 bis 20 cm oberhalb der Wurzel abschneide. Ich binde die Stängel am oberen Ende zusammen und hänge sie zum Trocknen auf.
>
> 10 bis 20 cm der Pflanze sollte man stehen lassen, damit sie weiter „leben" kann. Es ist wichtig, nur an ganz trockenen Tagen zu ernten. Alle Teile brauchen beim Trocknen genügend Luft und Abstand. Bei den Blüten ist das entscheidend dafür, ob sie die Farbe behalten.

Wilde Malve, Große Käsepappel 129

Der heute seltene Eibisch hat eine wunderschöne weiß- bis rosafarbene Blüte.

Blätter und Knospen vom Eibisch zeigen die weiche, samtige Behaarung. Die gesamte Pflanze enthält wertvolle Schleimstoffe, Wurzeln bis zu einem Drittel davon.

Die Kleine Käsepappel zieht bodennah ihre Ausläufer und bringt immer wieder kleine Blüten hervor. Blätter und Blüten werden als Heilmittel getrocknet.

Verwechsler

ECHTER EIBISCH | *Althaea officinalis* L. (griech. althaea = heilen)
Eibisch zählt ebenso wie die Malve zu den alten Heilpflanzen. Leider ist sie in freier Natur nicht mehr so oft anzutreffen und hat deshalb in der Volksheilkunde an Bekanntheit verloren. Es lohnt sich, Eibisch anzubauen.

Die Blütenkronblätter vom Echten Eibisch sind 1–2 cm lang, seine Blüten weiß oder rosa und in blattachselständigen Trauben angeordnet. Stängel und Blätter sind samtig behaart. Er wächst auf feuchten Wiesen, immer seltener in Bauerngärten. Man hat die Wurzeln als Hustenmittel verwendet. Da der Eibisch es nicht mag, wenn man ihm an die Wurzel geht, geht er ein.
In der Volksheilkunde nimmt man Blätter und Blüten/Knospen zum Trocknen und gräbt die Wurzel für Heiltee bei Atemwegs- und Magenbeschwerden aus.

Getrocknete Wurzelstücke gelten als ältestes Hustenbonbon. Aus allen Teilen der Pflanze kann man einen Sirup herstellen (Seite 208f.). In den Wurzeln vom Eibisch sind bis zu 15 % Schleimstoffanteile enthalten, in Blüten und Blätter bis zu 10 %.

> **VERWECHSLER**
>
> Stockrose und andere Malvenarten, die alle nicht giftig sind. Als Arznei werden die Blüten *Malva sylvestris* und *Malva mauritiana* von Apotheken angeboten, als Blatt *Malva sylvestris* und *Malva neglecta*.

KLEINBLÜTIGE MALVE – *Malva pusila* SM.
Sie ist eine einjährige krautige Halbrosettenpflanze, die nicht mehr als 30 cm hoch wird. Ihre Stängelblätter sind gelappt und ihre Blüten in den Blattachseln büschelig angeordnet. Die Kelchzipfel haben einen krausen Rand. Die Kleinblütige Malve spielt für die Heilverwendung keine Rolle.

WEG-MALVE, KLEINE KÄSEPAPPEL | *Malva neglecta* WALLR.
Auch sie ist eine ein- oder zweijährige krautige, niederliegende Halbrosettenpflanze, die nicht höher als 40 cm wird und meistens mehr über den Boden rankt. Sie hat kurze Faserwurzeln.

Die Weg-Malve wächst gerne da, wo der Boden besonders gut gedüngt ist, in der Nähe von Mist- und Jaucherinnen, und an Wegrändern. Ihre Blätter sind wechselständig angeordnet, die Stiele bis 10 cm lang. Die Blüten sind in Büscheln mit 1 bis zu 6 zusammengefasst. Die 5 schmalen langen Blütenblätter sind weiß, weißrosa und etwa doppelt so lang als der Kelch.

Auch diese Art hat einen hohen Schleimanteil und wird in ländlichen Regionen für Heilzwecke verwendet.

> **INHALTSSTOFFE**
>
> **Blüten:** u. a. Anthocyane, Cumarine, Gerbstoffe, Schleimstoffe (weniger)
>
> **Blätter:** u. a. Cumarine, Diterpene, Flavonoide, Gerbstoffe, Schleimstoffe, Sesquiterpene

Wirkungen

Zusammengefasst empfiehlt die Volksmedizin Malve als
INNERLICH: reizlindernd, entzündungshemmend, schleimhautschützend, zusammenziehend, schmerzlindernd
ÄUSSERLICH: wundheilend, entzündungshemmend, desinfizierend

Wilde Malve und Weg-Malve haben als Hauptinhaltsstoff den Schleim, der in der Volksheilkunde gleichermaßen bei entzündlichen Magen-Darm-Erkrankungen, speziell bei Magenschleimhautentzündung und Reizmagen (nur die Blätter) sowie bei Erkältungen, insbesondere Atemerkrankungen und Entzündungen im Mund- und Rachenraum, Heiserkeit und Kehlkopfkatarrh sowie bei Hauterkrankungen eingesetzt wird; speziell Malvenblätter bei Husten und Heiserkeit, zur Wundbehandlung mit Umschlägen; besonders Malvenblüten bei Erkältungskrankheiten, Blasenleiden, äußerlich zur Wundbehandlung und zu erweichenden Bädern.

Die Eibischstaude kommt im Frühjahr wie aus dem Nichts, wenn man nicht nach der Wurzel gräbt. Sie enthält bis zu einem Drittel Schleimstoffe.

---

*) Zulassungen *Malva sylvestris*:
ESCOP, Kommission E:
- Blätter/Blüten: Schleimhautreizungen im Mund- und Rachenraum und damit verbundenem trockenen Reizhusten
- Blüten: trockener Reizhusten, Schleimhautreizungen im Mund- und Rachenraum und im Magen

Wilde Malve, Große Käsepappel

> **RAT VON KAMILLUS**
>
> Für die Teemischung mit der Verfeinerung als Erkältungstee reble ich etwa ein Zehntel bis zur Hälfte „Käspapple" unter den Tee, je nach Krankheitsverlauf. Es gibt neben dem Eibisch keine schleimhaltigere Pflanze, die Erkältungen wunderbar heilen und Schmerzen nehmen kann. Eibisch und Malve kann man sehr gut mischen.

Die Malvenblüten werden gebündelt zum Trocknen aufgehängt und im Kaltansatz als Tee bei Halsschmerzen getrunken.

Ernte

Für Heilzwecke erntet man Blätter, ohne Stiel, und Blüten getrennt in der Hauptblütezeit am späten Vormittag. Blüten und Blätter müssen sorgfältig getrocknet werden. Durch den hohen Schleimgehalt besteht die Gefahr, dass Blätter und Blüten leicht schimmeln können. Am besten in einem Karton, ausgeschlagen mit Küchenpapier, aufheben.

Heilendes

FOLGENDE VERWENDUNGEN SIND VOLKSHEILKUNDLICH ÜBERLIEFERT

Tee als Kaltauszug nach 5 bis 10 Stunden, dann einmal aufkochen und über den Tag verteilt trinken (Seite 201 ff.)

Wird der Tee gegen Husten genommen, kann er mit 1 TL Honig gesüßt werden

Tee von Blättern und Blüten als Kaltauszug zum Gurgeln. Nach Bedarf mehrmals täglich (Seite 206)

Tee in Kombination mit Kamillenblüten 1:1 oder mit Eibischblüten 1:1 und anderen schleimhaltenden Pflanzen als Kaltauszug (Seite 203, 206)

Eibischzweige zum Trocknen aufgehängt sind ein schöner Anblick.

Typischer Platz für die Meisterin aller Wurzen: Geduckt an einen Hügel mit einer traumhaften Aussicht zur Lasörlinggruppe. Hier erntet Kamillus gerne.

Meisterwurz

Peucedanum ostruthium (L.) Koch. (syn. Imperatoria ostruthium L.)

Allein schon der Name verrät uns, dass wir es mit einer außergewöhnlichen Pflanze zu tun haben. Mit ihren leuchtend grünen Blättern und den strahlend weißen Doldenblüten macht sie deutlich, dass sie stark ist in einer herausfordernden Umgebung. Für Kamillus und die Pflanzenkundigen in den Bergen ist die Meisterwurz die Heilpflanze schlechthin. So wie auch in anderen Gebirgsregionen Europas wird sie in den Alpen verehrt und sogar als Zaubermittel geschätzt.

Erstmals als Imperatoria erwähnt wurde die Heilpflanze im 11. Jahrhundert. Schon Paracelsus empfahl sie dringend und nutzte die heilenden, magischen Kräfte. Er hatte immer ein Stück Wurzel bei sich. Bis heute ist die Zeichnung bekannt, die Paracelsus mit einer Meisterwurz zeigt.

Erkennen mit allen Sinnen

Wir entdecken die mehrjährige krautige Meisterwurz mit ihren häufig überdimensional langen Blattstängeln immer in Gruppen. Sie sucht sich Stellen aus, wo sie sich anschmiegen kann: an Felsen, im Krummholz oder auf feuchten Schutthalden, im Bachbett oder an steilen Hängen und gerne in Hochstaudenfluren. Wenn wir zu graben beginnen, taucht ein knolliges, aromatisch duftendes Wurzelwerk auf.

Die Dolde entsteht aus einer bauchigen Blattscheide, ist flach mit weißen, kleinen Blüten mit 30 bis 60 Blütendöldchen. Insekten lieben sie.

ZUR BESTIMMUNG

Pflanze: liebt kalk- und silikathaltige Halden, Hänge, Fluren, Bachhänge, zwischen 1500 und 2200 m Seehöhe, 30-100 cm hoch

Blüte: weiß bis rosa, 5 Blütenblätter, Dolde mit bis zu 60 Strahlen, keine Hüllblätter, wenige Hüllchenblätter, Döldchen sind innerseits rauflaumig behaart

Blatt: grasgrün, glänzend, dreigeteilt, gestielt, untere können doppelt dreigeteilt sein, gezackt, ein oder zwei Mal tief eingekerbt, eiförmig; Blattstängel grün, eingekerbt

Blütenstängel: aus einer Blattscheide mit einem ungestielten Blatt kommend, grün, gerillt, hohl

Wurzel: braun, dicke erste Rhizome quergerillt, dann glatt und unterschiedlich dick

Samen: zunächst grün, dann braun, rundlich, flach, geflügelt

Typisch: aromatisch würziger Duft von Blättern, Stängeln, Samen und Wurzeln

FAMILIE:

Doldenblütler, Apiaceae

ANDERE NAMEN:

Bergwurzel, Berg-, Durst-, Hirsch-, Kaiser-, Magisterwurz, Haarstrang, Wurz aller Wurzen

Aus dem Wurzelstock kommen zunächst die Blatttriebe hervor. Die Blattstängel ragen so weit in den Himmel hinein, dass das Blatt genügend Sonne bekommt. Die Blütenstängel sind aufrechtstehend, rund und gerillt, innen hohl und je nach Alter frisch grün bis dunkelgrün.

Die grasgrünen, großen, glänzenden Blätter zeigen helle Blattadern und sind dreigeteilt, die unteren doppelt dreigeteilt und gestielt. Jeder Teil des Blattes ist wiederum noch ein oder zweimal tief eingekerbt. An der Blattunterseite finden wir eine leichte flaumige Behaarung. Die Ränder sind gezackt und borstig bewimpert. Wenn wir ein Blatt zerreiben, kommt uns ein würzig-aromatischer Duft entgegen, der an Sellerie, Liebstöckel und gelbe Rüben erinnert. Wenn wir ein Stück Blatt probieren, kommt mit dem Kauen auf der vorderen Zunge zuerst das Grün zur Geltung. Man schmeckt „Wiese" mit sehr würzigem Geschmack. Weiter hinten auf der Zunge kommen die Bitter- und Gerbstoffe. Mit dem Alter werden die Blätter dunkelgrün und zäh. Sie schmecken immer derber, ihr typisches Aroma bleibt erhalten.

Der Blütentrieb kommt aus einer bauchigen Blattscheide. Die große, flache, weißblühende Doppeldolde hat 30 bis 60 Strahlen, die innerseits rauflaumig behaart sind. Die flache Anordnung garantiert, dass alle Döldchen fast gleichermaßen die Sonne genießen können. Niemand liegt im Schatten. Hüllblätter sehen wir keine, Hüllchenblätter nur wenige. Am häufigsten blüht sie weiß, selten rosa, mit fünf Blütenblättern. Insekten lieben das duftende Blütenmeer.

Die Samen sind flach, rund und braun mit geflügelten Randrippen. Sie können durch ihre Form leicht davonfliegen, um für eine gleichmäßige Verbreitung zu sorgen. Eine Vermehrung über die Samen ist sehr mühsam. Als Kaltkeimer hat die Meisterwurz wenig Lust, sich zu vermehren. Die Samen sind essbar und werden auch beim Räuchern geschätzt.

Schauen wir uns das Wertvollste, den Wurzelstock, an, so scheint er sich in die Erde zu winden. Die sehr aromatischen, braunen Rhizome sind stark verzweigt. Die zunächst dicken, unregelmäßig gerillten Ausläufer werden später glatt und schließlich noch dünner. Sie beinhalten die intensivsten Inhaltsstoffe. Im Innern sind die Wurzeln weiß. Verletzt man sie, strömt das ganz typische, teilweise würzig-strenge Aroma aus. Beim Ausgraben sind die Wurzeln an ihrem Geruch eindeutig zu erkennen und von anderen zu unterscheiden.

Ihrem weit verzweigten Wurzelwerk ist es zu verdanken, dass die Meisterwurz sich unterirdisch gut vermehrt und uns erhalten bleibt.

Das kräftig grüne Blatt mit hellen Adern ist ein-, zweimal dreigeteilt. Blattstiele unterschiedlicher Länge bringen das Blatt zum Licht.

Blütenstängel sind hohl und gerillt. Aus bauchigen Blattscheiden tauchen Knospen auf, die zu vielstrahligen weißen oder leicht rosa Dolden erblühen.

Verwechsler

VERWECHSLER

Verwechsler Doldenblütler, siehe Engelwurz (Seite 65)

Giftig: Schierling, Wasserschierling, Hundspetersilie, Kälberkropf

Essbar: Engelwurz, Bibernelle, Wiesen-Kümmel, Wiesenkerbel, Anis, Fenchel

In der Familie der weißen Doldenblütler finden wir Vertreter, die hochgiftig oder sehr heilbringend und schmackhaft sind. Deshalb ist Vorsicht geboten. Von Pflanzen wie Schierling, Wasserschierling, Hundspetersilie oder Kälberkopf sollten wir weiten Abstand halten, weil sie eben hochgiftig sind – sie sind dem Erscheinungsbild der Meisterwurz ähnlich, in den Meisterwurz-Höhen jedoch selten anzutreffen. Sehr ähnlich ist die Engelwurz, die allerdings eine wichtige Heil- und Gewürzpflanze ist (Seite 63 ff.). Andere nicht giftige Verwechsler sind Bibernelle, Wiesen-Kümmel oder -kerbel, Anis und Fenchel. Wenn wir jedoch auf die typischen Merkmale der Meisterwurz achten, wie z. B. auf Blattformen oder den typischen Geruch von Blättern und Wurzeln, so ist eine Verwechslung nicht möglich.

Heil- und Giftpflanzen wachsen u. U. auch mal dicht zusammen. So kann sich ein Blatt oder ein Wurzelstück vom Blauen Eisenhut unter die Meisterwurz mischen. Sorgsame Ernte ist also immer geboten.

> **INHALTSSTOFFE**
>
> u. a. ätherisches Öl, Bitterstoffe, Cumarine, Flavonoide, Furanocumarine, Gerbstoffe, Harze, Pektin

Wirkungen

Die Volksmedizin empfiehlt Meisterwurz als antibakteriell, antibiotisch, antimikrobiell, antioxidativ (Radikalfänger), antiviral, appetitanregend, beruhigend, blähungswidrig, blutdrucksenkend, blutreinigend, desinfizierend, entgiftend, entzündungshemmend, erwärmend, gedankenklärend, fiebersenkend (vorbeugend), harntreibend, immunstärkend, Infektionen vorbeugend und heilend, krampflösend, leber- und gallestärkend, libidostärkend, magenstärkend, nerven- und bewusstseinsstärkend, reizmildernd, säfteanregend, schleimlösend, schmerzlindernd, schweißtreibend, stärkend (Körper und Geist), stoffwechselanregend, verdauungsfördernd, vitalisierend, wundheilend.

Die Breite an Wirkungen ist durch die Vielzahl an Inhaltsstoffen möglich, die sich gegenseitig verstärken bzw. unterstützen.

Durch Furanocumarine kann bei empfindlichen Menschen, insbesondere bei Sonneneinstrahlung, eine allergische Hautreaktion, eine Dermatitis, ausgelöst werden, die jedoch mit etwas Ringelblumensalbe (Seite 239) schnell wieder verschwindet.

ACHTUNG BEI MAGEN-/DARMSCHLEIMHAUTENTZÜNDUNGEN ODER GALLENSTEINEN: keinen Meisterwurztee oder keine Tinktur einnehmen! Auch bei langanhaltendem Fieber über 38 °C ist von Meisterwurz abzuraten, ebenso in der Schwangerschaft.

Das Kostbarste ist die Wurzel mit Bitter- und Aromastoffen. Dicke, gerillte Stücke werden in Scheiben geschnitten und getrocknet, glatte dünne in Alkohol angesetzt.

Ernte

Stängel, Blätter, Blüten können vom Frühling bis Ende Sommer geerntet werden. Ist die erste Generation verblüht, schieben sich oft aus der Wurzel frische Triebe nach. So wird die Erntezeit bis in den Spätsommer verlängert. Für die Ernte kommen nur frische, grüne Teile sowie Knospen und blühende Dolden infrage, die gut belüftet getrocknet werden. Wenn genügend Platz da ist, hängt man Sträußchen von Blättern und Dolden an Leinen auf.

Samen werden von Sommer bis Herbst geerntet. Hier bitte aufpassen und die Pflanze zunächst eindeutig bestimmen. Die noch grünen Samen „schmecken" am besten. Sie werden von der Dolde geholt und sofort getrocknet.

Die Wurzeln graben wir nach altem Brauch erst nach dem 15. August, ab Maria Himmelfahrt, aus. (Seite 27)

Nach dem Ausgraben lassen wir die Wurzeln zunächst etwas antrocknen, dann kann die Erde leichter abgebürstet werden. Gründliches Waschen und Trocknen ist wichtig für die weitere Verarbeitung. Ganz dicke Stücke werden in Scheiben geschnitten, getrocknet und für die Heilung oder zum Räuchern verwendet, die dünnen kann man zu Schnaps oder zu einer Tinktur ansetzen. (Informationen zu Ernte und Verarbeitung Seite 25 ff.)

Blätter werden an Stielen getrocknet. Für Blätterverband oder Tee, als Gewürz oder für Schnapsansätze werden sie im Winter zu Heilmitteln.

RAT VON KAMILLUS

Die Wurzel ist durch nichts zu ersetzen. Ich trockne sie in Stücken, in Scheiben, je nachdem, wie ich sie verwenden will. Bei Zahn- und Halsschmerzen wirkt das Kauen von einem Stück getrockneter Wurzel. Gewöhnungsbedürftig ist der bitter-scharfe Geschmack. Es lohnt sich, die Geduld aufzubringen, sich an das Bittere zu gewöhnen. Auch Magen und Darm danken es dir. Die Bitter- und Gerbstoffe bauen auf und unterstützen dein Immunsystem. Kann die Abneigung nicht überwunden werden, sind Tinktur oder Tee aus der Wurzel die Lösung. (mehr zur Tinktur-Herstellung Seite 230 f., Einnahme Seite 225)

Ich habe in meinem Rucksack immer einige Wurzelstücke. Sie vertreiben den Durst, geben Kraft für den Weg – auch im übertragenen Sinne – und lassen mich beim Aufsteigen tief einatmen. Im Laufe der Jahre habe ich immer mehr erkannt, wie wichtig die Wurzel für Gesunderhaltung und Heilung ist. Egal ob Magen- oder Zahnschmerzen, Übelkeit oder Kraftlosigkeit – ein Stück Meisterwurz hilft immer.

*) Zulassungen:
Für die Meisterwurz liegen keine positiven Monographien vor, auch keine Hinweise auf Risiken und Nebenwirkungen.

Heilendes

Meisterwurz wurde seit jeher zur Stärkung des Magens sowie bei Magen- und Verdauungsbeschwerden heilend eingesetzt. Ihre entgiftende und gleichzeitig kräftigende Wirkung macht sie vor allem bei verdorbenen Nahrungsmitteln oder Umweltgiften sehr erfolgreich. Wurzelkauen, Wurzeltee oder -schnapsansatz werden empfohlen.

Auch Leber und Galle freuen sich über die wertvollen Inhaltsstoffe der Meisterwurz. Sie entgiften und stärken. Die Lunge kann neu und befreit aufatmen. Eine Tinktur-Kur kann helfen.

Die Steigerung der Abwehrkräfte ist ein ganz großes Meisterwurz-Thema. Dazu können Tees getrunken oder ein Wein angesetzt werden.

Als pflanzliches Antibiotikum hat sich die Meisterwurz vielseitig bewährt. So auch bei Erkältungskrankheiten. Bronchien und Atemwege können durch die entzündungshemmende und schleimlösende Wirkung Heilung erfahren. Ein Tee, eine Inhalation mit Meisterwurzblättern und anderen Kräutern (Seite 201 ff.) können hier gut tun. Wer abends mit einem Stück Meisterwurzwurzel im Mund schlafen geht, kann am Morgen ohne Halsschmerzen aufwachen.

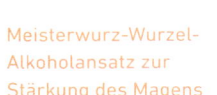

Meisterwurz-Wurzel-Alkoholansatz zur Stärkung des Magens

IN DER ÜBERSICHT

Wurzelkauen

Blätterverband, Wickel, Umschläge (Seite 197 f.)

Tee zum Trinken, zum Inhalieren (Seite 201 ff.)

Tinktur (Seite 223 ff.)

Creme in Kombination mit anderen Kräutern (Seite 242 ff.)

RAT VON KAMILLUS

Als Ginseng der Alpen wird die Meisterwurz von vielen Volksheilkundlern vorgestellt. Das jedoch verrät nur einen Teil ihrer Heilkraft. Sie darf in keiner Hausapotheke fehlen und ist aus der Erfahrung heraus ein wunderbar vorbeugendes und heilendes Mittel für sehr viele Krankheiten.

Bei allem Unwohlsein und allen Erkältungskrankheiten sind Meisterwurztee und -tinktur hilfreich.

Sehr hilfreich kann die Heilpflanze bei Bronchitis sein: Ganz dünne Wurzeln mit 38%igem Alkohol ansetzen, 2 bis 3 Monate ziehen lassen, dann noch einmal mit Isländisch Moos ansetzen und nach 2 Monaten abseihen.

Schon in meiner Kinderzeit habe ich gelernt, Meisterwurzblätter bei offenen und schwer heilenden oder auch eitrigen Wunden einzusetzen. Unsere Mutter hat Wunden mit Meisterwurztee ausgewaschen. Oder wir haben ein frisches Blatt aufgelegt bzw. einen Verband mit dem Blattwerk angelegt, diesen mit einem Tuch umwickelt und die Wirkstoffe in die Wunde ziehen lassen. (Seite 197 f.)

Auch wenn die Wunde heiß und entzündet war, ein Meisterwurzbad und ein -verband haben die Entzündung schnell herausgeholt. Man entfernt die Blätter nach einer Stunde und wiederholt diesen Vorgang zwei bis drei Mal am Tag. Wenn die (ehemals offene) Wunde dann einen weißen Rand bekommt, ist Besserung eingetreten. Bei empfindlicher und beschädigter Haut ist ein Bad mit Meisterwurzsud eine Erholung. Gleichzeitig fördert es die Heilung.

Quendel

Wilder Thymian | *Thymus pulegioides L.*,
Echter Thymian | *Thymus vulgaris L.*

Im Sommer verwandeln sich die Sonnenhänge in den Bergen in eine Quendel-Oase. Alle sind willkommen, die sich an der Sonne, am Duft, an den zauberhaften kleinen Blüten, am Summen von Bienen und Insekten erfreuen wollen. Die einen trocknen Quendel für Tee, andere setzen eine Tinktur an, um täglich einen wunderbaren Grund zu haben, ein kleines Stamperl davon zu trinken. Manche geben die Blütchen nach dem Trocknen in kleine Stoffsäckchen, um sie den Kindern auf das Kissen zu legen, wenn sie erkältet oder matt sind. Jeder hat so sein „Quendel-Rezept".

> **QUENDEL UND DIE BIENEN**
>
> Nicht nur, dass Bienen sich über den Nektar in jeder Blüte freuen, man räuchert auch Bienenstöcke mit Quendel aus, um sie vor der Varroamilbe zu schützen. Auch um die Bienen zu „markieren", reibt man den Bienenstock von innen mit Quendel aus. Schwärmen die Bienen aus, nehmen sie den Duft mit. So lassen sie sich leichter wieder einfangen.

Quendel ist die Wildform des Thymians. Heute weiß man, dass Thymian auf vielen Ebenen arbeitet, dass er ausgesprochen „aggressiv" ist und in hohem Maße Keime tötet. Selbst vor den gefürchteten Staphylokokken macht er nicht halt.

Wunderbare Bedingungen für Quendel: Sonne und wärmende Steine auf 2.000 m. Die Blütenköpfchen beinhalten Wertvolles für die Grippeprophylaxe.

FAMILIE:

Lippenblütler, Lamiaceae

ANDERE NAMEN:

Arznei-Thymian, Feldthymian, Gewendlach, Karwendel, Kriechender Quendel, Kindlkraut, Kuddelkraut, Marienbettstroh

Erkennen mit allen Sinnen

Quendel ist ein mehrjährig kriechender Halbstrauch, d. h. nur die unteren Stängelteile sind verholzt. Er wird 5 bis 30 cm hoch und wächst bis auf Höhen von über 2500 m Seehöhe.

ZUR BESTIMMUNG

Blüte: rosarot-violette Lippenblüte

Blatt: ellipsen- bis eiförmig, gegenständig

Stängel: vierkantig, an den Kanten behaart, rötlich

Samen: Klausen, wie es für Lippenblütler typisch ist

Typisch: ätherisches Öl mit dem typischen Duft

Quendel wächst in sonnigen Gegenden auf Trocken- und Magerrasen, auf erdigen Felsen und Mauern, auf Ameisenhaufen, eben da, wo es warm und sonnig ist. Er ist winterhart und bildet bei Bedarf rote Schutzpigmente gegen Kälte, die, wenn es wärmer wird, wieder grün werden. Er ist mit nährstoffarmen Böden zufrieden, wenn sie basisch sind.

Die Stängel sind deutlich vierkantig (wie bei allen Lippenblütlern) und nur auf den Kanten behaart. Der Blütenstand wird durch Scheinquirle gebildet, die ährig angeordnet sind. Vereinzelt bilden sich auch in den Blattachsen Blüten. Die kleinen violett-rosa Lippenblüten produzieren reichlich Nektar, den sie hinter den Haaren ihrer Kronröhre verstecken. Der Duft strömt heraus und lockt Insekten an, die ihn lieben.

Die kleinen, ganz kurz gestielten Blätter wachsen gegenständig und sind elliptische, immergrüne Lederblätter mit Drüsen, die mit ätherischen Ölen angefüllt sind. Die Blättchen sind am Rand etwas eingerollt und behaart.

Die Samen sind kleine vier Klausen mit Ölkörpern, die vorwiegend durch Ameisen fortgetragen werden. Ameisen lieben Quendel, sie nutzen ihn für ihren Bau, damit er vor Krankheiten verschont bleibt.

Quendel zählt zu den Tiefwurzlern, seine Wurzeln können bis zu 1 m in die Erde gehen.

Der Wilde Thymian, Quendel, ist die in unseren Breitengraden am häufigsten vorkommende wilde Art. Er hat keine von

Die Lippenblüten, der viereckige Stängel, die kleinen, kurz gestielten, gegenständigen Blätter sind die Erkennungsmerkmale des Quendels.

offizieller Stelle (HMPC) anerkannten Wirkungen. Er kann in der Apotheke unter *Serpylli herba* bestellt werden.

Der Echte Thymian (*Thymus vulgaris*) wird in Apotheken unter *Thymi herba* angeboten. Darin sind Blätter und Blüten enthalten. In den Bergen behauptet sich der Quendel gegen Wind und Wetter und bildet so eine Vielzahl sekundärer Pflanzenstoffe, zu denen auch die ätherischen Öle zählen.

Verwechsler

> **VERWECHSLER**
>
> gibt es keine, der typische Geruch macht ihn unverwechselbar.

Wenn man mal nicht auf die Farbe geachtet hat, könnte man Quendel mit dem Thymian- oder Quendelblättrigen Ehrenpreis (*Veronica serpyllifoliea* – ein Wegerichgewächs) verwechseln. Dieser duftet aber nicht, ist nicht giftig und keine Heilpflanze, außerdem blüht er in blau-weiß.

Der Alpen-Steinquendel (*Alcinos alpina*, auch ein Lippenblütler) trägt Blüten ähnlich wie Gundermann (siehe Foto), die Pflanze erinnert wegen der Blätter an Quendel, die jedoch beim Steinquendel kreuzgegenständig wachsen. Er hat einen sehr starken Duft und wird von der Volksheilkunde als „Hochgebirgs-Thymian" empfohlen.

Die Blätter und das Aroma des Alpen-Steinquendel, früher auch Hochgebirgs-Thymian genannt, erinnern an Quendel, die Blüten an die von Gundermann.

> **INHALTSSTOFFE**
>
> u. a. ätherisches Öl (mit Hauptkomponente das typische Quendelöl (20-40 %) – während Thymian das typische Thymol (30-50 %) enthält, Bitterstoffe, Flavonoide, Gerbstoffe, Phenole (Kaffee- und Rosmarinsäure), Saponine

Wirkungen

Die Volksmedizin empfiehlt Quendel als

INNERLICH: antibiotisch, grippevorbeugend, wärmend, durchblutungsfördernd, keimhemmend, schleimlösend, auswurffördernd, hustenlösend, beruhigend, wachstumshemmend bei Bakterien, Viren und Keinem, immunmodellierend, verdauungsfördernd, appetitanregend, krampflindernd bei Magen-, Bauch- und Menstruationskrämpfen.

Antibiotikum der armen Leute – so nennt man Quendel in den Bergen heute noch.

ÄUSSERLICH: antibiotisch, keimhemmend, reinigend, antibakteriell, desodorierend, geruchsbeseitigend, durchblutungsfördernd, krampflösend, muskelstärkend.

In der Volksmedizin ist Quendel seit jeher eine ganz wichtige Heilpflanze. Sie war immer schon im Zusammenhang mit Grippevorbeugung und auch als Grippemittel im Bereich der Bronchien und Atemwege bekannt, dazu zählen ebenso Entzündungen der Schleimhäute. Das gilt für die Innen- und Außenanwendung. Auch in der Rekonvaleszenz und bei Erschöpfungszuständen hat Quendel sich bewährt. Seine positive Auswirkung auf die Haut und als Beruhigungs- und Schmerztherapeutikum unterstreichen seine Bedeutung.

Im Unterschied zum Quendel treibt der Thymian einzelne Zweige mit einem Ende voller Blüten. Diese Köpfchen werden wie beim Quendel geerntet.

*) Zulassungen Quendel:
Nach HMPC ist Quendel nicht erfasst.
ESCOP, Kommission E: Katarrhe der oberen Luftwege, als Badezusatz unterstützend bei akuten und chronischen Erkrankungen der Atemwege

*) Zulassungen Thymian:
Nach HMPC sind Thymiankraut und Thymianöl als traditionelles pflanzliches Arzneimittel eingestuft.
ESCOP, Kommission E: Thymiankraut
innerlich: als Hustenlöser bei erkältungsbedingtem Husten, bei Katarrhen der oberen Luftwege, Bronchialkatarrh, unterstützend bei Keuchhusten
äußerlich: bei Entzündungen der Mundschleimhaut und gegen Mundgeruch,
Thymianöl äußerlich: Einreibungen und Bäder zur Linderung von Erkältungssymptomen
Gegenanzeigen: Vorsicht bei Leberschäden oder Funktionsstörungen der Schilddrüse

Ernte

Für Heilzwecke werden Blätter und Blüten geerntet, wenn er in der Vormittags- oder Mittagssonne voll aufgeblüht ist. Das blühende Kraut wird mit Messer oder Schere in einer Höhe von 5 bis 10 cm geschnitten, je nachdem wie hoch die Pflanze ist. Es werden keine holzigen Teile geerntet.

Das Kraut wird säuberlich ausgebreitet, gut durchlüftet, ohne den Einfluss von Sonne getrocknet und abschließend aromadicht aufgehoben. (weitere Informationen zum Ernten und Trocknen Seite 25 ff.)

Thymianöl wird über Destillation gewonnen. Das überlassen wir den Experten und kaufen 100 % naturreines ätherisches Thymianöl.

Quendel-Tinktur, eine traditionelle Grippe-Prophylaxe.

Heilendes

FOLGENDE VERWENDUNGEN SIND VOLKSHEILKUNDLICH ÜBERLIEFERT

Tee (Seite 201 ff.)

ideal für einige Anwendungen können auch kombinierte Kräutertees sein (Seite 203) z. B.

- mit Bibernellwurzel bei Halsschmerzen
- mit Kamille und Fenchel für Kinder als milde Variante
- mit Spitzwegerich bei Entzündungen im Mund- und Rachenraum
- mit Eibisch und Isländisch Moos bei Reizhusten mit Kaltauszug

Tee zum Inhalieren in Kombination mit Wacholder, Kamille, Isländisch Moos, Meisterwurz (Seite 224 f.)

Tinktur – die beste Grippe-Prophylaxe: nur die Blütenköpfe werden voll erblüht geerntet und in 38%igem Alkohol vier Wochen ausgezogen, abgeseiht und ab Anfang November täglich zur Grippeprophylaxe 2 x 30 Tropfen eingenommen (weitere Hinweise zur Einnahme Seite 224 f.)

Honig als Erkältungs- und Grippe-Medizin (Seite 216 ff.)

Sirup ergibt einen wunderbaren Erkältungs- und Hustensaft, auch für Kinder (Seite 218 ff.)

Schafgarbe

Schafgarbe begegnet uns auf allen Wegen im Hochgebirge und im Flachland. Je höher man kommt, umso kleiner wird sie. Wie ihr Name richtig feststellt, hat sie etwas mit Schafen zu tun. Jene kennen nämlich die Heilkraft dieser Pflanze und nutzen sie für sich. Haben sie Schmerzen, legen sie sich in eine Wiese mit viel Schafgarbe. Andere Tiere machen es ihnen nach.

Der botanische Name *Achillea millefolium* wurde von dem Schweden Carl von Linné im 18. Jahrhundert kreiert. Er kannte die Sage von dem Kriegshelden, der beim Kampf um Troja von einem Pfeil an der Ferse getroffen wurde, genau an der Stelle, an der die Achillessehne sitzt. Die Göttin Aphrodite gab ihm den guten Rat, in die Wunde ein Schafgarbenblatt zu legen. Die Heilkraft des Blattes hat dem Krieger geholfen. In späteren Jahren wurde die Sage in Bezug auf die Heilung der Wunden bestätigt. Nicht umsonst hat die Schafgarbe auch den Namen Soldatenkraut. Wenn Soldaten kein Verbandszeug hatten, nahmen sie stattdessen die grünen Blätter der Achillea.

Millefolium ist zurückzuführen auf die vielen kleinen Fiederchen, die das Schafgarbenblatt kennzeichnen (lateinisch millefolium = tausendblättrig).

Gewöhnliche – oder Wiesenschafgarbe
| *Achillea millefolium L.*

Ist die Schafgarbe die Königin der Heilpflanzen? Hier im Timmeltal beherrscht sie im Sommer das Bild der Blüten in weiß und rosa.

FAMILIE:

Korbblütengewächs, Asteraceae

ANDERE NAMEN:

Achilliskraut, Bauchwehkraut, Blutstillkraut, Garbenkraut, Jungfrauenkraut, St. Margarethenkraut, Soldatenkraut, Wundheiler, Wundkraut, Wurmkraut, Zimmermannskraut

Moschus-Schafgarbe, Achillea moschata Wulfen: Almkamille, Bergschafgabe, Frauenkraut, Ivakraut, Jochkamille, Moschusiva, Wildfräuleinkraut

Das Blatt wie ein Tausendfüßler, wechselständig am gerillten und zähen Blütenstängel und am Ende eine Scheindolde – daran erkennen wir die Schafgarbe.

Erkennen mit allen Sinnen

Wiesenschafgarbe ist ein mehrjähriges Korbblütlergewächs, das bis zu 80 cm hoch wird und an Wegrändern, auf Wiesen, Schuttplätzen und Feldrainen wächst. Sie darf nicht zu nass stehen, lieber sonnig und trocken.

Im Frühjahr treibt aus dem kriechenden Wurzelwerk eine hellgrüne Blattrosette mit schönen Fiederblättchen hervor. Aus der Mitte heraus bildet sich später der Blütenstängel.

ZUR BESTIMMUNG

Blüte: weiß bis rosa, als Trugdolde

Blatt: wechselständig, lanzettlich und mehrfach fiederschnittig

Stängel: fest, gerillt, behaart

Wurzel: weit verzweigt mit langen waagerechten Ausläufern

Typisch: der würzige Duft

So schöne Blütenfarben findet man nur in den Bergen. Besonders schön der Kontrast der rosa Zungenblütenblätter mit den goldfarbenen Staubgefäßen.

Die Blätter sind das besondere Merkmal. Sie stehen wechselständig, sind lanzettlich, zwei bis vierfach fiederschnittig und haben über 15 Fiederpaare erster Ordnung. Wenn sie aus der Erde kommen, sind die Fieder noch etwas zerknautscht, man erkennt aber schon das „Tausendblatt". Der Endstand jedes Fiederblättchens besteht aus einer sehr scharfen Spitze.

Die Stängel sind sehr fest, quasi unbeugsam, gerillt und behaart. Schneidet man die Schafgarbe am unteren Ende ab, so sieht man, wie zäh der Stängel ist. Es scheinen sich Fasern von oben nach unten zu ziehen. Unten ist der Stängel innen hohl, oben markig. Am Ende entwickeln sich aus den Blattachseln kommend die Blütenstängel, die jeweils eine Trug- oder Scheindolde hervorbringen. Eine Trugdolde setzt sich aus mehreren kleinen Blüten zusammen. Sie haben am äußeren Rand meistens fünf weiße Zungenblütenblätter und im Zentrum 3 bis 20 Röhrenblüten, die mit goldfarbenen Staubgefäßen verziert sind.

Ob die Strahlenblüten weiße, rosa oder rote Blütenfarbstoffe enthalten, hat keinen Einfluss auf die Wirkstoffe.

Die Achillea blüht sehr lange, bis in den Herbst hinein. Sie wird langsam immer dunkler und es bilden sich die Samen, Achänen, bis 2 mm lang.

Ihre Wurzeln sind so fein verzweigt, dass sie sich auch auf steinigem Untergrund gut festhalten kann. Ihre Ausläufer gehen nicht sehr tief, dafür in die Waagerechte, wo sie auch neue Triebe hervorbringen können.

Zu ihrer eindeutigen Bestimmung zählt auch das typische Aroma. Wenn man ein Blättchen zerreibt, kommt ein würziger, sehr aromatischer Duft mit einer kleinen herben Note.

Im Hochgebirge begegnen wir der Moschusschafgarbe, auch Ivakraut genannt, mit nur einmal gefiederten Blättern. Sie ist nur etwa 12 cm groß.

MOSCHUS-SCHAFGARBE ODER IVAKRAUT

Sie ist die kleine Hochgebirgsvariante der Wiesenschafgarbe. Die Moschus-Schafgabe findet man im Gebirge zwischen Geröll und Steinen bis zu 3400 m Seehöhe. Sie bevorzugt alpine Abhänge, die silikatreich sind. Ihr Name verrät, dass sie einen geradezu moschusartigen Duft verströmt.

Moschus sieht ihrer großen Schwester ähnlich, wird aber nur 5 bis 12 cm hoch, blüht weiß und hat nur einmal gefiederte Blätter. Sie hat in Relation zu ihrer Höhe größere Blütenköpfchen und kommt ausschließlich in den Alpen vor.

In der Schweiz, im Bündnerland, ist sie das Ivakraut. Ihr Aroma ist entscheidend für den bekannten Ivalikör, der bei Magenschmerzen und Krämpfen getrunken wird.

Die Moschus-Schafgarbe könnte mit der Schwarzen Schafgarbe (*Achillea atrata*) verwechselt werden. Diese hat allerdings keinen Duft, kein Aroma. Die Hüllblätter sind grün mit einem breiten schwarzen Rand.

Verwechsler

Im deutschsprachigen Raum gibt es ca. 20 Schafgarbenarten. Sie sind nicht giftig bzw. mehr oder weniger genießbar. Während *Achillea millefolium* einen wunderbar blumig-würzigen Duft ausströmt, kann man das nicht von allen Arten sagen. So ist ein wichtiger Test, wie die Pflanze riecht. Hat sie die typische, kräftige Würze nicht, sollte man die Finger davonlassen. Moschus-Schafgarbe und Wiesenschafgabe sind zwei Arten, die für Heilzwecke und für die kulinarischen Genüsse geerntet werden. Die anderen sind nicht giftig, aber auch nicht genießbar.

VERWECHSLER

Viele weitere Schafgarbenarten sind bekannt. Sie haben bis auf die Wiesen- und die Moschus-Schafgarbe nicht die bekannten Inhaltsstoffe, Wirkungen und Aromen.

Keine Verwechslungsgefahr besteht mit den vielen weißen Doldenblütlern. Schafgarbe hat lediglich eine Scheindolde.

INHALTSSTOFFE

u. a. ätherisches Öl mit dem Hauptbestandteil Chamazulen, Bitterstoffe, Cumarine, Gerbstoffe, Flavonoide, Phenolsäuren, Terpene

Wirkungen

Die Volksmedizin empfiehlt Schafgarbe als
abwehrsteigernd, antimikrobiell, antibakteriell, antimykotisch, appetitanregend, blutreinigend, blutstillend, entzündungshemmend, erwärmend, harntreibend, krampflösend, menstruationsregulierend, narbenbildend, nervenausgleichend, wundheilend, zirkulationsfördernd.

Die Wirkung der Schafgarbe ist in Teilen vergleichbar mit der von Kamille. Schafgarbe ist jedoch bitterer. Daraus folgt, dass sie für Verdauungsprobleme geeigneter ist als Kamille. Und so zählt zum Anwendungsgebiet der Achillea, auch Bauchwehkraut, die Verdauung und alle damit zusammenhängenden Störungen aufgrund der verdauungs- und gallefördernden sowie krampflösenden Eigenschaften.

Ätherische Öle und Flavonoide mit ihren antibakteriellen, entzündungshemmenden und krampflösenden Eigenschaften helfen Menschen mit empfindlicher oder geschädigter Magenschleimhaut. Außerdem wirken sie beruhigend und verhindern Entzündungen.

Die Eigenschaft als Frauenkraut ist ein weiterer großer Wirkbereich der Schafgarbe. Bei Menstruationsstörungen wirkt sie ausgleichend, krampflösend, keimhemmend und blutstillend. Wichtig ist auch die Durchblutung und Erwärmung der Organe des kleinen Beckens, was allgemein zur Beruhigung des Unterleibs beiträgt.

Als Soldaten- oder Zimmermannskraut hat sich die Schafgarbe einen Namen als Wundheiler gemacht. Die Gerbstoffe wirken zusammenziehend und entzündungshemmend. Mit der keim- und pilzhemmenden Eigenschaft der ätherischen Öle können Wunden ohne Komplikationen heilen.

Ernte

Die Schafgarbe wird an warmen, sonnigen Tagen, in der Mittagssonne, geerntet. Man schneidet den Stängel oberhalb der letzten zwei grünen Blatttriebe ab. Sehr dicke und holzige Stiele sortiert man aus, bündelt die Stängel und hängt sie mit den Blütenköpfchen nach unten zum Trocknen auf. Man kann sie auch auf Tüchern zum Trocken ausbreiten. Im Anschluss daran können sie aromageschützt aufgehoben oder direkt weiterverarbeitet werden.

Für reine Heilanwendungen schneidet man das blühende Kraut in der Mittagssonne

Für die einen ist sie die Frauenpflanze, für andere die Heilpflanze schlechthin. Für so schöne Sträußchen ist überall Platz, wo es luftig ist.

*) Zulassungen:
Nach HMPC sind Kraut und Schafgarbenblüten als traditionelles pflanzliches Arzneimittel eingestuft.
ESCOP, Kommission E:
Innerlich: Appetitlosigkeit, Verdauungsbeschwerden wie leichte krampfartige Beschwerden im Magen- und Darmbereich
Äußerlich: Sitzbäder bei schmerzhaften Krampfzuständen psychovegetativen Ursprungs im kleinen Becken der Frau, zur Behandlung kleiner oberflächlicher Wunden, leichter Haut- und Schleimhautentzündungen
Nicht anwenden bei Überempfindlichkeiten oder Allergien gegenüber Schafgarbe oder Korbblütlern.

ab. Dann ist der Gehalt an ätherischem Öl in allen Pflanzenteilen am höchsten Für Blutreinigungstee sammelt man die jungen Blätter ab Mitte März.

Heilendes

FOLGENDE VERWENDUNGEN SIND VOLKSHEILKUNDLICH ÜBERLIEFERT

INNERLICH

Tee (Seite 201 ff.)

Tee-Kombi mit anderen Heilkräutern, die sich gegenseitig stützen und ergänzen: Holunder-, Mädesüß- und Schafgarbenblüten, Pflanzen mit ähnlichen Merkmalen (weiße kleine Blüten) und Wirkungen

Tinktur aus frischen Blüten ist die Medizin für all diejenigen, die keinen Tee mögen (Seite 224)

am stärksten wirkt die Schafgarbe als Frischsaft pur (Seite 199)

Schafgarbenkuren nie länger als vier Wochen durchführen

ÄUSSERLICH

Tee: Umschläge und Bäder zur Wundbehandlung, bei Afterriss und Verletzungen mit Schafgarbentee (Seite 211, 231)

Salbe für schwerheilbare oder immer wieder aufgehende Wunden (Seite 239)

Das ätherische Öl der Schafgarbe ist wegen des Azulengehaltes blau. Es kann hilfreich sein als Massageöl bei Bauchkrämpfen, in Cremes oder Salben gegen Hautunreinheiten oder bei gereizter Haus und bei schlecht heilenden Wunden.

Leberwickel anlässlich einer Leber- oder Entschlackungskur: ein mit warmem Schafgarbentee getränktes Tuch wird auf die Lebergegend gelegt, eine Wärmflasche darüber und am besten eine halbe Stunde, zwischen 13 und 15 Uhr flach liegen. Man kann auch ein Stoffsäcken mit Schafgarbenkraut füllen, dieses mit kochendem Wasser übergießen und bei Körpertemperatur anwenden.

RAT VON KAMILLUS

Die Schafgarbe zählt bei uns in Prägraten zu den wichtigsten Heilpflanzen. Wenn Wolf-Dieter Storl sagt, dass sie hundert verschiedene Wirkstoffe hat, so können wir vor dieser Pflanze nur den Hut ziehen, wie es der Brauch beim Holunderstrauch ist. Wir finden sie reichlich in Höhen bis 2600 m Seehöhe. Auf der Sonnenseite des Virgentals sind rosa Blüten sehr häufig. Manche sagen, die rosa-blühenden sind für Männer, die weißen für Frauen – belegt hat das bisher noch niemand.

Hauptverwendung der Blüten und Blätter ist der Tee, Bittertee oder Tees mit besonderer Verwendung, wie Erkältung, Krampf, Operationsvor- oder –nachbereitung, etc. Die Pflanzenteile, die für Tee nicht benötigt werden, verwende ich für Inhalierkräuter oder Fußbäder. (Seite 201 ff.)

Spitzwegerich sucht sich den Weg aus der Bruchsteinmauer. Er steht hier in guter Gesellschaft mit Fetter Henne, einer wunderbaren Bitterstoffpflanze.

Wegerich

Wegerich, hier an erster Stelle Spitzwegerich, liefert das beste Mittel gegen Mücken- und andere Insektenstiche, bei Brennnesselverbrennungen oder schlicht bei Sonnenbrand. Die Blätter haben sehr viel Saft, der ein überaus gutes Schmerz- und Kühlmittel ist. Wir kennen in unseren Breiten Spitz-, Breit- und Mittelwegerich. Mittelwegerich ist die Schönheit unter den dreien, hat jedoch keine Heilwirkung.

Spitzwegerich | *Plantago lanceolata*

Mittelwegerich | *Plantago media*

Breit- oder Großer Wegerich | *Plantago major*

Die zierlichen Staubgefäße der Spitzwegerichblüte wandern von unten nach oben zur Spitze der Ähre.

FAMILIE:

Wegerichgewächse, Plantaginaceae

ANDERE NAMEN:

Spitzwegerich: Heilwegerich, Heufressa, Ripplichrut, Roßrippe, Spießkraut, Spitzfederich, Spitz-Wegeblatt, Wegetritt, Wundwegerich

Breitwegerich: Großer Wegerich, Schafszunge, Belzenblätter, Vogelbelzen, Hitzeblätter, Aderkraut

Wie alle Pflanzen in der Höhe wird auch der Spitzwegerich kleiner und schmaler je höher wir kommen. Hier sind wir ca. 2000 m hoch.

Auch die Blüte des Mittelwegerichs geht von unten nach oben in einer zart rosa bis hellvioletten Blütenähre auf.

Erkennen mit allen Sinnen

	SPITZWEGERICH	**BREITWEGERICH**
PFLANZE	krautige Pflanze, mehrjährig, 20 bis 50 cm	krautige Pflanze, mehrjährig, 15 bis 20 cm
	auf Wiesen, Schuttplätzen, Wegrändern	Trittpflanze, auf Wegen, Schuttplätzen, auf dichten Ton- und Lehmböden, in Pflasterritzen
BLÄTTER	Blattrosette	bodennahe Blattrosette mit bogennervigen Blättern, Blätter lang und breit gestielt, 5- bis 9-nervig, breitblättrig eiförmig und gewölbt, meist ganzrandig
	schmallanzettlich, 3- bis 7-nervig, vom Blattansatz bis zum Ende durchgehend, wenig behaart, am Rand nur vereinzelt mit kurzen Zähnen	
	20 bis 40 cm lang	Blattstellung in einem Winkel von 135° zur optimalen Lichtausnutzung
BLÜTENSTÄNGEL	aufrecht, blattlos	aufrecht, blattlos
	10 bis 40 cm lang	10 bis 20 cm lang
	Längsfurchen	
BLÜTE	viele Blüten stehen in einem Blütenstand zusammen, hier: in lang gestielten, walzenförmigen bis kugeligen Ähren unscheinbarer Blüten,	zahlreiche grüne Blüten stehen in einem Blütenstand, jede Blüte hat eine lange, dichte, walzenförmige Blütenähre, längerer Blütenstand, kürzerer Blütenstängel
	zierliche Staubgefäße, die zur Blütezeit lang aus den Blüten heraushängen. Blüten wandern die Ähre hinauf.	Ähre so lang wie ihr Schaft, fast fiedrig behaart, weiß bis braun oder blau bis lila
	Ähre 1 bis 4 cm lang,	je Blütenstand werden 2 bis 3 Millionen Pollenkörner produziert
	braucht mind. 25 Tage mit 14 Stunden Tageslicht, um zu blühen	Heuschnupfenerreger
FRUCHT	Kapsel	Kapsel

Verwechsler

Es gibt keine. Die hier vorgestellten Wegericharten sind alle nicht giftig.

Auch der Alpen-Wegerich, *Plantago alpina,* ist volksheilkundlich ein wertvolles Kraut. Die Kräuterkundigen in den Bergen verwenden diese Art ebenso wie den Spitz- oder Breitwegerich. Da er ab 2000 m Seehöhe zu finden ist, hat er aufgrund der Höhe eine hohe Wirkstoffkonzentration in den kleinen, sehr schmalen Blättern. Auch diese Blätter zeigen Blattnerven vom Blattansatz bis zur Spitze.

> **INHALTSSTOFFE**
>
> **Spitzwegerich:** u.a. ätherisches Öl, Bitterstoffe, Cumarine, Flavonoide, Gerbstoffe, Glykoside (Aucubin), Iridoide, Kieselsäure, Phenolsäuren, Saponine, Schleimstoffe, Terpene
>
> **Breitwegerich:** u.a. Bitterstoffe, Bitterstoffe, Gerbstoffe, Glykoside (Aucubin), Kieselsäure und andere Pflanzensäuren, Schleimstoffe

Typisch für Breitwegerich die runde Blattform und die ebenfalls durchlaufenden Blattadern.

Wirkungen

Die Volksmedizin empfiehlt Spitzwegerich als
INNERLICH: antibakteriell, auswurffördern, entzündungswidrig, schleim- und hustenlösend, schleimhautschützend, magenfermentregulierend, reizmildernd.
ÄUSSERLICH: wundheilend, blutstillend, kühlend.

Spitzwegerich ist das Hustenmittel; verwendet wird es auch bei fiebrigen Lungen- und Bronchialleiden, bei Entzündungen der Mund- und Nasenschleimhaut, bei Husten, Heiserkeit und allgemeiner Erkältung und zur Frühjahrskur. Spitzwegerich ist ideal gegen Stiche wie Mückenstiche oder Brennnesselpusteln, bei Sonnenbrand angenehm kühlend, schmerzstillend und abschwellend.

Die Volksmedizin empfiehlt Breitwegerich als
entzündungshemmend, schleim- und hustenlösend, adstringierend.

Die Heilstoffe im Breitwegerich beruhigen, entspannen und stärken den Blasenschließmuskel und helfen bei Bettnässen, Blasenleiden und Inkontinenz. Sie kommen gerade recht bei Erkältungskrankheiten mit ihrer schleim- und hustenlösenden Wirkung. Gerbstoffe lindern Schmerzen, heilen Haut und Schleimhäute und arbeiten gegen Entzündungen.

BEKANNT IST: Ein oder mehrere Blätter Breitwegerich in den Wanderschuhen machen müde Füße munter, das gilt für unterwegs ebenso wie am Abend, wenn man zurück ist.

---

*) Zulassungen:
Nach HMPC ist Spitzwegerich als traditionelles pflanzliches Arzneimittel eingestuft.
ESCOP, Kommission E: Schleimhautreizungen im Mund- und Rachenraum und damit verbundener trockener Reizhusten, kurzfristig zur Behandlung leichter Entzündungen der Mund- und Rachenschleimhaut, Katarrhe der oberen Luftwege

Ernte

Für Heilzwecke erntet man Blätter kurz vor der Blüte. Da der Spitzwegerich den ganzen Sommer über nachwächst, wird man immer wieder junge Pflanzen kurz vor der Blüte finden.

Die Blätter müssen sorgfältig getrocknet werden. Dunkle, gefleckte oder befallene Blätter werden entfernt. Knospen schmecken nach frischen Champignons.

Heilendes

FOLGENDE VERWENDUNGEN SIND VOLKSHEILKUNDLICH ÜBERLIEFERT

Frischsaft, frische Blätter auf Wunden, Saft frischer Blätter bei Insektenstichen oder Verbrennungen (Seite 199)

Tee von Blättern (Seite 203)

Honig oder Hustensirup, Erdkammersirup (Seite 216 ff.)

Tinktur (Seite 223 ff.)

Salbe (Seite 244)

Dieses ist eine wunderbare Wiese zum Ernten von Spitzwegerichblättern für Honig- oder Ölansätze.

Wildrose, Hundsrose

Rosa canina L.

Wer hat je die Menschheit so hinters Licht geführt? Geschichte und Märchen müssten umgeschrieben werden: Ihre Dornen sind Stacheln! Botanisch gesehen. Die Stacheln sind es, mit denen sie sich vor Angreifern schützt. Ihr Name ist alles andere als sensationell: Hundsrose oder, etwas schöner, Heckenrose. „Hund" hat nichts mit dem Vierbeiner zu tun. Es ist die lateinische Übersetzung von „caninus", minderwertig. Minderwertig im Vergleich zu wem oder was? Im Vergleich zu den Edelrosen. Sie haben ihre erblichen Wurzeln in der *Rosa canina*. Man hat sie veredelt, schöner, größer, farbiger, duftiger gezüchtet. Und doch liegt der eigentliche Schatz in der *Rosa canina L.* oder in der *Rosa pendulina L.*, der Gebirgs- oder Alpen-Rose. Sie sind die Heilkräftigen, wenn es um ihre Samen geht. Denn diese beiden Arten sind die für Heilzwecke Auserwählten. Apotheken führen Hagebutten und Hagebuttenkerne dieser wilden Rosenarten, weil Versuche gezeigt haben, dass sie die wertvollsten Inhaltsstoffe besitzen. Dabei ist die Alpen-Rose nicht zu verwechseln mit der Bewimperten Alpenrose, *Rhododendron hirsutum L.* oder der Rostblättrigen Alpenrose, *Rhododendron ferrugineum L.*), die im Frühsommer die Berghänge rot erblühen lassen.

Diese wunderschöne Wildrose schaut auf die Lasörlinggruppe auf der anderen Seite des Tales.

FAMILIE:

Rosengewächse, Rosaceae

ANDERE NAMEN:

Ackerrose, Dornrose, Frauenrose, Hagrose, Heckenrose, Hetscherin, Marienrose, Schlafdorn

Hagebutten: Hainbutten, Hiefen, Rosenbeere, Dornapfel

Ganz zart in Rosa bis Weiß trotzt diese Blüte Regen, Wind und Sonne. Ihre kräftig grünen Blätter sind 3- bis 9-zählig gefiedert.

Gebeugt von der Schneelast zeigt sich der Rosenbusch von Seite 156 nach einem tiefen Winter. Trotzdem treibt er Knospen für neue Blätter und Blüten.

Erkennen mit allen Sinnen

Die Heckenrose wächst an Feldrainen, Wiesen- und Waldrändern, in lichten Wäldern und Hecken. Sie liebt Wind und Sonne, mäßig trockenen, basischen, tiefgründigen Lehmboden. Bis in Höhen von 1800 m sieht man sie, die *Rosa pendulina* von 1400 m Seehöhe aufwärts bis 2000 m.

> **ZUR BESTIMMUNG**
>
> **Blüte:** weiß mit rosa, 5 Blütenblätter mit vielen Staubblättern
>
> **Blatt:** Fieder 3 bis 9 zählig, gesägt
>
> **Zweige:** unten verholzt, dann grün mit Stacheln
>
> **Früchte:** Hagebutten, rote Scheinfrüchte
>
> **Typisch:** ein wunderbarer Duft

Zweige der Rosenbüsche sind sehr elastisch, unten holzig, oben in frischem Grün. Sie reichen von der Mitte des Strauches in großem Bogen bis fast wieder auf den Boden. Die Stacheln, die sich längs der Zweige bilden, ergeben ein undurchdringliches Dickicht.

Blätter kommen wechselständig aus den grünen Zweigen, zuerst mit einem Nebenblatt, dann unpaarig 3- bis 9-zählig gefiedert. Die Ränder sind gezähnt. Blattnerven laufen gleichmäßig von der Blattmitte nach außen. Die Blätter werden im Herbst abgeworfen.

Die fünfblättrigen Blüten verbreiten den wunderbaren Rosenduft über den ganzen Busch. Zur Blütenmitte hin wird der Duft intensiver. In der Mitte sitzen viele gelbe Staubgefäße, die spiralig von den Blütenblättern umhüllt werden. Die leichte Rosafärbung kommt durch das Anthocyan, ein sekundärer Pflanzenstoff. Der mit Nektar gefüllte Bereich bildet in der Mitte einen goldenen Kreis, zusammengesetzt aus Griffeln und Narben.

Falter haben eine Vorliebe für Rosen.

Die Früchte sind die bekannten Hagebutten. Sie sind Scheinfrüchte und verbergen in ihrem Innern sehr harte kleine Nüsschen, die in feine Härchen gebettet sind und nach außen hin im Fruchtfleisch liegen. Das Innere der Hagebutte ist das bekannte Juckpulver, fein süßsäuerlich mit reichlich Vitamin C.

Das kräftige Wurzelwerk gibt dem Rosenbusch auch in abschüssigem, steinigem Gelände Halt. Seine Wurzelausläufer bilden neue Triebe und damit neue Rosenbüsche.

Die Frucht der Rose, die Hagebutte, ist ein wahres Bündel an wertvollen Wirkstoffen: harntreibend, stärkt Abwehrkräfte und hilfreich bei Arthrose.

Verwechsler

Verwechsler gibt es keine. Die Stacheln, die Blüten und schließlich die Hagebutten sind bis in den Winter hinein deutliches Kennzeichen der Wildrosen.

INHALTSSTOFFE

Blüten: u. a. ätherische Öle, Bitterstoffe, Carotinoide, Duftstoffe, Gerbstoffe, Flavonoide, Vitamin C

Früchte: u. a. ätherische Öle, Carotinoide, Fettsäuren, Flavonoide (Anthocyane), Fruchtsäuren, Gerbstoffe, ungesättigte Fettsäuren, Mineralstoffe, Pektine, Vanilin, Vitamin C

Rosenöl: u. a. Monoterpene 50–80 %

Wirkungen

Die Volksmedizin empfiehlt Rosenblüten als
- entzündungshemmend, antiseptisch und wundheilungsfördernd, zusammenziehend, beruhigend, schmerzlindernd, entspannend, beruhigend.
- Blütentee gegen Durchfall sowie bei Magen- und Darm-Verstimmungen, gegen Durchfall und als Fiebertee.
- mit ihrem Duft als harmonisierend, der das Herz öffnet und der Seele guttut, bei Stress und zur Stärkung.
- Rosenwasser antiseptisch für Haut, Mund- und Rachenraum, bei Akne, Herpes und Gürtelrose.
- kostbares ätherisches Öl aus den Blüten ist es wohltuend und stimmungsaufhellend.

Die Volksmedizin empfiehlt Hagebutten
- zur Stärkung der Abwehrkräfte, stoffwechselanregend, harntreibend.
- als Hagebuttenkernöl für die Narbenheilung (Akne) und Faltenrückbildung, insgesamt für trockene, schuppige, rissige Haut; bei rheumatischen Gelenkschmerzen.

*) Zulassungen:
Nach HMPC sind Rosenblütenblätter als traditionelles pflanzliches Arzneimittel eingestuft.
ESCOP, Kommission E:
Hagebuttenschalen und Hagebutten: leichte Erkältungen und Entzündungen im Bereich der Mund- und Rachenschleimhaut; unterstützend zur Schmerzlinderung bei Gelenkarthose und Steifheit (man geht hier derzeit noch von einer Nullmonographie aus; es entsteht jedoch kein Schaden durch die Einnahme).

Ernte

Blüten erntet man vor 10 Uhr, und nur die voll erblühten Exemplare. Steht die Sonne erst einmal auf den Blüten, haben sie schon einen Teil ihres Duftes verloren. Sehr behutsam gehen wir beim Transport und bei der Trocknung mit ihnen um. Blütenblätter werden sorgfältig ausgebreitet, damit sie nicht aufeinander liegen, und danach aromageschützt und dunkel aufgehoben.

Hagebutten für Heilzwecke werden geerntet, wenn sie reif, schön rot und noch fest sind. Spätestens nach dem ersten Frost oder viel Regen werden die Früchte weich. Niedrige Temperaturen schaden nicht, da reifen sie noch etwas nach.

Früchte für Weine und Liköre werden nach dem ersten Frost geerntet und dann direkt verarbeitet.

Getrocknete Rosenblätter schenken auch im Winter den Duft von *Rosa Canina*, wenn man sie ab und zu mit ätherischem Rosenöl auffrischt, hält der Duft noch länger.

Heilendes

FOLGENDE VERWENDUNGEN SIND VOLKSHEILKUNDLICH ÜBERLIEFERT

ROSENBLÜTEN

Rosenblüten-Tee: 1 bis 2 g Blütenblätter auf 250 ml Wasser, überbrühen, 7 Minuten ziehen lassen, drei Mal am Tag eine Tasse

Das Vitamin C bleibt weitgehend erhalten, auch wenn der Tee aufgekocht wird, weil Flavonoide und andere Begleitstoffe sich schützend um das Vitamin legen.

Mit Rosenhonig kann man rissiger Haut und Lippenherpes begegnen. Man gibt schichtweise Rosenblüten und Honig in ein Glas und lässt dieses verschlossen vier Tage stehen, dann presst man den Honig durch ein Tuch. Er ist bis vier Wochen haltbar.

HAGEBUTTEN

Hagebutten-Tee (Seite 203)

Kernlestee, altbekannt aber etwas in Vergangenheit geraten: Man nimmt frische oder getrocknete Hagebuttenkerne, 2 EL auf 500 ml Wasser, lässt sie über Nacht einweichen und dann 30 Minuten kochen, bis eine rote Färbung zu sehen ist. Abseihen und über den Tag verteilt trinken bei rheumatischen Erkrankungen und Blasen-Nieren-Leiden.

Hagebuttenpulver: Kann nur in der Apotheke gekauft werden, da eine Herstellung ohne entsprechende Technik nicht möglich ist – gegen Arthrose-Gelenkschmerzen.

Geöffnet zeigt diese zarte Blüte ihre vielen gelben Staubgefäße. Die Blüten ernten wir bis 10 Uhr, bevor die Sonne prall wird.

Die Kraft der Bäume

Zu den Nadelbäumen zählen u. a. Fichte, Kiefer, Tanne, Lärche und Zirbe. Wir stellen sie hier vor, weil ihre Heilaspekte im Sinne der Volksmedizin verwendet werden.

> Nadelbäume bieten uns: Nadeln mit kostbaren ätherischen Ölen und Harz mit heilwirksamem Terpentin. Den Duft von Wald und frischer Luft kennen viele von uns seit Kindertagen. Sei es die Lösung für verkrampfte Beine, das bei Erkältung entspannende Bad, die leckeren Hustenbonbons oder der wohltuende Hustensaft – sie gehören neben vielen anderen Produkten aus den Nadelbäumen in die Hausapotheke. Nicht zu vergessen ist das kostbare „Lärchenpech" (Seite 240).

Bäume sind Leben für Mensch und Tier, Basis für das Zusammenspiel aller Pflanzen. Sie geben Kraft und Gesundheit, wenn wir uns auf sie einlassen.

Fichte

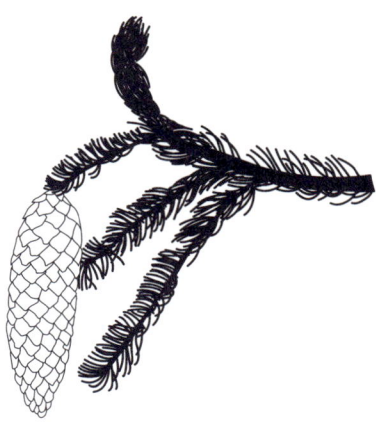

Gemeine Fichte oder Rotfichte, -tanne – *Picea abies* (L.) H. Karst.

> **FICHTE ODER TANNE?**
>
> Eigentlich sind sie nicht zu verwechseln. Die Tanne ist eine Gattung in der Familie der Kieferngewächse. Weiß-Tanne und Edel-Tanne sind typische Vertreter. Die Nadeln sitzen unmittelbar auf dem Zweig, unten etwas verbreitet. Ihre weiblichen Blüten sind hellgrüne, aufrechtstehende, nicht endständige Zapfen. Als wollten sie gen Himmel wachsen. Die männlichen erscheinen wie kleine gelbe Kätzchen. Sind die Zapfen reif, fallen die geflügelten Samen zur Erde, während der Zapfenspindel noch ein paar Jahre am Baum bleibt.
>
> Auch die Fichte ist ein Kieferngewächs. An jungen Fichtenzweigen vom Vorjahr bilden sich im Frühjahr: 1. rotleuchtende, weibliche Blüten als aufrecht stehende, endständige Zapfen, 2. männliche Blüten, die zunächst als rote, dann als gelbe Kätzchen erscheinen, sowie 3. die hellgrünen Spitzen, die Nadeln. Fichtenzapfen sind ein Jahr nach der Bestäubung reif und hängen in Richtung Boden, 10 bis 15 cm lang, werden im nächsten Frühjahr reif und die Samen vom Wind davongetragen. Erst dann fallen sie zur Erde. Das sind die braunen Zapfen, die den Waldboden sehr zur Freude der Eichhörnchen bevölkern.

Alte Fichten sind ehrwürdige Bäume, die 60 bis 70 Meter groß und bis zu 600 Jahre alt werden können. In Deutschland und Österreich ist die Fichte der am meisten verbreitete Nadelbaum. Bis zu einer Höhe von 2000 m ist sie im Gebirge anzutreffen. Sie braucht etwa 30 Jahre, bis sie zum ersten Mal blüht. Die Blätter, wegen ihrer Form nennt man sie Nadeln, sind spitz und zeigen eine Rinne auf der Unterseite. Sie sitzen bei der Fichte auf einem winzigen, verholzten Stielchen, die der Tanne sitzen direkt auf dem Zweig. Als Flachwurzler wird die Fichte als weniger standhaft eingestuft. Wenn die Stürme über den Bergen und Tälern wüten, sind es eher die Flachwurzler, die dem nicht standhalten können. Dennoch haben sie eine gewaltige Ausstrahlung und strömen eine besondere Energie aus. Die Fichte ist für uns ein Baum des Lichts, der in der Weihnachtszeit, der dunkelsten Jahreszeit, in den Zimmern aufgestellt, geschmückt und mit Kerzen versehen, Licht und Wärme in die Stuben bringt.

Fichtennadeln sitzen auf einem winzigen Stielchen.

Fichtenspitzen – gesund für Honig, lecker für Senf oder Salat.

GATTUNG:

Fichte – Picea

FAMILIE:

Kieferngewächse – Pinaceae

Junge männliche Blüten.

Wirkungen

Fichten und Tannen können gleichermaßen für Heilzwecke eingesetzt werden. Aus der Sicht der Volksheilkunde sind das Baumharz (Terpentin) und das ätherische Öl aus den Nadeln das Wertvollste. Das frische Baumharz gibt nach der Destillation Terpentinöl und ätherisches Öl frei. Durch Destillation wird auch das ätherische Öl aus den Nadeln gewonnen. Die Heilwirkung von Nadeln und Harzen der Fichte sieht die Volksmedizin als abwehrsteigernd, antimikrobiell, auswurffördernd, durchblutungsfördernd, entzündungshemmend und schleimlösend an.

RAT VON KAMILLUS

In den Bergen schätzt man die Bäume mehr, die Tiefwurzler sind. Wir gehen davon aus, dass sie durch ihr tieferes Eindringen in das Erdreich intensivere und qualitativ hochwertigere Wirkstoffe haben. Zu den Tiefwurzlern zählen z. B. Latschenkiefer, Lärche und Zirbe.

Männliche Blüten inzwischen hell ausgewachsen, weißliche Blüten als stehende rote Zapfen, mit der Reife senken sie sich nach unten, siehe Foto rechts.

*) Zulassungen:
Nach HMPC gelten frische Fichtenspitzen und Fichtennadelöl als traditionelle pflanzliche Arzneimittel.
Kommission E:
Frische Fichtenspitzen und ätherisches Öl aus den Nadeln: innerlich bei Erkältungskrankheiten der Luftwege; äußerlich bei rheumatischen Beschwerden mit einer Wärmetherapie und bei Nervenschmerzen.

Auch eine Lärche kann Blütenpracht zeigen. Die weiblichen roten Blüten werden zu den Zapfen, die in den nächsten 10 Jahren den Baum schmücken werden.

Lärche

Europäische Lärche |
Larix decidua Mill.

Die Lärche ist der Sonderling unter den Nadelbäumen. Ein lichter, heller, freundlicher Baum, der sich im Herbst von seinen Nadeln trennt, also loslassen kann. Gleichzeitig bildet die Lärche die Knospenansätze für das Frühjahr. Erst dann geht sie in den Winterschlaf. Nicht, dass die Lärche im Herbst einfach nur ihre Nadeln abwirft, sie macht zunächst auf sich aufmerksam, in dem sie geradezu ein Feuer entfacht. „Die Bäume brennen", sagen die alten Leute im Virgental. Das ganze Tal bekommt zwischen Sommerende und Winteranfang noch einmal ein leuchtendes, strahlendes Auftreten.

> Die Lärche ist ein Lichtbaum, der die Sonne an den Südhängen liebt und auch der Sonne entgegenwächst. Sie bringt uns zu Heilzwecken mit dem alten Rezept vom Lärchenpech bei Verspannungen und Erkältungen Hilfe, wirkt antibakteriell, antiinfektiös, entzündungshemmend, durchblutungsfördernd, schleimlösend und wundheilend.

Die Lärche liebt das unwegsame Gelände, wo sich die Gletscher zurückgezogen oder Muren Schutt und Steine hinterlassen haben. An den sonnigen Hängen im Virgental, wo keine Fichten mehr wachsen und sich die Latschenkiefern breit gemacht haben, da sind ihre Lieblingsplätze zu finden. Hier übernimmt die Lärche auf 1800 m Seehöhe und mehr die Absicherung der Berghänge, so dass Lawinen und Muren weniger Chancen haben. Durch die jährliche Erneuerung der Nadeln schafft die Lärche gleichzeitig die Basis für neuen Humus und die Verbesserung des Bodens. Kalk-, Quarz- oder auch Silikatgestein kommen der Lärche gerade recht. Hauptsache sie kann sich der Sonne entgegenstrecken. So ist es zu erklären, dass auf den Südhängen immer mehr Lärchen stehen als auf den Nordhängen. Das tiefreichende Wurzelwerk gibt der Lärche genügend Halt in unwegsamem Gelände. Da sie durch ihre Nadeln genügend Licht und Sonne durchlässt, wächst unter ihr alles sehr gut. So werden in Lärchenwäldern Kühe satt oder das Gras kann gemäht werden.

An den jungen Zweigen der Lärche sind im Frühjahr rötlichgelbe Kätzchen zu sehen. Das sind die männlichen Blüten. Aufrecht rot leuchtende Zapfen sind die weiblichen Blüten. Die roten Zapfen sind an den meist drei Jahre alten Nadel-Büscheln zu finden. Sie sind etwa 1 bis 3 cm hoch und kommen aus kleinen zusammengesetzten Samenschuppen. Daraus entsteht auch der bis zu 4 cm große, rundliche Zapfen. Er bleibt einige Jahre am Baum. Im ersten Jahr wirft er die reifen Samen ab.

Diese weiblichen roten Blüten gehen jetzt gerade in die Zapfen über.

ANDERE NAMEN:

Larsch, Lärchtann, Lertschine, Lörbaum, Lorche, Lörtanne, Lötschina, Schönholz

Ganz junge männliche Blüten sitzen zwischen den grünen Wipfeln. Rechts sehen wir die eine leuchtend rote weibliche Blüten.

Wirkungen

Die ganze Kraft, die die Lärche braucht, um im unwegsamen Gelände existieren zu können, bietet sie uns für unsere Gesundheit an. Ihre zarte Seite können wir erleben, wenn wir die frischen Triebe im Frühjahr ernten.

Für Heilzwecke bietet uns die Lärche ihr wertvolles Harz an, die kleinen roten Zapfen und ihre weichen grünen Nadeln. Harz wird dort entnommen, wo der Baum es freiwillig abgibt. Vorsichtig gelöst tut es dem Baum nicht weh. Das Harz wird getrocknet und gereinigt. Gereinigtes Lärchenharz kann man auch kaufen. Für jede Art von Erkältung ist das gute alte Lärchenpech ein wunderbares Heilmittel. Man kann es sehr einfach herstellen. (Seite 240)

Beim Inhalieren und Einreiben wirkt Lärchenpech schleim- und krampflösend, desinfizierend und entzündungshemmend. Festsitzender Husten oder Bronchitis können gelöst werden. Bei Verstauchungen und Verspannungen von Muskel- und Gelenkpartien wärmt und entspannt es gleichzeitig. Schmerzen und Verkrampfungen lösen sich. Lärchenpech kann sogar zur Wundheilung eingesetzt werden.

Die feinen grünen Nadeln werden im Frühjahr geerntet, um einen Sud herstellen, der Zahnschmerzen lindern und Zahnfleischentzündungen vertreiben kann. Die jungen Nadeln sind geeignet, einen Wipfel-Husten-Honig oder einen Sirup herzustellen. (Seite 215 ff.)

Ätherisches Lärchenöl kann für Bäder zur Entspannung und gegen Erkältung, für Körperöle oder in der Aromatherapie eingesetzt werden. Ein paar Tropfen in einen Diffuser oder in ein Wasser-Schälchen mit einer Kerze darunter erzeugt eine ausgleichende und aufmunternde Wirkung im Raum. Salben und Cremes können mit ätherischem Lärchenöl, das aus den Nadeln gewonnen wird, zur Hautpflege eingesetzt werden.

ÄTHERISCHE ÖLE DER KIEFERNGEWÄCHSE

Nadeln, Zweigspitzen und Äste der Kieferngewächse geben ihre ätherischen Öle durch Wasserdampfdestillation frei. So können Fichten, Kiefern und Latschenkiefern uns ihre Heilkräfte zur Verfügung stellen. Ein angenehmer, aromatisch-erfrischender Geruch sowie einen leicht bitteren, etwas kratzenden Geschmack charakterisieren diese Nadelholzprodukte. Die Öle sind allesamt klar, farblos bis schwach gelb.

Sie helfen mit Inhalationen oder Einreibungen gegen Erkältungsbeschwerden. Außerdem wirken sie schleimlösend. Mit Salben können rheumatische oder neuralgische Beschwerden durch die Förderung der Durchblutung gelindert werden.

---

*) Zulassungen:
Kommission E: Lärchenterpentin zum Inhalieren bei Katarrhen der Atemwege sowie bei rheumatischen oder neuralgischen Beschwerden
Vorsicht: Kein konzentriertes Lärchenpech innerlich oder äußerlich einsetzen.

Die Bergkiefer auf einer Höhe von 2.000 m an der Bodenalm in ihrer Blüte.

Kiefer, Latsche, Bergkiefer

> Die Latschenkiefer ist seit alters her für ihre Heilwirkung als antibakteriell, auswurffördernd, durchblutungsfördernd, entzündungshemmend, immunstabilisierend, schleimlösend und schmerzstillend bekannt. Die Volksmedizin empfiehlt ätherische Öle und das Harz bei Erkältungskrankheiten und bei Verspannungen.

Die Nadeln wachsen bei der Bergkiefer paarweise und bei anderen Kiefernarten zu 2, 3 oder 5 (Zirbe) aus einem Blattansatz. Sie sind bis zu 5 cm lang und haben eine Lebensdauer von bis zu 10 Jahren. Kein anderer Baum ist so sehr widernatürlichem Wetter ausgesetzt wie die Latschenkiefer. Sie wacht oberhalb der Täler. Dort, wo kein anderer Baum mehr existieren kann, windet sie ihre knorrigen Äste über den verwitterten Boden. Sie hält die Berghänge zusammen, auch bei Dauerregen und Lawinenabgängen. Jeder Wanderer, der an schönen Sonnentagen den Weg zum Gipfel sucht und durch einen Hang von Latschenkiefern aufwärtssteigt, zieht spätestens jetzt die oberen Zwiebelschichten aus. Die gespeicherte Wärme und der unverkennbare Duft dieser Kiefernart lässt uns richtig ins Schwitzen kommen. Es ist wie eine Hitzeglocke, getaucht in den Duft der Latsche, die über dem Hang liegt. Wege durch die Latschenhaine werden regelmäßig freigeschnitten, weil sonst nach kurzer Zeit kein Durchkommen mehr möglich wäre. Die knorrigen Wurzeln und Äste sind sehr hart und kaum spaltbar und dennoch sehr biegsam. Sie winden sich um alle Felsen und entlang unwegsamer Berghänge. Würde die Latsche sich aufrichten, wäre sie ein stattlicher Baum von 6 oder 8 m. So können wir uns auch die Heilwirkung der Latschenkiefer vorstellen. Die kostbaren Harze und ätherischen Öle richten den von einer Erkältung zermürbten Menschen auf und hilft ihm, die Schleime und den festsitzenden Husten zu überwinden. Im Harz, in Blüten und Nadeln stecken diese Inhaltsstoffe, die wir Menschen uns aus der Sicht der Volksmedizin zunutze machen können.

Kiefern oder Föhren zählen zur Ordnung der Koniferen zur Familie der Kieferngewächse = *Pinaceae*. Zur Gattung Kiefern = *Pinus L.* gehören mehr als 100 Arten, unter anderem auch die Pinie = *Pinus pinea L.*, die Waldkiefer (Föhre) = *Pinus sylvestris L.*, die Latsche, Legföhre oder Bergkiefer = *Pinus mugo TURRA*. Die Zirbe, Zirbelkiefer = *Pinus cembra L.*, gehört ebenso zur Gattung der Kiefern.

*) Zulassungen:
Kommission E empfiehlt Kiefernsprossen und Kiefernnadelöl bei innerlich katarrhalischen Erkrankungen der oberen und unteren Atemwege; Sprossen äußerlich bei Muskel- und Nervenschmerzen; Nadelöl bei rheumatischen und Nervenschmerzen (nicht anwenden bei Bronchialasthma und Keuchhusten, nie im Bereich der Augen).

RAT VON KAMILLUS

Die Blüten der Latschenkiefern sind der erste wichtige Baustein für einen Erkältungsansatz, der uns über den gesamten Winter hinweg helfen kann, ohne Husten, Schnupfen und Heiserkeit über die Runden zu kommen. Wir nehmen von den Latschen ganz vorsichtig und nur vereinzelt Nadeln und Blütentriebe ab und setzen diese in 38- oder 40%igem Alkohol an. Wenn die Wacholderbeeren da sind, nehmen wir auch davon ein paar, zerschneiden oder mörsern sie und geben sie zu dem Latschenansatz. Parallel dazu setzen wir Blüten- oder Zirbenhonig von regionalen Imkern in Alkohol an. Der Honig muss sich in dem Alkohol lösen. Beide Ansätze können jetzt stehen bleiben und weiter ausziehen. Als nächstes warten wir auf Schwarze Johannisbeeren und Holunderbeeren. Der Saft von beiden wird unseren Erkältungssaft vervollständigen. Im Winter, wenn wir merken, dass eine Erkältung kommt, wenn uns mal kalt ist oder wir uns unwohl fühlen, nehmen wir vor dem Schlafengehen bis zu einem Stamperl Schnaps und trinken den in kleinen Schlucken. Wir können auch nur 1 oder 2 EL davon nehmen und diese mit kochendem Wasser oder mit einem Tee, wie z. B. Thymian- oder Salbeitee, aufgießen. Auch hier ist wichtig: in kleinen Schlucken trinken. Wir merken sofort, wie wir durchgewärmt werden und eine wohlige Bettschwere verspüren. (Seite 229)

Ganz anders die Zirbe oder Zirbelkiefer. Sie ist ein Baum, der in erster Linie nach oben in Richtung Sonne wächst. Sie wird auch die „Königin der Alpen" genannt und wer einmal ein Zirbenmuseum besucht oder in einem Zirbenzimmer Urlaub gemacht hat, der weiß, welchen Zauber und welche Energie dieser Baum ausstrahlt. Sie wächst nicht überall. In Osttirol sind im Defereggental wunderbare Zirbenwälder zu erleben. Bis zu einer Höhe von 2500 m geben die Zirben oberhalb des Obersees den Ton an. Zwischendurch duldet sie die Lärche. Denn sie schafft, was die Zirbe nicht schafft. Die Lärche wirft ihre Nadeln im Herbst ab und legt damit die Grundlage für neuen Humus und für die Verbesserung des kargen Bodens. So sind auch für die Zirbe die jährlich herunterfallenden Nadeln der Lärche Gold wert. Ohne sie hätte die Zirbe den Luxus des sich erneuernden Bodens nicht. Die Zirbe entfaltet über ihre ätherischen Öle starke Abwehrkräfte. Sie steht auch im Wald quasi wie unter einer Glocke, unter der sich Ungeziefer erst gar nicht breit macht.

In der Mitte deutlich erkennbar die männliche Blüte einer Latschenkiefer. Sie erscheint erstmals nach 6 bis 10 Jahren und blüht dann in jedem Jahr.

Ganz typisch für die Zirbe sind ihre violetten dickrundlichen Zapfen mit sehr hohem Harzanteil.

> Zirbe oder Zirbelkiefer ist ein immergrüner Baum, der am liebsten in Höhen von 1200 und 2400 m wächst. Bis zu 20 oder 30 m wird er hoch. Seine 8 bis 9 cm langen Nadeln sind blaugrün und wachsen in Büscheln. Die Zirbe wächst sehr langsam und blüht erstmalig nach 40 bis 50 Jahren. Und dann auch nur alle 6 bis 8 Jahre. Sie ist einhäusig, d. h. sie blüht mit männlichen und weiblichen Blüten an einem Baum. Ihre rotbläulichen Zapfen hängen so hoch, dass man sie nicht erreichen kann. Erst nach drei Jahren wirft sie die Zapfen ab. Zirben verbreiten einen unglaublich wärmenden Duft, der gleichzeitig nach Wald und Nadeln, balsamisch und holzig riecht.

Die Zirbe steht unter Naturschutz. Damit ist es tabu, kostbare Produkte wie das Zirbenharz, -schnaps oder -wasser selbst herzustellen. Alle Ausgangsprodukte können wir kaufen, sie sind aus kultivierten Beständen heraus produziert.

Zirbennadeln, -triebe, -zapfen und -harz zeigen aus der Erfahrung der Volksmedizin antiseptische, antibakterielle, durchblutungsfördernde, schleimlösende, schmerzlindernde und schlaffördernde Wirkung. Für die eigene Herstellung von Arzneien können das ätherische Öl der Nadeln, Zirbenwasser und Terpentin im Handel gekauft werden.

Am Ende der Kurztriebe kommen die weiblichen Blüten der Bergkiefer, die später zu den Zapfen werden.

In Höhen von 2000 m Seehöhe und mehr ist Wacholder ein niedrig wachsender Strauch.

Wacholder

Der *Juniperus communis L.* aus der Familie der Zypressengewächse, Cupressaceae, ist ein immergrüner Strauch oder Baum. Während er im Flachland säulenartig nach oben wächst, wird er im Gebirge zu einem Strauch, der niedrig bleibt. Er wächst sehr langsam und kann bis 2000 Jahre alt werden. Botanisch gehört der Tiefwurzler zu den zapfentragenden Bäumen wie Lärche, Fichte oder Kiefer.

Wacholder liebt sonnige Magerweiden, Heiden, Felsgebüsch mit mild bis sauren Boden. Er wächst bis auf 2400 m Seehöhe. In 2800 m Seehöhe findet man den Zwergwacholder.

Die blaugrünen Blätter sind nadelförmig, stechend, etwa 2 cm lang, mit oberseitig bläulich-weißen Mittelrinnen. Die scharfen Spitzen sollen vor Fraßfeinden schützen. Nadeln sitzen mit Gelenk am Zweig in 3-zähligen Wirteln, selten in 4-zähligen. Der hohe Anteil an Kieselsäure macht die Nadeln so zäh. Typisch ist sein auffallend aromatischer Duft.

Juniperus communis L.

Die männlichen Blüten sind kleine gelbe kugelige Kätzchen, die in den Achseln der vorjährigen Nadeln wachsen.

Weibliche Blüten sind hellgrüne kleine Zapfen, die später zu den Beeren werden. Erst im dritten Jahr sind sie reif, dunkelbraun-violett.

RAT VON KAMILLUS

Wacholder ist in vielerlei Hinsicht eine wunderbare Heilpflanze. Die Beeren haben für uns eine besondere Bedeutung. Unsere Mutter stellte Wacholderbeeren in einem Topf, zur guten Hälfte gefüllt, auf den Herd. Die tagelange, gleichmäßige Wärme hat das Wacholderöl aus den Beeren gezogen, später schwimmt es oben und man kann es abschöpfen. Es war für uns das beste Mittel bei Erkältungen, ein Tropfen genügte.

Seine Wirkstoffe wie ätherisches Öl, Flavonoide, Gerbstoffe, Harz, Leukoanthocyanidine und Sesquiterpene machen seine Beeren zu einem altbekannten Heilmittel. Sie können auf Empfehlung der Volksmedizin bei Herzerkrankungen, zur Durchspülung bei Blasenleiden, bei Verdauungsbeschwerden mit Blähungen, Sodbrennen, zur Stoffwechselförderung im Zusammenhang mit Hauterkrankungen, zur Entschlackung bei Gicht, chronisch anhaltendem Rheuma, Arthritis, Arthrose mit angeschwollenen Gelenken und Muskelpartien, bei Mundgeruch durch Gastritis, zur Anregung der Schweißsekretion und bei grippalen Infekten verordnet werden.

*) Zulassungen:

HMPC werden Beeren und Öl als traditionelle pflanzliche Arzneimittel eingestuft. ESCOP und Kommission E haben positive Monographien zu Wacholderbeeren und -öl verabschiedet.

Wacholder ist geschützt. Geerntet werden dürfen die schwarzblauen Beeren. Sie werden innerlich verwendet zum Kauen, als Tee (Seite 201 f.), als Tinktur (Seite 231), als Sirup (Seite 220).

Äußerlich: ätherisches Öl wird für den Diffuser oder die Aromalampe gerne verwendet oder für Bäder und Einreibungen mit ätherischem Öl, sowie für Inhalationen (Seite 212 f.). Tägliche Anwendung durch Wacholderöl hilft Nagelpilz zu besiegen.

Wildbeeren

Wildbeeren sind gleichermaßen Heil- und Genussmittel. Ihr unnachahmlicher Geschmack lässt uns im Winter an so manche schöne Aussichten in den letzten Sommer- und Herbsttagen denken. Sie sind die heimischen Powerbeeren, die unsere Immunkräfte stärken und die freien Radikalen unschädlich machen. Darüber hinaus haben sie einzigartige Wirkstoffe, die helfen können, gegen gewisse Krankheiten anzugehen.

Weiße Preiselbeerblüten mit 4 verwachsenen Blütenblättern, nach außen gestülpt, wie kleine Glöckchen. Links: grüne Beeren der Bärentraube.

Gewöhnliche Berberitzen

Berberis vulgaris L., Berberitzengewächse, Berberridaceae

Der dornige Strauch wird bis zu 4 m hoch. Junge braunrote Zweige werden später grau. Blätter sind büschelig, quirlständig und teilweise in mehrdornige Kurztriebe umgebildet. Aus den Blattachseln kommen gelbe wunderschöne Blütentrauben. Die Dornen erschweren die Ernte der roten länglichen Beeren. Am besten zieht man Handschuhe an und streift die Beeren nach unten zum Anfang des Zweiges ab.

Da die Berberitze bis auf die Früchte durch Alkaloide als giftig eingestuft wird, erntet man nur die Beeren. Sie enthalten u. a. sehr viel Vitamin C, Anthocyane, Zucker, Pektin, Fruchtsäuren und Berberin. In der Volksmedizin werden sie empfohlen, den Appetit anzuregen und wenn ein Mittel gegen Schwangerschaftserbrechen gesucht wird. Darüber hinaus können sie die Verdauung stärken und bei Verdauungsstörungen helfen. Getrocknete und frische Früchte wirken antibiotisch und gegen Durchfall.

Die Früchte der Berberitze zählen zu den sogenannten Powerbeeren, weil sie wichtige Vitamine und Sekundäre Pflanzenstoffe wie die Anthocyane liefern.

Die gelben Blütentrauben der Berberitze leuchten von weitem. Der Busch gilt als giftig, bis auf die Beeren.

ANDERE NAMEN:

Dreikorn, Sauerdorn, Spießdorn, Spitzbeerli, Zitzerlstrauch

Die Blüten der Heidelbeere sind weniger bekannt als ihre dunklen, fast schwarzen Beeren mit wertvollen Inhaltsstoffen.

Heidelbeeren

Vaccinium myrtillus L., Heidekrautgewächse – Ericaceae

Der kleine, sommergrüne Halbstrauch wird bis zu 50 cm hoch und wächst gerne etwas schattig im lichten Unterholz und an Waldrändern. Seine wechselständigen Blätter sind kurz gestielt, eiförmig und leicht gesägt. In den Blattachseln wachsen ein oder zwei kleine hellgrün-rote oder weiße Blüten. Die schwarzen Beeren läuten im Juli bzw. August die Wildbeerenernte ein. Sie sind matt bis glänzend im Vergleich zu den Alpen-Rauschbeeren, die immer matt wie beschichtet wirken. Rauschbeeren sind innen weißlich.

Man erntet die Blätter für Tee und trocknet sie auf einem feinen Gitter. Flavone, Gerbstoffe, Arbutin, Glycoside und blutzuckersenkende Inhaltsstoffe kennzeichnen ihre inneren Werte. Die Volksmedizin empfiehlt sie als wertvolles Mittel gegen Durchfall, bei Magen- und Blasenschwäche sowie bei Hautkrankheiten wie z. B. Schuppenflechte.

Hauptinhaltsstoffe der Beeren sind Gerbstoffe, Anthocyane, Flavonoide, Fruchtsäuren, Mineralstoffe, Vitamine, Pektine und Zucker. Der blaue Farbstoff der Waldbeere wird mit dem von Rotwein verglichen. Von der Heilwirkung her sind Blätter und getrocknete Beeren von außerordentlichem Wert. Sie sind seit alters her ein wichtiges Durchfallmittel, besonders für Kinder. Tee von den Beeren ist sehr schonend, wenn das Kauen der getrockneten Beeren nicht gewünscht ist. Frische Beeren führen ab, getrocknete stopfen.

*) Zulassungen:
Nach HMPC sind getrocknete und frische Heidelbeeren als traditionelle pflanzliche Arzneimittel eingestuft.
ESCOP, Kommission E:
Getrocknete Heidelbeeren: bei unspezifischen, akuten Durchfallerkrankungen, äußerlich bei leichten Entzündungen der Mund- und Rachenschleimhaut und bei oberflächlichen Wunden.
Frische Heidelbeeren: Beschwerden und Schweregefühl in Beinen bei leichten venösen Durchblutungsstörungen, Linderung bei Besenreißern und Krampfadern mit schmerzenden Beinen, Mikroblutäderchen in den Augen, periphere Gefäßinsuffizienz.
In der Apotheke gibt es Blätter: Myrtilly folium und getrocknete/frische Beeren: Myrtilli fructus siccus/recens.

Achtung: Heidel- oder Waldbeeren sind nicht zu verwechseln mit Kulturheidelbeeren, die im Handel angeboten werden. Sie sind dicker als die wilden und nicht durch und durch blauschwarz. Wir bekommen davon keine blaue Zunge. Die Kulturvariante ist von ihren Inhaltsstoffen her nicht mit dem Reichtum der Wildform, der Heidelbeere, zu vergleichen.

ANDERE NAMEN:

Bickbeere, Blaubeere, Griffelbeere, Haselbeeri, Schnuderbeeri, Schwarzbeere, Sentbeere, Waldbeere, Zeckbeere

Preiselbeeren

Vaccinium vitis-idaea L., Heidekrautgewächse, Ericaceae

Preiselbeeren finden wir in trockenen, sauren Nadelwäldern, in Hochmooren oder auch in Zwergstrauchheiden. Die kleinen roten Beeren begegnen uns bis 2400 m Seehöhe. Der bis zu 10 cm hohe Zwergstrauch hat ledrige, wechselständige, auf der Unterseite gepunktete Blättchen mit deutlich sichtbaren Blattnerven. Der Blattstiel ist flaumig behaart. Kleine weiße Blüten sind in Trauben zusammengefasst (siehe Foto auf Seite 178). Die vier weißen Blütenblätter sind verwachsen, so dass Einzel- und mehrere Blüten wie kleine Glöckchen erscheinen. Die winzigen nach außen gestülpten Blütenblätter sind weiß, selten rosa. Die rot leuchtenden Preiselbeeren zeigen im Unterschied zur Bärentraube, *Arctostaphylos uva-ursi (L.) Spreng.*, noch die Spuren des vierblättrigen Kelchs.

Wirksamkeitsbestimmende Inhaltsstoffe der Preiselbeere sind Arbutin und Gerbstoffe, darüber hinaus Flavonoide, Phenolglykoside und Triterpene. Arbutin gilt als harndesinfizierend. In der Volksmedizin werden die Beeren bei entzündlichen Erkrankungen der ableitenden Harnwege empfohlen. Blätter werden in Mischungen von Blasen- und Nierentees eingesetzt. Häufig sind sie Ersatz für Bärentraubenblätter, weil sie einen besseren Geschmack haben.

Will man einen Tee mit den Beeren herstellen, frisch oder getrocknet, gießt man 2 bis 4 EL zerkleinerte Beeren mit kochendem Wasser auf und lässt ihn 7 Minuten ziehen. Man kann bis zu 5 Tassen von diesem Tee täglich trinken.

Preiselbeer-Früchte zeigen die Spuren des vierblättrigen Kelchs. Im Unterschied zu den Früchten der Beerentraube mit nur einem Stielchen.

An diesem Plätzchen fühlen sich Preiselbeeren wohl, man kann sie bis in den Oktober ernten. Hier: ober dem Dorfertal mit Blickrichtung auf den Großvenediger.

ANDERE NAMEN:

Fuchsbeere, Kronsbeere, Moosbeere, Riffelbeere

(Großfruchtige Moosbeere = Cranberry = Kulturpreiselbeere)

Das besondere Aroma der fast schwarzen Beeren weist auf die ungewöhnlichen Inhaltsstoffe hin: Sekundäre Pflanzenstoffe und viel Vitamin C.

Schwarze Johannisbeeren

Die Schwarze Johannisbeere hat sich lange Zeit hinter der Roten versteckt. Die Rote war in der Küche die begehrtere. In der Heilwirkung und bei den Menschen, die den süßlich-bitter-herben Geschmack eher mögen als das süß-saure der roten Schwester, hat die Schwarze heute ein kleines Comeback zu feiern.

Der 1 bis 2 m hohe Strauch hat einen charakteristischen Geruch und drei- bis fünflappige, herzförmige Blätter, die doppelt gesägt sind. Der Geruch entströmt den Öldrüsen, die sich auf der Unterseite der Blätter befinden. Blüten und demzufolge auch die Früchte sind in Trauben angeordnet. Die unscheinbaren innen gelblich-grünen Blüten werden zum Rand hin bräunlich. Die reifen tiefschwarzen Beeren haben eine relativ feste Schale. Der Saft für die Heilwirkung wird ohne Zucker hergestellt.

Für die arzneiliche Verwendung werden im Mai bzw. Juni während oder nach der Blüte Blätter geerntet. Man nimmt nur die Blattspreite. Es ist darauf zu achten, dass die Blätter ohne Pilze und Ungeziefer und noch schön grün sind. Sie werden getrocknet für Tee verwandt. Blätter enthalten u. a. Gerbstoffe, Vitamin C, Flavonoide, Proanthozyanidine und Spuren ätherischer Öle. Sie sind entsprechend der Überlieferungen ein Heilmittel, weil sie wassertreibend und hilfreich bei Schmerzattacken bei Gicht und Rheuma sind. Für Tee übergießt man 2 bis 4 g mit 250 ml kochendem Wasser, 5 bis 10 Minuten Ziehzeit, mehrmals täglich 1 Tasse

Die reifen Beeren enthalten Vitamin C in beträchtlicher Menge, Vitamin J, Vitamine der B-Gruppe, Vitamin P, organische Säuren, Pektine, Gerbstoffe, Anthozyane. Die Früchte werden von der Volksmedizin bei Husten und Heiserkeit empfohlen, vorbeugend gegen Erkältungskrankheiten sowie bei akuten und chronischen Durchfällen. Auch bei Keuchhusten hat sich der Saft der Schwarzen Johannisbeeren als sehr heilsam erwiesen.

Ribes nigrum L., Stachelbeergewächse, Grossulariaceae

RAT VON KAMILLUS

Saft von Schwarzer Johannisbeere und Schwarzem Holunder ist ein wesentlicher Baustein meines guten Tropfens gegen Erkältung und zur Stärkung des Immunsystems. Dabei wird ein alkoholischer Ansatz von den Blüten der Latschenkiefer und von Knospen der Wacholderbeere gemischt mit in Alkohol gelöstem Berghonig und Saft von Schwarzer Johannisbeere sowie von Schwarzem Holunder. Voraussetzung ist, dass beide Säfte ohne Zucker hergestellt wurden. Man trinkt von diesem Erkältungssaft ein Stamperl am Abend vor dem Schlafengehen. (Seite 229)

ANDERE NAMEN:

Albeere, Alpenbeere, Bocksbeere, Gichtbeere, Salbeere, Schwarze Zeitbeere, Stinkstrauch, Wanzenbeere

Blätter: Gichtbeerblätter, Ahlbeerblätter, Cassistee

---

*) Zulassungen:
Nach HMPC sind Schwarze Johannisbeer-Blätter als traditionelles pflanzliches Arzneimittel eingestuft.
ESCOP: unterstützend bei rheumatischen Erkrankungen, bei leichten Gliederschmerzen, zur Erhöhung der Harnmenge und damit zur Durchspülung der Harnwege, unterstützend bei leichten Harnwegsbeschwerden und bei rheumatischen Erkrankungen
Droge in der Apotheke: Schwarze Johannisbeerblätter, Ribis nigri folium

Vogelbeeren oder Eberesche

Sorbus aucuparia L., Rosengewächse, *Rosaceae*

Der Vogelbeerbaum kann eine stattliche Höhe von bis zu 15 m erreichen. Seine feinduftende weiße Doldenblüte ist eine willkommene Abwechslung für Insekten. Die Beeren sind ein echtes Festessen für viele Vögel, die wie der Mensch die Kraft der Beere für den bevorstehenden Winter lieben. Die Volksmedizin empfiehlt einen Ebereschentee aus den getrockneten Beeren, wenn es um Halsschmerzen und Heiserkeit geht. Die Beeren sind ein echtes Stärkungsmittel für den Winter. In dem Fruchtfleisch sind antimikrobielle Substanzen (auch gegenüber Krankenhauskeimen) enthalten. Früchte enthalten Bitterstoffe, Carotinoide, Gerbstoffe, Flavonoide (Anthocyane), Pektin, Phenolsäuren. So kann man z. B. mit den Früchten den Lymphfluss anregen und Entzündungen hemmen. Zusätzlich wirken die Beeren reizmildernd, verdauungsfördernd, abführend und entgiftend. Getrocknete Beeren sind ein echter Grippevorbeuger und sehr lecker im Winter zum Knabbern.

Getrocknete Vogelbeeren sind ein gesunder Snack, gut für das Müsli und wunderbarer Nährstoffspeicher für den Winter.

Lange für giftig gehalten, sind Vogelbeeren aufgrund der Vielfalt ihrer Inhaltsstoffe heute eine kostbare Frucht für den kommenden Winter.

ANDERE NAMEN:

Äbsche, Stinkesche, Chrotteberrri, Gimpelbeer, Amsel-, Drossel, Krähenbeere, Sperberbaum, Zippenbeer

Walderdbeeren

Die Walderdbeere zählt zu den Rosettenstauden, die mit einer Höhe von 10 bis 20 cm reichlich Ausläufer bildet. So sehen wir manchmal ganze Gebiete mit diesem Rosengewächs. Die langgestielten, dreizähligen Blätter sind grob gesägt, oben hellgrün, auf der Unterseite mehr weißlich bis graugrün und behaart. Wie für alle Rosengewächse typisch sind fünf weiße Blütenblätter in fünf grünen Kelchblättern mit einem Außenkelch zu sehen. Die Blütenblätter sind rundlich oder eiförmig. Nach der Befruchtung wird der Blütenboden fleischig, es bildet sich die Scheinfrucht, die nach außen hin die kleinen, harten, gelben Nüsschen zeigt. Die Kelchblätter sind zurückgeschlagen und charakteristisch für die kleinen roten Früchte. An ihnen kann man die Erdbeere festhalten und genüsslich hineinbeißen.

Blätter und Früchte werden heilkundlich verwendet. Die Blätter ernten wir für einen weniger gerbstoffhaltigen, leckeren Tee im Frühjahr. Die Früchte sind am heilsamsten, wenn sie ganz frisch gegessen werden.

Blätter enthalten Gerbstoff, wenig ätherisches Öl, Vitamin C und Flavone. Die reifen Früchte sind gekennzeichnet durch ihren hohen Vitamin-C-Gehalt, Anthozyane, Gerbstoffe, viele Mineralstoffe und weitere Vitamine. Hervorzuheben sind Folsäure, Kalium und Mangan.

Blätter und Wurzeln werden als Tee zum Gurgeln bei entzündeten Schleimhäuten, zur Kräftigung des Zahnfleisches und bei Magen- und Darmstörungen sowie bei Gelbsucht empfohlen. Die frischen Früchte empfiehlt die Volksmedizin bei Leber- und Gallenproblemen sowie bei Gicht. Wer sich über eine reiche Ernte freut, kann sie als Kur bei einer überbeanspruchten Leber genießen.

Droge in der Apotheke: Erdbeerblätter, *Fragariae folium*.

Fragaria vesca L., Rosengewächse, *Rosaceae*

Zur Zeit der Walderdbeerblüte interessieren uns die Blätter, die wir für Tee sammeln und trocknen.

ANDERE NAMEN:

Besingkraut, Darmkraut, Erbern, Flohbeere, Grasbeere, Hafelsbeere, Knackbeere, Rotbeere, rote Besinge

Schon die Kinder sind fasziniert von den kleinen Früchten. Es ist nicht nur der Geschmack, auch die Inhaltsstoffe sind sehr wertvoll.

s, was
tut und heilt

…Pflanze ist kein isolierter Stoff. Es handelt sich im…
…elstoffgemisch (Seite 22). Jeder von uns ist gefordert,
…d ihren Wirkungen eigene Erfahrungen zu sammeln.
…amit, die nachfolgenden Anregungen auszuprobie-
…e Wirkungen zu testen. Tritt nicht das ein, was wir
…n wir den Mut haben, etwas anderes auszuprobieren.
…nd Heilpraktiker sind die richtigen Ansprechpartner,
… und die Erfahrungen zu teilen.

…den Rezepte und Informationen stammen aus dem
…ngsschatz von Kamillus und aus der gemeinsamen
…basierend auf den Erfahrungen der Volksheilkunde.

Sie sind grün, blühen in vielen Farben, tragen unendliche Früchte, Samen oder knorrige Wurzeln – die Akteure in der Pflanzenwelt haben viel zu bieten. Hier sehen wir die Echte Goldrute im Kreise von Lärchenzweigen.

Frisch und knackig und ohne Schadstellen oder Befall sind die Pflanzenteile, die pur als Heilmittel verwendet werden, wie diese Meisterwurzblätter.

Pflanze pur als Heilmittel

Die Heilwirkung geht von den Inhaltsstoffen der Pflanze aus. Also ist das Blatt selbst oder eine klein gehäckselte Pflanze bzw. sind Teile von ihr ebenso ein Heilmittel. Die Wirkung kann stärker sein als bei einem Auszug, da wir es mit einer anderen Konsistenz und einer höheren Konzentration zu tun haben.

Die Auflage eines Blattes oder Pflanzen- bzw. Wurzelbreis zur Schmerzlinderung oder zur besseren Heilung hat sich früher sehr bewährt, wie Kamillus in vielen Jahren erfahren hat.

RAT VON KAMILLUS

Wenn die Beine weh tun oder man eine Wunde hat, die nicht heilen will, können wir ein frisches Meisterwurzblatt oder auch mehrere nehmen. Je nach Größe der Hautpartie legen wir ein Blatt dorthin, wo es weh tut, und fixieren es mit einem Tuch. So kann die Wirkung vom Blatt direkt in die Haut übergehen. Diesen Blattverband lassen wir 30 bis 60 Minuten oder über Nacht einziehen.

Wenn wir im Winter nur getrocknete Pflanzen haben, legen wir die Blätter zunächst in warmes Wasser, weichen sie 10 Minuten ein und können sie dann wie frische verwenden.

Im Sommer ist eine frisch geriebene Beinwellwurzel oder ein frisches Beinwellblatt eine wunderbare Schmerzlinderung bei Verstauchungen. Auch getrocknete Wurzeln kann man auf diese Weise nutzen. Man mahlt die Wurzel, weicht dieses Pulver in Wasser ein und legt mit diesem Brei einen Verband an.

Meisterwurzblätter können getrocknet und wie frische verwendet werden. In warmem Wasser eingeweicht, werden sie fast zu frischen Blättern.

Mit Meisterwurzblättern gegen schlecht heilende Wunden: Einfach einige frische Blätter mit einem Verband an der Stelle fixieren und wirken lassen.

Blätterverband

Wir können die Kraft der Blätter z. B. als Direktverband nutzen:
- Meisterwurzblätter bei schlecht heilenden Wunden
- Beinwellblätter bei Verstauchungen, dicken Knien oder Knöcheln
- Schafgarbenblätter auf offene oder schlecht heilende Wunden
- Spitzwegerich bei Stichen und Entzündungen; alles was heiß ist, wie Brennnesselstich, Insektenstich, Sonnenbrand

Und so geht es:

Wir schneiden frische Blätter, die grün, knackig und nicht befallen sind, ohne Beschädigungen ab. Einwandfreie Pflanzenteile sind bei einem Blätterverband besonders wichtig. Es könnte sonst zu Entzündungen kommen. Man nimmt zwei Stück Folie, die größer als die schmerzende Fläche sind, legt das Blatt auf die eine Folie und deckt mit der anderen Folie ab. Mit einem sauberen Rollholz plättet man das Blatt bis Pflanzensaft austritt, nimmt eine Folie ab und legt das Blatt mit der Folie nach oben auf die Wunde. Die Folie kann mit einem Handtuch fixiert werden, so dringt der Pflanzensaft besser ein. Wer Folie nicht mag, kann sie auch weglassen und nur ein Baumwolltuch verwenden. Ideal wäre statt Folie ein mit Bienenwachs getränktes Baumwoll- oder Leinentuch (umweltfreundliche Variante von Folie im Handel erhältlich und leicht selbst herzustellen).

Intensiver wird die Wirkung, wenn wir den Pflanzensaft der Blätter zwischen zwei Folien mit einem Rollholz aktivieren und dann ohne Folie die Blätter an der Stelle mit einem Verband fixieren.

> **TIPP VON LIESA**
> Große, schöne Blätter haben oft dicke Adern. Die schneidet man mit einem scharfen Küchenmesser flach ab, bis sie die Blattdicke erreicht haben. So kann das Blatt gleichmäßig mit dem Rollholz geplättet werden.

Pflanzensaft gegen Stiche und Verbrennungen

Brennnessel- und Insektenstiche, Sonnenbrand und Verbrennungen kleiner Flächen können mit dem Pflanzensaft von Spitz- oder Breitwegerich äußerlich gelindert bzw. „weggezaubert" werden. Die Pflanzen können mit ihren Gerb- und Bitterstoffen u. a. den Schmerz lindern, kühlen und oberflächlich die Verletzung der Haut heilen. Spitzwegerichblätter sind besonders einfach zu handhaben, weil sie eine lanzettliche Form haben.

Das beste Mittel gegen Stiche sind frische Spitz- oder Breitwegerichblätter. Als erstes suchen wir 3 bis 5 schöne Blätter.

Und so geht es:

Wir suchen uns fünf schöne, lange Spitzwegerichblätter und schauen, dass sie sauber und unbeschädigt sind. Dann verknoten wir sie in der Mitte, so dass ein Blatt-Knäuel entsteht. Dieses reiben wir zwischen beiden Handflächen so lange, bis der Pflanzensaft austritt. Dieser Saft heilt und kühlt. Wir legen eine feuchte Hand auf die betroffene Stelle, reiben die Blätter weiter zwischen den Handflächen und gehen wieder mit einer Hand auf die wehe Stelle. Der Pflanzensaft beginnt zu wirken. Nicht reiben, einfach nur die Feuchtigkeit auf die Haut geben. Wir wiederholen das so lange, bis der Schmerz weg ist. Dazu können neue Blätter direkt oder später benutzt werden. Schwellung, Rötung oder Stich gehen nach kurzer Zeit weg – man kann quasi zuschauen. Wenn kein Wegerichblatt in der Nähe ist, kann eine entsprechende Creme verwendet werden (Seite 244).

Wir verknoten sie in der Mitte und schon ist das Zaubermittel gegen Mücken-, Insekten- und Brennnesselstiche fertig: Reiben und Handauflegen.

Frischpflanzensaft

Eine Frühlingswiese bietet alles, was ein Frischpflanzensaft braucht: Löwenzahn, Sauerampfer, Quendel, Ackerstiefmütterchen, Schafgarbenblätter u. v. m.

Eine Möglichkeit, die Kraft frischer Pflanzen innerlich zu nutzen, bietet Frischpflanzensaft. Er ist von seiner Wirkung her intensiver als ein Teeaufguss, es sind jedoch einige Punkte zu beachten.

Und so geht es:

Ein Frischpflanzensaft kann auf unterschiedlichen Wegen hergestellt werden. Kraut, das frisch, saftig und grün ist, wird entweder mit Messer und Stabmixer zerkleinert, dann mit Wasser oder Tee verdünnt, abgesiebt und gut ausgedrückt, oder, wenn vorhanden, mit einem Entsafter ausgepresst.

Die Problematik liegt im Wort selbst: „Frisch" muss der Frischpflanzensaft sein, d. h., es muss täglich Kraut gesammelt, sortiert, gewaschen und der Saft hergestellt werden. Man trinkt ihn, z. B. von Brennnesseln, immer verdünnt, verrührt mit der fünffachen Menge Wasser oder Tee.

- 1 EL Frischpflanzensaft, 5 EL Wasser oder Tee. Eine solche Kur kann bis zu 2 Wochen dauern.

Einfacher ist es, den Frischpflanzensaft im Reformhaus oder in der Apotheke zu kaufen. Dieser ist so portioniert, dass eine Packung für 8 bis 10 Tage reicht. Die Flasche ist im Kühlschrank aufzuheben. Wichtig ist auch hier die Verdünnung mit Wasser oder Tee zur besseren Verwertbarkeit und Verdaulichkeit.

Eine Alternative: Man püriert täglich z. B. wenige Blätter Löwenzahn, Brennnesseln, u. a. für eine Frühjahrskur zusammen mit einem Stück Apfel oder einer Möhre und verrührt 1 EL davon mit 5 EL Wasser, Tee oder Buttermilch (gesäuerte Milch).

Brennnessel, Löwenzahnblatt, Sauerampfer und Blüten werden im Steinmörser für den Frischpflanzensaft bearbeitet.

Tee – Trinken, Inhalieren und mehr

Tee kann sowohl Getränk als auch Heilmittel sein. Zur kontinuierlichen Flüssigkeitsaufnahme rückt Kräutertee immer mehr in den Mittelpunkt. Das bedeutet, dass wir mit dem Überbrühen von Kräutern einen Auszug bekommen, der den Durst löscht, die tägliche Flüssigkeitsaufnahme sichert und gleichzeitig den Körper motiviert, seine Selbstheilungskräfte zu mobilisieren. Einen Kräuteraufguss können wir ebenso für ein Bad, auch ein Arm- oder Fußbad, für eine Kompresse oder zum Waschen nutzen. Beim Herstellen von Tee ist zu beachten:

- Das Wasser muss zunächst einmal kochen. Man brüht den Tee sofort auf, wenn es nicht erstrangig um die ätherischen Öle geht. Will man diese weitgehend erhalten, lässt man das Wasser einen Moment (1–2 Minuten) stehen und gießt es dann auf.
- Es ist vorteilhaft, wenn die Siebe zum Aufbrühen den Kräutern viel Raum geben, damit sie sich im Wasser gut entfalten und ihre Aromen und Heilkräfte freigeben können. Ein Tee-Ei z. B. könnte zu klein sein. Optimal ist, die Kräuter in einer Schüssel aufzugießen, abzudecken und nach der Ziehzeit mit einem Sieb aus Plastik abzuseihen.
- Wenn wir den aufgebrühten Tee sofort abdecken, können wir die ätherischen Öle erhalten. Sie sind sehr flüchtig und entweichen sofort, wenn wir sie nicht daran hindern. Nach der Ziehzeit klopfen wir den Deckel gut ab, damit die Tropfen ätherisches Öl in den Tee zurückgehen.
- Ob man den Tee dann heiß, warm oder kalt verwendet, das bleibt jedem selbst überlassen. Für den Magen ist die Mitte das optimale: Ohne uns zu verbrennen trinken wir den Tee so warm wie möglich. So kann er seine Kräfte entfalten und uns innerlich wärmen.
- Ob ein Tee heiß oder kalt angesetzt wird, hängt davon ab, welche Wirkstoffe wir ausziehen wollen. Bitterstoffe, Gerbstoffe u. a. können mit kochendem Wasser ausgezogen werden, Schleimstoffe oder zarte Blüten werden mit einem Kaltauszug aufgegossen. Aus Königskerzenblüten, Eibisch, Malve oder auch Isländisch Moos wünschen wir uns zur Schmerzlinderung und Heilung bei Halsentzündungen und Husten die Schleimstoffe.
- Ob ein Tee gesüßt wird, hängt davon ab, ob es ein Heiltee oder ein Genusstee ist. Inhaltsstoffe können vom Körper nur optimal aufgenommen werden, wenn die Kräuter pur bleiben. Heiltees werden grundsätzlich nicht gesüßt. So lässt beispielsweise die Wirkung von Bitterstoffen nach, wenn ein Tee gesüßt wird.
- Tee zur äußeren Anwendung wie Mundspülungen oder Kompressen kann in derselben Konzentration aufgebrüht werden. Man kann die Ziehzeit evtl. bis zu 15 Minuten verlängern. Bei großer Empfindlichkeit kann man bis zur Hälfte mit Wasser verdünnen.

> Alle Mengenangaben oder Empfehlungen gelten für Erwachsene. Im Krankheitsfall oder bei Schwangerschaft ist in jedem Fall ein Heilpraktiker oder ein Naturheilarzt zurate zu ziehen. Für Kinder gelten andere Empfehlungen. Manche Kräuter, wie z. B. Pfefferminz, oder deren Produkte sind von Kindern grundsätzlich fernzuhalten.

- Tee-Grundmenge: auf 250 ml Wasser 1 EL oder 2 TL Kräuter oder am einfachsten: die Menge, die man mit Fingerspitzen greifen kann
- Tee-Ziehzeit: im Durchschnitt 5 bis 10 Minuten

RAT VON KAMILLUS

Ich empfehle, jeden Tag, vor allem über den Winter hinweg, eine Tasse „Tee für deine Gesundheit" zu trinken. Das bringt täglich eine vielfältige Information für den Körper zur Aktivierung der Selbstheilungs- und zur Steigerung der Immunkräfte vor der Grippesaison.

Bei der Kräuter-Vielfalt für Tee und Aufgüsse heißt es „Gewusst wie": Wie setzen wir Kräuter in welcher Kombination für Wohlergehen und Gesundheit ein?

Tee für deine Gesundheit
Kamillus' Fünf-Säulen-Tee

Das sind die Zutaten für eine Kräutermischung von 120 bis 140 g:

TEE FÜR DEINE GESUNDHEIT:	KRÄUTER, GETROCKNET, MENGE ZUM MISCHEN	KERNBOTSCHAFT DER EINZELNEN KRÄUTER
Schafgarbe, Kraut	50 g	Vermittlerin zwischen Himmel und Erde
Kamille, Blüten	20 g	Wohltuend universell – aus Erfahrung gut
Wermut, Kraut	10 g	erste Hilfe bei Magen- und Darmproblemen, bei Grippe
Isländisch Moos, gesamte Flechte	20 g	Heilendes für Leber, Galle und Lunge
Johanniskraut, Kraut	20 g	nervenstärkend, besonders geeignet bei Gastritis
KRÄUTER ZUM VERFEINERN ZUSÄTZLICH JEWEILS:		
Echte Pfefferminz, Kraut (nicht für Kinder)	20 g	Duft, der heilt
Holunder, Blüten	20 g	Sonne des Frühsommers für das Immunsystem
Frauenmantel, Kraut	20 g	zum Ausgleich der Hormone für Mann und Frau
Zitronenmelisse, Kraut	20 g	ausgleichend, aufbauend
Brennnessel, Blätter	20 g	anregend, ausleitend
ZUR STÄRKUNG DES IMMUNSYSTEMS ZUSÄTZLICH JEWEILS		
Meisterwurz, Blätter	20 g	Meisterin aller Wurzen und Kräuter
Meisterwurz, Wurzel, sehr fein geschnitten ***)	10 g	bitter im Mund ist dem Magen gesund
Engelwurz, Wurzel, sehr fein geschnitten ***)	10 g	Zauber-Schutz-Wurz bei Angst, Brust- und Magenweh
Wacholder, Beeren, gestoßen ***)	10 g	geballte Kraft für Auftrieb, sorgt für Ordnung

Tees mit speziellen Wirkungen

TEE MIT SPEZIELLER WIRKUNG – BEISPIELE	KRÄUTER, GETROCKNET, MENGE ZUM MISCHEN	KERNBOTSCHAFT DER EINZELNEN KRÄUTER
BEI ERKÄLTUNG, HUSTEN, HEISERKEIT	120 g	
Quendel/Thymian, Kraut	20 g	Streicheleinheiten für die Bronchien
Vogelbeeren getrocknet, gestoßen	20 g	Energie und Abwehrkräfte
Spitzwegerich, Blätter **)	20 g	Schmerzstiller für den oberen Hals
Königskerze, Blüten**)	10 g	Wohltat für den Schmerz im Hals
Schlüsselblumen, Blüten mit Kelch **)	10 g	Sanftheit des Frühlings für den Winter (Erkältung)
Käsepappel, Kraut **)	10 g	samt für alles, was weh tut (Erkältung)
Eibisch, Blätter, Wurzel **)	10 g	Gegensteuern mit der Kraft der Pflanzenschleime
Isländisch Moos **)	20 g	Löser durch Schleimstoffe
BEI VERDAUUNGSSTÖRUNGEN, FÜR MAGEN, DARM, LEBER, GALLE	120 g	
Wermut, Kraut	20 g	bitter mit wenig Reizstoffen
Schafgarbe, Kraut	40 g	Bauchwehkraut beruhigend und Säfte anregend
Kümmel, gestoßen	10 g	Streicheleinheiten
Isländisch Moos als Bitterstofflieferant	10 g	Bitterstoffe für die Anregung
Pfefferminz, Blätter	10 g	Anregung der Säfte
Kamille, Echte	20 g	beruhigend und ausgleichend
Wacholder, Beeren, gestoßen	10 g	geballte Kraft für Auftrieb, sorgt für Ordnung
BEI MATTIGKEIT, ZUR STÄRKUNG		
Hagebutten, kleingeschnitten, gemörsert	20 g	belebend feine Säure

**) Aus diesen Kräutern/Wurzeln wollen wir die Schleimstoffe herausziehen. Deshalb setzen wir diese mit kaltem Wasser an, lassen es 1–2 Stunden oder über Nacht ziehen, erwärmen den Sud und seihen ihn ab.

***) Getrocknete Beeren und Wurzeln immer erst im Mörser zerstoßen und dann aufgießen oder ansetzen. Wurzeln und Beeren brauchen 10–15 Minuten Ziehzeit.

Und so geht es:

Blätter, Stängel und Blüten können als Ganzblatttee oder gerebelt verwendet werden. Rebeln heißt, schnell und schonend das trockene Kraut zerkleinern. Wurzeln müssen frisch, vor dem Trocknen, kleingeschnitten werden. Sind sie schon trocken, kann man sie mahlen.

1 EL oder 2 TL getrocknetes Kraut rechnet man im Durchschnitt für 250 ml kochendes Wasser. In der Regel beträgt die Ziehzeit 5–10 Minuten, Blüten brauchen weniger Zeit, Mischungen mit Wurzeln bis 15 Minuten.

Verwendet man Blätter, Blüten oder Kraut frisch, rechnet man 10–30 Prozent mehr an Menge.

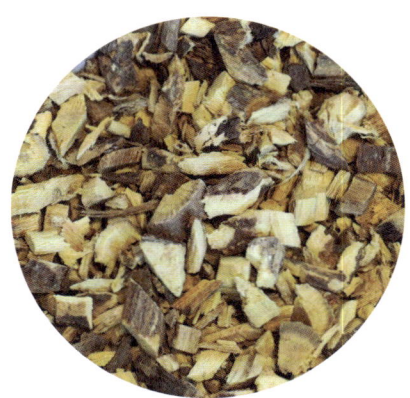

Süßholzwurzel der bessere Zucker? Mit ihr können wir Tee süßen ohne Zucker. Sie macht den Tee etwas süßlich mit einer Prise Lakritzgeschmack.

SÜSSHOLZWURZEL ZUM SÜSSEN VON KRÄUTERTEE

Wir können Tee mit der Wurzel vom Echten Süßholz (*Glycyrrhiza glabra* L.) süßen, das verändert nicht die Wirkung von Bitter- oder anderen Wirkstoffen. Süßholzwurzel kaufen wir in der Apotheke: Liquiritiae radix. Das sind kleine Wurzelstücke, die nicht nur Tee wunderbar süßen, sie können bei Erkältung und Gastritis helfen. Auch hier gilt, die Menge macht das Gift. Also sparsam und nur ab und zu mit Süßholz süßen. Vorsicht bei Bluthochdruck, Diabetes, Nierenproblemen oder in der Schwangerschaft.

RAT VON KAMILLUS

Bitterstoffanteile machen Kräutertee, wenn er 10 Minuten zieht, teilweise sehr bitter. Wer das nicht gewohnt ist, kann sich zur Eingewöhnung etwas Zeit nehmen: Am 1. Tag lässt man den Tee 3 Minuten ziehen, am 2. Tag 4 Minuten usw. Auch mit der Menge kann man variieren. Damit gewöhnt man sich langsam an die ungewohnte Geschmacksrichtung „bitter".

Kamillus-Tee für deine Gesundheit: zur Stärkung des Immunsystems und zur Abwehr in der Erkältungszeit. Bitterstoffe heißt das Zauberwort.

Tees mit speziellen Wirkungen

Hustentee

ZUTATEN:

- Insgesamt 4 EL:
- 2 oder 4 EL klein gerebeltes Isländisch Moos

  bzw. 2 oder 4 EL klein geschnittene Eibischwurzel, -blätter, -blüten
- 1,5 l Wasser

Schleimstoffe von Isländisch Moos und Eibischwurzeln legen sich schützend auf die Schleimhäute, lassen sie abschwellen und nehmen den Schmerz. Schleimstoffe lösen sich nur in kaltem Wasser.

> **Generell gilt:** Kaltansatz löst vorwiegend Schleimstoffe, Heißansatz Bitterstoffe und Gerbstoffe.

Und so geht ein Kaltauszug, ein Mazerat:

Die Pflanzenteile werden getrocknet oder frisch mit kaltem Wasser bei Zimmertemperatur angesetzt, abgedeckt, 2 Stunden oder über Nacht ruhen gelassen, bevor entweder

- angesetzte Kräuter mit Wasser erwärmt und abgeseiht oder
- die abgeseihte Flüssigkeit auf die gewünschte Temperatur erhitzt wird.

Kaltaufguss braucht Zeit. Ergebnis sind die wertvollen Schleimstoffe, die auf diese Weise aus Eibischwurzel, -blätter und -blüten gewonnen werden.

Holunderblüten-Erkältungstee

ZUTATEN:

- Zum Schwitzen 2 EL Holunderblüten, evtl. etwas Holunderblatt dazu

  oder zur Vorbeugung 1 TL Holunderblüten

- 250 ml Wasser

Blüten vom Schwarzen Holunder können uns echt ins Schwitzen bringen oder über den Winter hinweg vor Erkältung schützen.

Deshalb sind sie, wenn man sich erkältet oder angesteckt fühlt, genau richtig, um das, was sich anbahnt, herauszuschwitzen. Es ist dann sinnvoll, Schwitztee zu trinken, wenn man sich anschließend warm einpacken und hinlegen kann.

Das Aroma der Blüten gibt einem Teeaufguss einen sehr feinen Geschmack. Er ist den Winter über als leckerer Tee täglich willkommen. Gleichzeitig ist er eine gute Vorbeugung.

Und so geht es:

Man übergießt die Blüten mit kochendem Wasser, lässt sie 6 bis 8 Minuten ziehen und seiht sie ab. Zur Vorbeugung reicht eine Ziehzeit von 3 bis 4 Minuten.

Holunderblüten im Winter: lecker und heilsam zugleich, als Tee zum Schwitzen oder zum Genießen.

RAT VON KAMILLUS: KUR MIT HEILTEE

Es ist ratsam, eine Kur mit Heilkräutertee über 3–6 Wochen konsequent durchzuführen. Dann sollte man eine Pause einlegen, damit der Körper sich nicht an diese Impulse gewöhnt, sondern selbst aktiv bleibt. Eventuell kann man zu einem späteren Zeitpunkt noch einmal starten.

Das gilt z. B. für eine Löwenzahn-Frühjahrskur, eine Schafgarbenblüten-Kur vor und nach Operationen, eine Goldrutentee-Kur bei Blasenschwäche oder -entzündungen, eine Frauenmantelkur bei Menstruations- oder Wechseljahrbeschwerden oder eine Meisterwurzwurzel-Teekur für die Verdauung.

Entschlackungstee

Vor allem im Frühjahr ist es ratsam, sich mit entsprechenden Kräutern für eine Entschlackungskur zu entscheiden. Nach dem Winter kann der Körper „frisch geputzt" in den Sommer starten. Z. B. trinkt man über 3–6 Wochen hinweg morgens und mittags je eine Tasse.

TIPP VON LIESA

Es ist einfach, Löwenzahnwurzeln zu ernten. Wenn man die Bitterstoffe sucht, gräbt man im Frühjahr nach den Wurzeln. (Seite 120 f.)

Man kann statt frischer Wurzeln und Blätter natürlich auch getrocknete verwenden und diese in der Apotheke kaufen. Damit die Wurzelanteile höher sind, bestellen wir 100 g Kraut mit Wurzeln (Taraxaci radix cum herba) und 100 g Wurzeln separat. In dieser Mischung sind der Wurzel- und damit der Bitterstoffanteil höher als wenn wir nur das Kraut nehmen.

Löwenzahn-Tee

Und so geht es:

Kraut und Wurzel übergießt man mit kochendem Wasser und lässt alles 8–15 Minuten ziehen. Nach dem Abseihen trinkt man den Tee am besten, wenn er noch gut warm ist.

ZUTATEN:

- 1-2 TL Löwenzahnwurzel und -kraut, getrocknet
  oder 1 EL frische Blätter und 1 TL Wurzel, beides kleingeschnitten
- 250 ml Wasser

Frühjahr/Frühsommer ist ideale Löwenzahnerntezeit: Wir können die Pflanzen mit samt der Wurzel herausziehen, säubern, schneiden und trocknen.

Frühjahrstee

ZUTATEN:

- 25 g Brennnesselkraut
- 25 g Löwenzahnkraut und -wurzel
- 15 g Birkenblätter
- 10 g Erdrauch
- 10 g Pfefferminzblätter

Man kann sich diese Mischung in der Apotheke zusammenstellen lassen oder selbst suchen.

1 Portion Tee: 1 gehäufter TL Kräuter, getrocknet, oder 1 EL frische Kräuter, kleingeschnitten, 250 ml Wasser

Und so geht es:

Alle Kräuter kann man selbst ernten, putzen und zum Trocknen auslegen und täglich davon eine Mischung als Tee aufgießen. Nach 8–10 Minuten seiht man ab. Man trinkt morgens und nachmittags je eine Tasse.

Da Erdrauch Alkaloide enthält, geben Apotheken jeweils nur 10 g ab. Er hat auf die Galle eine sehr positive Wirkung, deshalb ist er für einen Entschlackungstee gut geeignet. Wächst Erdrauch im Garten, trocknet man das Kraut und geht in der Dosierung damit ebenfalls sehr sparsam um: höchstens 10 % Anteil an der gesamten Teemenge.

Erdrauch wirkt ausgleichend auf die Gallenproduktion und gilt als verdauungsfördernd. Wegen der Alkaloide dosieren wir nur sehr vorsichtig und nur für kurze Zeit.

Verdauungs-Wurzeltee

Tonisierend und Magen ausgleichend ist Meisterwurz-Tinktur, ein Wurzelansatz mit Alkohol (Seite 223). Will man jedoch keinen Alkohol zu sich nehmen, kann ein Tee zur Unterstützung der Verdauung, auch als einwöchige Kur, hilfreich sein.

ZUTATEN:

- 8 g Meisterwurzwurzel, sehr fein geschnitten oder pulverisiert
- 1 l Wasser als Tagesportion

Und so geht es:

Wurzeln mit kochendem Wasser übergießen und bedeckt erkalten lassen. Abseihen oder durch ein Filterpapier gießen. Tee auf Trinktemperatur erwärmen, 1 Portion trinken, den anderen Tee warmhalten und über den Tag hinweg, immer 1/2 Stunde vor dem Essen, trinken.

Wenn sich nach einer Woche Wurzelkur keine Besserung einstellt, einen Arzt aufsuchen.

Augentrost, *Euphrasia*, kann aufgrund antibakterieller, entzündungshemmender und reizmindernder Wirkstoffe der Bindehaut der Augen guttun.

Kräuteraufgüsse – Wohltat und Heilung

Kräuteraufgüsse können sowohl innerlich als auch äußerlich als Wohltat oder zur Heilung angewendet werden. Die bekannten Wirkungen von Kräutern, einzeln oder als Mischung, werden über Aufgüsse, kalt oder warm, genutzt. Die in allen Pflanzenteilen enthaltenen ätherischen Öle ziehen auch über die Haut ein.

ANWENDUNGEN, BEISPIELE	KURZBESCHREIBUNG	KRAUT/KRÄUTER U. A.	SYMPTOM, WIRKUNG U. A.
Rollkur	Heißaufguss, der über die Bewegung, das Rollen, des Körpers die Wirkung der Kräuter bis in die letzte Fuge des Magens bringt	Kamillenblüten	bei Magenbeschwerden
			beruhigend, krampflösend, entzündungshemmend
Kompresse	Kräuteraufguss kalt, auf ein Tuch oder Mull gegeben	Rosenblüten	Hautbeschwerden
			belebend, kühlend, heilend
	Kräuteraufguss heiß, auf ein Tuch oder Mull geben	Meisterwurzblätter oder Schafgarbenkraut	Wundauflage, Heilung fördernd, keimtötend
Bäder, Teil- (Fußbad, Arm-, Handbäder), Voll- oder Sitzbad	Baden in einem verdünnten Kräuteraufguss	Fichten-, Kiefern-, Lärchennadeln	bei Erkältungskrankheiten ein Bad mit Aufguss von Nadeln
	auch unterstützend durch ätherische Öle, die mit wenigen Tropfen, in 2 EL Sahne verrührt, dem Badewasser hinzugefügt werden können	Beifußkraut	bei müden Füßen und angespannten Beinen
		Frauenmantelkraut	Sitzbad bei Bauchkrämpfen zur Entspannung
Waschungen	mit einem in Kräuterteeaufguss getränkten Tuch werden einzelne Körperteile gewaschen	Acker-Stiefmütterchen mit Gänseblümchen	wunde Kinderpopos oder raue Hautpartien von Kleinkindern
		Kamillenblüten	raue, kranke Haut
		Meisterwurzblätter oder Schafgarbe	entzündete Hautpartien
Augenkompresse	Teeaufguss für Kompresse	Augentrostkraut	bei trockenen Augen, ausgleichend, beruhigend
Gurgeln	Heißaufguss	Thymian	desinfizierend bei Erkältung
		Isländisch Moos, Gänsefingerkraut	
Dampfbäder, Inhalationen (Seite 212 f.)	Kräuter-Dampfbad für den Kopf mit Handtuch	diverse	Erkältungskrankheiten
Wickel	Leberwickel mit Wärmflasche	Schafgarbenkraut	Leberkur, zur Unterstützung einer Entgiftung

Kräuterinhalation
– wieder durchatmen

RAT VON KAMILLUS

Mit Kräutern kann man über das Inhalieren mit heißem Dampf Nebenhöhlen und Bronchien etwas Gutes tun sowie gegen Husten und Schnupfen angehen. Die heißen Dämpfe dringen über die Nase ein, lösen Schleim und öffnen die Poren. Eine Mischung aus verschiedenen Kräutern bringt den Vorteil, dass man eventuelle Nachteile des einen mit den Vorteilen eines anderen ausgleichen kann. So hat Kamille sehr viele gute Eigenschaften, trocknet jedoch aus; eine Mischung mit anderen Kräutern, die die Schleimhäute befeuchten wie Holunder oder Wacholder schaffen eine Wirkung, die rundum positiv ist.

ZUTATEN:

- 1 Schüssel, Keramik oder Kunststoff, kein Metall
- 3-4 EL gemischte Kräuter mit Stängelanteilen, getrocknet, mittel bis fein gerebelt, bei frischen Kräutern die doppelte Menge
- 1-1,5 l kochendes Wasser – je nach Schüsselgröße
- evtl. 2-4 Tropfen ätherisches Öl (Seite 213)
- 1 großes Handtuch

Und so geht es:

Man legt zuerst eine Wärmflasche ins Bett und sorgt dafür, dass der Raum warm und ohne Zugluft ist. Dann gießt man heißes Wasser auf die Kräuter in der Schüssel, gibt schlussendlich eventuell noch ätherisches Öl hinzu. Mit dem großen Handtuch setzt man sich bequem an einen Tisch, neigt den Kopf über die Schüssel und stülpt sich das Handtuch über. Der gesamte Kopf kommt so in den Genuss der heißen Heildämpfe, ätherische Öle dringen auch durch die Haut ein.

Das Handtuch soll so über Kopf und Schüssel reichen, dass kein Dampf entweichen kann. Vorsicht, zunächst nicht zu dicht, zu Anfang kann der Dampf sehr heiß sein. Man atmet den aufsteigenden Dampf tief durch die Nase ein und noch länger aus. Ist die Nase verstopft, versucht man dennoch mit geschlossenem Mund einzuatmen. Wenn es nicht geht, öffnet man den Mund etwas. Mit jedem Atemzug wird es besser gehen, so dass die Nase bald frei ist. Wichtig ist, tief einzuatmen, so dass Dämpfe und ätherische Öle eindringen. Nach 10–15 Minuten werden die Dämpfe nachlassen. Jetzt ist es wichtig, sich sofort in ein warmes Bett zu legen. Es ist vorteilhaft, wenn der Dampf auf dem Gesicht trocknen kann, sonst würden die ätherischen Öle in das Handtuch gehen. Ist die Raumluft schön warm, tut das gut. Für die Nachwirkung ist es hilfreich, mindestens 1/2 Stunde liegen zu bleiben. Die Zeit vor dem Schlafengehen ist also ideal zum Inhalieren.

3- bis 4-mal täglich wiederholen, wenn die Erkältung sehr festsitzt. Sonst reicht 1- bis 2-mal täglich.

Bei Nasennebenhöhlenentzündungen, Husten und Schnupfen oder bei Röcheln in den Bronchien kann Inhalieren eine der hilfreichsten Gegenmaßnahmen sein, dennoch ist es sinnvoll, einen Arzt aufzusuchen.

Die Mischung der Kräuter zum Inhalieren orientiert sich daran, was wir erreichen wollen bzw. was für Beschwerden vorliegen.

Das können die Zutaten für einen Inhalier-Kräuteraufguss sein:

PFLANZEN, -TEILE BEI ERKÄLTUNG	MISCHUNG ZUM INHALIEREN IN G
Wacholder, Blattspitzen / Beeren, gestoßen	50 g / 20 g
Arnika, Blüten	10 g
Holunder, Blüten	20 g
Schafgarbe, Kraut, geschnitten	20 g
Kamille, Blüten, Stängel, geschnitten	20 g
Pfefferminz, Kraut, geschnitten	20 g

BEI HUSTEN UND FESTSITZENDEM SCHLEIM ZUSÄTZLICH:	MISCHUNG ZUM INHALIEREN IN G
Quendel/Thymian, Kraut, geschnitten	20 g
Holunder-Blüten	Noch einmal 20 g
Lärchenpech (Seite 240)	1/4 TL

Inhalieren wie früher ist immer noch die beste Methode: Mit einem großen Handtuch über dem Kopf heißen Dampf aus einer Schüssel mit Kräutern einatmen.

Ätherisches Öl in Ergänzung zu den Pflanzen, eine Sorte 2-4 Tropfen:

EUKALYPTUS	Schleimlösend, befreiend für Bronchien, Nasen- und Stirnhöhle, entzündungshemmend
THYMIANÖL	Hustenreizlindernd, schleimlösend, regt Abhusten zähen Schleims an, antiseptisch, antiviral und antibakteriell
PFEFFERMINZ (NICHT FÜR KINDER)	Zum Durchatmen
ZIRBE	vertieft die Atmung, schleimlösend, entzündungshemmend; beruhigend am Abend

Honig-Auszüge und Sirupe

Weitere Möglichkeiten, Kraft und Wirkstoffe aus Kräutern oder Blüten zu ziehen, bietet das Heilmittel Honig oder ein Wasserauszug mit anschließender Sirupherstellung.

Honig-Auszüge

Sie haben in der Volksheilkunde eine lang bestehende und besondere Bedeutung. Zum einen ist der Honig ein Heilmittel, zum anderen werden mit ihm Wirkstoffe verbunden, die durch den Honig ausgezogen werden. Eine alte Tradition ist z. B. der Erdkammerhonig mit Spitzwegerichblättern. Man hat ein Glas abwechselnd mit Honig und Blattmaterial gefüllt, es gut verschraubt und ca. 50 cm tief in die Erde eingegraben. Durch die gleichmäßige Temperatur konnten so über zwei, drei Monate die Wirkstoffe in den Honig ziehen. Im Herbst hat man das Glas wieder aus der Erde geholt und bei Zimmertemperatur abgeseiht. Bei Erkältung oder Halsschmerz wurde der Honigauszug dann als Medizin eingenommen.

Am bekanntesten ist Spitzwegerichhonig, der vor allem bei Husten und Halsschmerzen helfen kann. Gerb- und Schleimstoffe aus den Blättern können lösen und lindern.

Heilsamer und noch leckerer als Honig ist ein Blütenhonig. Wer ihn einmal gekostet hat, der freut sich auf den Winter, denn er schmeckt auch wunderbar im Kräutertee. Bei Kindern ist dieser Erkältungssaft sehr beliebt. Es ist einfach, ihn herzustellen. Vom Frühjahr bis in den Sommer hinein sammeln wir Blüten, trocknen sie oder legen sie direkt in Honig ein.

Damit gewinnen wir ein sehr gut schmeckendes Mittel gegen Erkältungen. Bei Husten, Schnupfen oder Heiserkeit kann er in Tee getrunken werden. Bei Halsschmerzen nimmt man in kurzen Abständen eine kleine Löffelspitze, verschleimt diese so lange es geht im Mund und schluckt sie langsam hinunter.

Die im Laufe einer Woche gesammelten Blüten werden zu einem Hustenhonig angesetzt: Königskerzen- und Malvenblüten. In der nächsten Woche kommen noch Thymianblüten dazu.

Ein wunderbarer Husten- und Erkältungshonig, leicht gemacht mit Spitzwegerichblättern, regionalem Honig und einen Monat Ziehzeit.

Den ganzen Sommer über können wir Blüten in Honig ausziehen. Mit diesem Erkältungshonig kann der Winter dann kommen.

ZUTATEN:

- Blüten, Blätter, Baum- und Strauchspitzen von Nadelbäumen, Wacholder, einheimischer Honig

Spezielle Honigansätze

- bei Erkältung allgemein: Alpenrosen-, Holunderblüten
- bei Husten: Lungenkraut, Schlüsselblumen, Veilchen, Gänseblümchen, junge Fichtenzapfen, Spitzwegerichblätter, Salbeiblätter und -blüten, Holunder-, Linden-, Malven- oder Stockrosenblüten, junge Kren(Meerrettich)blätter
- bei Husten: Lärchenspitzen („Wipfel-Honig") = Lieblingshonig von Kindern
- bei Halsschmerzen: Spitzwegerich
- bei Bronchitis: Quendel/Thymian
- Lecker: Rosenblüten-Honig – vier Tage Ausziehzeit (siehe Seite 161)

Und so geht es:

Blüten werden frisch geerntet auf einem Tuch ausgelegt, damit kleine Tiere herauskrabbeln können. Blätter oder auch Trieb- und Strauchspitzen werden abgewischt, nur notfalls gewaschen, gut getrocknet und geschnitten.

Blätter und Blüten werden abwechselnd mit Honig in ein Glas mit Schraubverschluss gefüllt.

Man erntet vom Frühjahr bis in den Sommer immer wieder, gibt die Blätter und Blüten auf den Honig, rührt mit einem Holz- oder Glasstab um und füllt so viel Honig auf, dass das Pflanzenmaterial gut bedeckt ist.

3–4 Wochen nachdem die letzten Blüten oder Blätter eingefüllt wurden, wird der Honig zimmerwarm abgeseiht. Über Nacht in einer warmen Küche kann der Honigauszug getrennt werden.

Man füllt den Honig-Auszug in sterilisierte kleine Gläser und beschriftet sie sorgfältig.

TIPP VON LIESA

Honig-Auszüge könnten auch mit Zucker hergestellt werden. Ich empfehle das nicht. Stellt man eine Arznei mit wertvollen Nadeln, Blüten und Blättern her, hat sie so etwas Kostbares und Heilendes wie heimischen Honig verdient. Man kann mit diesem Honig Tee süßen oder ihn abends vor dem Schlafengehen mit heißem Wasser auffüllen und schluckweise trinken. Honig ist ein Heilmittel.

Sirupe

Die Sirupherstellung ist eher aus dem Getränke- bzw. Genussbereich bekannt. Um für die Winterzeit etwas gegen Husten- oder Bronchialerkrankungen bereit zu haben, können aus entsprechenden Pflanzen aber auch Sirupe hergestellt werden. Insbesondere für Kinder sind sie hilfreich. Sirupe können mit heißem Wasser aufgegossen werden, für die, die keinen Alkohol oder Tee mögen und sicher stellen wollen, dass genügend getrunken wird.

Das Prinzip der Herstellung ist sehr einfach:

- Es wird ein wässriger Auszug aus Kraut, Blüten, Wurzeln oder einer Mischung mit kochendem Wasser hergestellt,
- der einige Zeit kühlstehend ausziehen darf,
- der dann erhitzt wird – mit oder ohne Kräuteranteile,
- um dann mit einer möglichst niedrigen Menge an Vollrohrzucker (einer der möglichst wenig bearbeitet ist) aufgekocht und so haltbar gemacht zu werden.

Diese Herstellungsweise hat den Vorteil, dass wir die geerntete Menge einfach ansetzen können ohne an dieser Stelle eine vorgeschriebene Rezeptmenge einhalten zu müssen. Die Ernte bestimmt die Rezeptmenge. Erst nach der Ziehzeit und dem Abmessen der Flüssigkeit entscheiden wir uns für eine Zuckermenge.

Ich stelle diese Sirupe, abgefüllt und beschriftet, zur Lagerung in den Kühlschrank. Das hat den Vorteil, dass die Zuckermenge tatsächlich bis auf ein Mindestmaß an 1:5 bis 1:10 reduziert werden kann. Ohne Kühlschrank muss die Zuckermenge allerdings erhöht werden.

Lärchenspitzen zählen zu den besonderen Spezialitäten, die die Natur zu bieten hat. Hier sind sie mit kaltem Wasser und Zitrone für eine Sirupbasis angesetzt.

Und so geht es:

 Schritt:

KRAUT wird geschnitten, in eine Schüssel aus Glas oder Plastik geschichtet, und mit der flachen Hand etwas angedrückt. Als oberste Schicht legt man dünn geschnittene Zitronenscheiben auf. Wir setzen Wasser zum Kochen auf und gießen das kochende Wasser vorsichtig darüber. Wir geben so viel Wasser dazu, bis auch die Schicht Zitronenscheiben mit Wasser bedeckt ist, geben einen Deckel darauf (kleinen Spalt offen lassen) und lassen alles erkalten. Wenn alles kalt ist, stellen wir die verschlossene Schüssel 12 bis 24 Stunden in den Kühlschrank. BEEREN, ISLÄNDISCH MOOS u. Ä. werden zerstoßen und dann ausgezogen. SCHLEIMHALTIGE PFLANZEN (Malve, Eibisch) werden mit kaltem Wasser angesetzt und sofort abgedeckt in den Kühlschrank gestellt.

ZUTATEN:

- Kräuter und/oder Blüten und/oder Wurzeln und/oder Früchte
- Bio-Zitrone
- Wasser

Honig-Auszüge und Sirupe

> **Anmerkung:** Die Zitrone brauchen wir, um die Farbe der Kräuter zu erhalten und dem Sirup etwas Farbe und Frische zu geben.

2. Schritt:

Die Flüssigkeit wird über einem Plastiksieb abgegossen. Je nachdem wie rein die Flüssigkeit ist und sein soll, kann man ein weiteres Mal durch ein Tuch oder einen Kaffeefilter abseihen.

3. Schritt:

Jetzt wird die Flüssigkeit abgemessen und in einem Emailtopf aufgekocht. Auf der einen Seite mindert langes Kochen einen Teil der Wirkstoffe. Auf der anderen Seite kann man durch Einkochen Flüssigkeit reduzieren und Wirkstoffe konzentrieren. Hier muss jeder selbst abwägen.

4. Schritt:

Die notwendige Zuckermenge wird abgemessen und mit aufgekocht. Nach mindestens 2 Minuten sprudelndem Kochen ist der Sirup fertig. Flaschen oder Gläser müssen steril sein, damit die Sirupe nicht anfangen zu gären.

5. Schritt: Die Einnahme

Die Wirkstoffe im Sirup können bereits durch den Speichel im Mund ihre Wirkung entfalten. Man nimmt 1/2 TL oder weniger zu sich und behält ihn so lange es geht im Mund, bevor man ihn langsam hinunterschluckt. Das ist bei allem, was gegen eine Erkältung in Hals und Bronchien wirken soll, wichtig. Lieber in kürzeren Abständen und dafür weniger je Portion nehmen. Kinder lieben solche Hustensirupe. Mit heißem Wasser aufgegossen bringen Sirupe auch Trinkflüssigkeit, die im Krankheitsfall häufig schwer zu decken ist, vor allem bei Kindern.

Ansonsten kann man Sirupe nach eigenem Bedarf und Gefühl einnehmen – immer berücksichtigend, dass das auch ein Zuckerkonsum ist.

Grundrezept zur Sirupherstellung: Frisch geerntete Blüten in ein hitzebeständiges Gefäß geben, leicht andrücken, eine Lage Zitronenscheiben darauflegen und mit kochendem Wasser übergießen.

Sirupvarianten

KRAUT, BLÜTEN	BESCHREIBUNG (Vgl. Schritt 1 auf Seite 218/219)	ERGÄNZEND	WIRKUNG U. A.
Holunderblüten	siehe dazu die Beschreibung zu Kraut auf Seite 218; dicke Stiele werden abgeschnitten, die Blütendöldchen bleiben, sie werden in eine Schüssel geschichtet (weiter siehe Seite 218)	Zitronenscheiben Zucker 5:10	für Erkältungstee ist Genuss und Durstlöscher mit Prosecco oder Wasser aufgegossen
Alpenrosenblüten	(siehe dazu Seite 218 die Beschreibung zu Kraut) Alpenrosenblüten werden verlesen und wie beschrieben verarbeitet	Zitronenscheiben Zucker 5:10	für Erkältungstee ist auch Genuss und Durstlöscher
Isländisch Moos	Zubereitung Auszug Schleimstoffe Kaltansatz	Zucker 1:10	bei festsitzendem Husten, Reizhusten und Bronchitis
Quendel oder Thymian	Zubereitung wie Kraut	Zucker 1:10	bei festsitzendem Husten, Reizhusten und Bronchitis
Eibischwurzeln und kraut, Malve	Zubereitung Auszug Schleimstoffe: Kaltansatz; Wurzel und Kraut nach der Ziehzeit noch einmal zusammen aufkochen und dann abseihen	Zucker 1:10	bei festsitzendem Husten, Reizhusten und Bronchitis
Schafgarbenkraut	Beschreibung zu Kraut	Zitronenscheiben Zucker 1:10	zur Stärkung der Immunkräfte; für Tee, Saft oder in der täglichen Ernährung
Wacholderbeeren	Zubereitung wie Beeren	Zucker 1:20	bei Magenverstimmungen, deshalb möglichst wenig Zucker lecker auch zur Stärkung der Immunkräfte
Spitzwegerich	Zubereitung wie Kraut	Zucker 1:10	bei Erkältungen der oberen Luftwege und Halsschmerzen im oberen Bereich

So wie Blüten von Alpenrosen und Holunder können Schafgarben-, Quendel-, Lärchen-, Latschenblüten oder Isländisch Moos und Eibisch angesetzt werden.

Was für die einen der Verdauungsschnaps, ist für Kräuterfreunde ein Alkoholauszug aus Einzel- oder gemischten Blättern, Blüten, Früchten/Samen, Wurzeln.

Tinkturen und Lebenselixiere

Tinkturen sind alkoholische Auszüge aus getrockneten oder frischen Pflanzen. Es ist eine alte Tradition, Heilpflanzen mit Alkohol auszuziehen, die sich bis heute in vielen Bereichen gehalten hat. Denken wir nur an das Schnapserl nach dem Essen. Auch wenn es der falsche Zeitpunkt ist, denn ein Schnaps zur Anregung der Verdauung muss vor dem Essen getrunken werden.

Älter sind die Gebräuche rund um Lebenselixiere und Theriaks. Das sind Alkohol- und Kräuterauszüge, die mit einer Vielzahl von Pflanzen speziell mit dem Ziel angesetzt werden, eine „lebensverlängernde" oder „lebensverbessernde" Tinktur herzustellen. Bekannte Lebenselixiere sind Klosterfrau Melissengeist, Schwedenbitter oder andere Theriaks. Eine Übersicht über alte Lebenselixiere, auch wie sie hergestellt wurden, gibt Max Amann, Pflanzen für ein langes Leben, in Naturheilpraxis Spezial 1, 3. überarbeitete Auflage, Seite 217ff.

Von Hildegard von Bingen kennt man die Heilweine. Sie hat die Wirkstoffe mithilfe von Wein aus den Kräutern gezogen. Alkoholauszüge sind länger haltbar, siehe unten.

> **VERWENDUNG VON TINKTUREN**
>
> Grundsätzlich können Tinkturen innerlich und äußerlich angewendet werden. Das versteht sich in Abstimmung mit den Pflanzen, die man einsetzt bzw. den Wirkstoffen, die man herausziehen möchte. So kommt eine Anwendung von Beinwell und Arnika innerlich nicht in Frage (Arnika Seite 39, Beinwell Seite 51).
>
> INNERLICH: Tinkturen können mit Wasser verdünnt eingenommen werden oder pur. Tinktur ist sinnvollerweise pur einzunehmen, wenn die Wirkung bereits im Mund anfängt, z. B. gegen Erkältung oder bei Verdauungsproblemen. Zunächst wird die Tinktur im Mund so lange verspeichelt, bis die Wirkung im Mundbereich beginnt. Man schluckt sie erst hinunter, wenn es nicht mehr anders geht. Bakterien und Enzyme beginnen sich so bereits im Mund zu entwickeln bzw. aktiv zu werden. Sie verstärken die Wirkung im Magen bzw. im Hals bei Erkältungen.
>
> ÄUSSERLICH: Tinkturen können auch äußerlich angewendet werden. Typisches Beispiel ist Arnika, das altbewährte Mittel bei Verstauchungen. Eine Mundspülung mit Arnikatinktur kann bei Entzündungen im Mund und Rachenraum helfen. Gierschtinktur auf von Gicht befallene Körperstellen gegeben lindert Schmerzen.
>
> Bei der äußerlichen Anwendung sollte Tinktur mit Wasser verdünnt werden, z. B. bei Mundspülungen 1:10, bei Verbänden und Kompressen 3:10.

Frischpflanzen-Tinktur – Grundanleitung

Und so geht es:

Frischsaft und Alkohol setzt man an und lässt ihn 3-6 Wochen ziehen. In der Regel sind bis zu 50 Tropfen über den Tag verteilt nicht länger als 3 Wochen einzunehmen.

Anstelle von Frischsaft können auch frische, zerkleinerte Pflanzenteile genommen werden. Das ist der übliche Weg für Alkoholansätze, sicher auch weil die Herstellung einfacher ist.

Diese Alkoholansätze sind zu unterscheiden von dem gebrannten bzw. destillierten Schnaps oder Brand. Beispiele dafür sind z. B. Meisterwurz- oder Vogelbeerbrand. Setzt man die Wurzelstücke mit Alkohol an, können mehr Bitterstoffe herausgezogen werden. Der Geschmack ist ein ganz anderer. Wir arbeiten hier nur mit Alkoholansätzen, nicht mit Brand.

ZUTATEN:

- Frischsaft und 70%iger Alkohol im Verhältnis von 1:1
- Frische Pflanzenteile und 38 bis 40%iger Alkohol - so war es früher üblich

Von der Sommerzeit bis zum Winteranfang haben Tinkturen mit frischen Pflanzen Hochsaison.

ZUM ALKOHOL FÜR DEN ANSATZ VON TINKTUREN

Es gilt die vereinfachte Regel: Je fester das Material, desto höher kann der Alkoholgehalt sein, in dem angesetzt wird. Z. B. Arnikablüten mit 38%igen Alkohol, Enzian- oder Meisterwurzwurzel mit 70%igen Alkohol.

Es sollte neutraler Alkohol verwendet werden. Obstler hat z. B. einen Eigengeschmack, Doppelkorn oder Wodka nicht. In Österreich kann man 80%igen Ansatzalkohol im Lebensmittelhandel kaufen. Apotheken bieten Alkohol für Heilzwecke in allen gewünschten Konzentrationen an.

So lange Kamillus sich erinnern kann, hat man unabhängig von Kräutern oder Wurzeln immer 38%igen Alkohol, Doppelkorn oder Wodka mit 38–42% genommen.

BEISPIEL:

Quendel-Tinktur – Grippe Prophylaxe

Und so geht es:

Man erntet die gesamten Blütenköpfchen. Mit einem Porzellanstößel (kein Metall) bereitet man die Blüten vor, füllt sie in ein verschließbares, lichtdurchlässiges Glas und füllt mit Alkohol auf. Wichtig ist bei frischen Pflanzen, dass sie vollständig mit Alkohol bedeckt sind, weil sie sonst schimmeln können. Der Ansatz wird ans Licht gestellt, ohne

ZUTATEN:

- 10 g Quendel-Blütenköpfe
- 100 ml 38%igen Alkohol

Tinkturen und Lebenselixiere

Ein ganz altes Rezept zur Grippe-Prophylaxe ist der Auszug aus Quendelblüten. Frisch geerntet werden die Blütenköpfchen in Alkohol angesetzt.

der direkten Sonne ausgesetzt zu sein. Das Glas wird in den ersten zwei Wochen ein paar Mal geschüttelt oder durchgerührt.

> **IN DER REGEL ERFOLGT DIE EINNAHME VON HEILTINKTUREN WIE FOLGT:**
>
> Erwachsene: 3 x 20–30 Tropfen je nach Konstitution (Gewicht, Größe)
>
> Kinder ab 3 Jahre: 3 x 1 Tropfen und für jedes weitere Jahr 1 Tropfen mehr
>
> Für Kinder werden die Tropfen in Wasser oder Tee gegeben und eingenommen.
>
> Appetitanregende oder verdauungsfördernde Tinkturen immer 1/2 Stunde vor dem Essen einnehmen. Alle anderen nach dem Essen.
>
> Wer sich scheut, Kindern Tinkturen zu geben, kann bedenken, dass beim Verzehr von Weintrauben z. B. im Stoffwechsel auch bei Kindern Alkohol entsteht. Mit Wasser verdünnte Tinkturen erzeugen weniger Alkohol als eine Banane.

Nach 3–6 Wochen wird der Ansatz abgeseiht und die Pflanzenteile werden noch einmal ausgedrückt. Die Tinktur wird in dunkle Tropfflaschen gefüllt und beschriftet.

Quendel-Tinktur kann im Herbst für 4–6 Wochen als Grippeprophylaxe in Wasser verdünnt eingenommen werden: 3 x täglich 20–30 Tropfen, je nach Konstitution.

Vor allem bei gemischten Ansätzen ist das Beschriften wichtig. Nur so können wir umfangreiche Erfahrungen mit der Herstellung und Wirkung sammeln.

> **TIPP VON LIESA**
>
> Die Beschriftung jedes einzelnen Schrittes ist sehr sorgfältig vorzunehmen. Nur so können wir Erfahrungen sammeln und vergleichen. Wir halten fest:
>
> · Pflanzenname
>
> · Ernte: Ort und Zeitpunkt
>
> · Getrocknet von wann bis wann
>
> · Menge Flüssigkeit und Pflanzenteile
>
> · Datum Ansatz, Datum Abseihen
>
> · jeder weitere Verarbeitungsschritt beinhaltet bisherige Daten
>
> · „Endprodukt" enthält auch Angaben zur Einnahme wie/wann/wie viel
>
> · Möglich ist es auch, „Tagebuch" zu führen: Flaschen enthalten jeweils einen Hinweis, was drin ist und wo weitere Informationen abgelegt sind. Nach Datum geordnet ist das ein guter Wegweiser.

Tinktur mit getrockneten Pflanzen – Grundanleitung

Und so geht es:

Die trockenen, zerkleinerten Pflanzenteile werden in einem Glas mit einem Porzellanstößel angemörsert und mit Alkohol aufgefüllt. Der Ansatz wird ans Licht gestellt, ohne der direkten Sonne ausgesetzt zu sein. Das Glas wird in den ersten 2 Wochen einige Male geschüttelt oder durchgerührt.

Nach 4–6 Wochen werden die Pflanzen zuerst abgeseiht und dann ausgedrückt. Die Tinktur wird in dunkle Tropfflaschen gefüllt und beschriftet.

ZUTATEN:

- Im Verhältnis von 1:10–12
- Pflanzenteile: 38–42%iger Alkohol (bei Wurzelanteilen höhere Prozente)

Allgemein könnte man sagen:

- 1 Glas zu einem Viertel mit Pflanzenteilen wird mit Alkohol aufgegossen

Beispiel:

- 50 g Wermutblätter und -blüten, getrocknet
- 500 ml Alkohol

HALTBARKEIT

Eine Tinktur ist bis zu einem Jahr haltbar. Alkoholhaltige Flüssigkeiten sind in der Regel länger haltbar, doch mit den Pflanzen zusammen ist ein Vielstoffgemisch entstanden, das sich mit der Zeit verändern kann.

Hat eine sauber abgeseihte Flüssigkeit mind. 25 % Alkohol, kann davon ausgegangen werden, dass sie mindestens ein Jahr haltbar ist.

RAT VON KAMILLUS FÜR DIE ERKÄLTUNGSZEIT

Ich empfehle eine Tinktur aus Latschenkiefernblüten, Wacholderspitzen, Isländisch Moos gemischt mit dem Saft von Schwarzen Johannisbeeren und Holunderbeeren als „Erkältungssaft" für den Winter. Diese Mischung hat einen Alkoholgehalt von ca. 25 %. Sie kann mit Tee und heißem Wasser bzw. als Stamperl in kleinen Schlucken getrunken werden. Das wärmt von innen und erzeugt eine beruhigende Wirkung für einen guten Schlaf.

Latschenkiefern, Wacholderspitzen, evtl. auch junge Fichtenzapfen und Isländisch Moos als Tinktur sind durch ihre spezielle Wirkung zusammen mit den beiden Säften ideal bei Grippe und zur Stabilisierung des Immunsystems. Auf den Punkt gebracht kann dieser Erkältungssaft kurzfristig eine Grippeprophylaxe sein, wenn man meint, angesteckt worden zu sein. Hat einen bereits die Grippe erwischt, ist es ein Aufbaumittel.

Mit Arnika-Tinktur kann Kamillus vielen helfen, mit natürlichen Mitteln, mit Bergwohlverleih, Wunden zu heilen und Entzündungen zu hemmen.

Der Jahreszeitenansatz von Kamillus startet im Frühjahr mit den Blüten der Latschen- oder Bergkiefern.

Erkältungstinktur nach Kamillus

ZUTATEN:

1. Schritt Frühjahr:

- 2 Hände voll Blüten von Latschenkiefern, es können auch Nadeln dabei sein
- 1 Hand voll Triebe von Wacholder (wer keinen eigenen Wacholder hat – Apotheken bieten an: *Juniperi lignum* – Wacholderholz, *Juniperi galbulus* – Wacholderbeeren)
- 1 Paar junge Fichtenzapfen
- 1 Hand voll Isländisch Moos (getrocknet vom Vorjahr)
- 1 l Doppelkorn (38%iger Alkohol)
- 1,5 l Glas mit Deckel, wenn kein Deckel vorhanden ist, geht auch Pergamentpapier mit einem Gummiband

2. Schritt Sommer:

- 2 EL einheimischer Honig
- 100 ml Schwarzer Johannisbeersaft, frisch gepresst oder dampfentsaftet ohne zusätzlichen Zucker bzw. Muttersaft aus dem Reformhaus oder der Apotheke
- 100 ml Doppelkorn (38%iger Alkohol)

3. Schritt Herbst:

- 100 ml Saft von Holunderbeeren, dampfentsaftet ohne zusätzlichen Zucker

Und so geht es:

 Schritt:

Frühjahr: Latschenkiefernblüten, Fichtenzapfen und Wacholderspitzen werden kleingeschnitten, Blütenstaub wird im Glas eingefangen. Schere oder Messer müssen scharf sein, damit nichts unnötig verletzt wird. Ätherische Öle werden so in der Tinktur eingeschlossen. Isländisch Moos klein rebeln. Nadeln schneiden oder mörsern. Alles in ein Schraubglas geben und mit Alkohol aufgießen. Alles mit Korn bedecken. In den ersten Tagen das Glas ab und an schütteln oder mit einem Glas-/Holzstab umrühren, noch nicht fest verschließen. Eventuell aufsteigende Luftbläschen entweichen lassen. Nach 14 Tagen verschließt man das Glas, lässt es am Licht, nicht in der Sonne, stehen.

 Schritt:

Honig, Schwarzer Johannisbeersaft und Alkohol werden in einem extra Glas gemischt. Der Honig soll sich in dem Alkohol-Saft lösen. Damit süßen wir die Erkältungstinktur am Ende. 2. Schritt kann stehen bis die Holunderbeeren reif sind.

3. Schritt:

Zur Zeit der Holunderbeerenreife wird die Tinktur fertig. Der Blütenansatz (aus dem 1. Schritt) wird abgeseiht und mit 100 ml ungesüßtem Holunderbeersaft aus dem Dampfentsafter mit dem Ansatz aus dem 2. Schritt fertiggestellt.

Die fertige Erkältungstinktur wird in dunkle Flaschen gefüllt und beschriftet. (Informationen zur Einnahme, siehe Rat von Kamillus, Seite 226)

Auch der Lärchenblütenansatz kann einer Erkältungstinktur beigemischt werden.

Bitterelixier aus Pflanzen und Wurzeln

Kur für das Verdauungssystem

Und so geht es:

Die kleingeschnittenen Wurzeln und Kräuter werden mit dem Porzellanstößel angemörsert und mit Alkohol in ein Schraubglas gefüllt. Ziehzeit insgesamt 4–6 Wochen mit Licht, keine direkte Sonne, in den ersten 2 Wochen das Glas immer mal durchrühren, wenn Sauerstoffblasen hochkommen, diese abziehen lassen, indem man den Deckel lüftet. Nach dem Abseihen die Tinktur auf 40 % Alkoholgehalt verdünnen. Bei 400 ml 70%igem Alkohol kann man auf 700 ml Gesamtmenge mit Wasser auffüllen. (Einnahme Seite 225)

ZUTATEN:

- 5 g Löwenzahn, Wurzel, im Frühjahr geerntet
- 5 g Engelwurz, Wurzel
- 5 g Meisterwurz, Wurzel
- 20 g Beifuß, Kraut, frisch
- 10 g Wermut, Kraut, frisch (getrocknetes Kraut jeweils die Hälfte)
- 400 ml Alkohol, bestehend aus 60-70%igem Alkohol (im Notfall Doppelkorn)
- später: Wasser zum Verdünnen

Gerne gesehen in Bitterelixieren sind Engelwurzwurzeln und -samen zur Anregung der Verdauungssäfte und des Gallenflusses.

Tinkturen in der Übersicht

KRAUT	BLÜTEN	SAMEN BEEREN	WURZELN	I Ä	MENGE KRAUT:ALKOHOL; PROZENT; UNGEFÄHRE ZIEHZEIT	VERWENDUNG Z. B.
	Arnika			Ä	1:10, 38%iger Alkohol; 4 Wochen	schmerz- und entzündungshemmend, abschwellend von Verletzungs- und Unfallfolgen
						kühlend, abschwellend
Beifuß	Beifuß			I	1:7, 38%iger Alkohol; 4 Wochen	verdauungsfördernd
Wermut	Wermut			I	1:7, 38%iger Alkohol; 4 Wochen	verdauungsfördernd, galle- und leberanregend, tonisierend, immunstabilisierend
Beinwell	Beinwell		Beinwell	Ä	1:10, 38%iger Alkohol; 4 Wochen	schmerzende Gelenke und Geschwollenes, kühlend, schmerzlindernd, abschwellend
Engelwurz		Engelwurz, grüne Samen	Engelwurz	Ä I	1:7, 70%iger Alkohol; 4 Wochen	verdauungsfördernd, schmerzlindernd, beruhigend, insgesamt anregend
Meisterwurz Beifuß Engelwurz Wermut Thymian		Engelwurz, grüne Samen	Meisterwurz Engelwurz Enzian	I	1:7, 70%iger Alkohol; 4 Wochen	Verbesserung der allgemeinen Situation
			Gelber Enzian	I	1:7, 70%iger Alkohol; 4 Wochen	verdauungsfördernd, galle- und leberanregend, tonisierend, immunstabilisierend
Isländisch Moos, Flechte				I	1:10, 38%iger Alkohol; 4 Wochen	Schmerzstillend und abschwellend bei Husten
Johanniskraut	Johanniskraut			Ä	1:7, 38%iger Alkohol; 4 Wochen	antibiotische Wirkung, heilend und kühlend bei Sonnenbrand und Stichen
						Mundspülungen
	Königskerze			I	1:7, 38%iger Alkohol; 3 Wochen	Keimhemmend, fiebersenkend, beruhigend
		Kümmel Samen,		I	1:7, 38%iger Alkohol; 3 Wochen	Verdauung beruhigend
			Löwenzahn	I	1:7, 70 %iger Alkohol; 4 Wochen	Verdauung, Leber, Galle anregend
Mädesüß, junge Blätter	Mädesüß			I	1:7, 38 %iger Alkohol; 3 Wochen	schmerzlindernd
	Quendel, Blütenköpfe			I	1:7, 38%iger Alkohol; 4 Wochen	Grippeprophylaxe, Husten- und Bronchienmittel
Schafgarbe				Ä	1:7, 38%iger Alkohol; 4 Wochen	Kompressen bei schlecht heilenden Wunden, die nicht mehr offen sind
		Wacholder, Beeren			1:5, 70%iger Alkohol; 4 Wochen	Magenverstimmungen, Verdauungsstörungen; vor dem Essen
Nadeln von Fichte Kiefer Lärche	Fichte Kiefer Lärche			Ä I	1:7, 38%iger Alkohol; 4 Wochen	Erkältungstonikum von Kamullus (Seite 229)

Die Pflanzenzutaten werden jeweils geschnitten, fein gehackt oder gemörsert.

I innerlich   Ä äußerlich

Heilöle, Salben und Cremes

Wirkstoffe können auch mit einem Öl ausgezogen werden. Das bietet sich vor allem immer dann an, wenn wir eine Salbe oder Creme zur äußeren Anwendung herstellen wollen. Wir konzentrieren uns in diesem Buch auf einige wenige Öle, Salben und Cremes. Anregungen und Hilfestellungen um kosmetische Produkte, auch mit Kräutern, selbst herzustellen, siehe z. B. Christine Monsberger, Naturkosmetik ganz leicht selber machen, Innsbruck 2015; Irene Hager, Die Kraft der Kräuter, Innsbruck 2016, oder Barbara Hoflacher, Du darfst auf meine Haut, Innsbruck 2019.

Wir verstehen unter Heilöl, Salbe, Creme folgendes:

- Heilöl = Beinwellwurzeln (Knochenfrakturen) oder Arnikablüten (Verstauchungen, Verletzungen, etc.) werden in einem guten Öl angesetzt.
- Salbe = mit Öl-Auszügen können wir Salben herstellen, die sich leichter auftragen lassen. Mit Hilfe von Bienenwachs z. B. wird das Öl „streichfähig" gemacht.
- Creme = in zwei Phasen, einer Wasser- und einer Öl- bzw. Fettphase, können wir eine Creme herstellen. Mit dieser Kombination kann neben der Heilwirkung auch eine Kühlung durch Pflanzenwasser oder Alkohol als lindernd empfunden werden. Sowohl die Wasser- als auch die Ölphase kann zuvor mit Kräutern angesetzt werden.

Zu wissen, was drinnen ist, wo die Zutaten herkommen und was sie können – darin liegt die Freude, selbst eine Salbe oder Creme herzustellen.

Ölauszug am Beispiel Beinwell

Beinwell ist der Klassiker, mit dem jeder Einsteiger es wagen kann. Er ist immer heilsam: Blatt und Wurzel pur, Ölauszug oder Beinwellsalbe.

„STANDARDWERKZEUG"

Will man selbst Öle, Salben oder Cremes herstellen, ist es ratsam, sich speziell dafür eine „Werkzeug-Kiste" zuzulegen. Ihr Inhalt wird für nichts anderes benutzt. Anfangs wird alles gespült und mit Alkohol desinfiziert. Besonders sauberes Arbeiten ist hier sehr wichtig.

Zum „Standardwerkzeug" zählen z. B.:

- 2 bis 3 unterschiedliche Größen sog. Bechergläser, aus hitzebeständigem Glas, vielleicht 100, 250 und 600 ml
- Holzbrettchen und Keramikmesser
- Plastik- oder Holzspatel und Holz- bzw. Glasstäbe zum Rühren
- Porzellanmörser mit -stößel
- Waage mit einer Kommastelle Genauigkeit
- Glasthermometer – will man Cremes herstellen, benötigt man zwei Thermometer
- Gummischaber, schmal und breit
- Plastiksieb zum Abseihen
- für Cremes: Mini-Stabmixer oder Schneebesen aus Kunststoff (nicht aus Metall)
- Alkohol zum Reinigen

Es werden grundsätzlich keine Metallgegenstände im Umgang mit Heilmitteln benutzt.

Und so geht es:

Die gründlich gewaschene, mit Küchenkrepp getrocknete Wurzel wird in möglichst kleine Stückchen geschnitten. Wichtig: keine Arbeitsmaterialien aus Metall verwenden, sondern Porzellanmesser, Holz- oder Porzellanlöffel, Holzbrett und Glasbehältnisse. Beinwell, bzw. das Allantoin, zersetzt sich durch Berührung mit Metall.

Mit den geschnittenen Wurzelstücken befüllen wir ein Glas locker bis zu 1/3. Darauf gießen wir Öl bis alles bedeckt ist und sämtliche Wurzelstückchen vom Öl umgeben sind. Wir rühren mit einem Holz- oder Glasstab durch. Das Glas wird ans Licht gestellt, doch nicht in die direkte Sonne. Die ersten 14 Tage werden viele Sauerstoffbläschen hochsteigen. Das Glas wird noch nicht fest zugedreht. Sinnvoll ist es, das Glas mit einem Vlies oder einem Küchentuch mit Gummiband abzudecken. Wenn man täglich einmal durchrührt, entweicht die Luft schneller. Steigen keine Bläschen mehr auf, kann das Glas mit Schraubdeckel verschlossen werden.

ZUTATEN

- 1/3 Glas Beinwellwurzel, frisch, klein geschnitten
- 2/3 Glas kaltgepresstes Bio-Olivenöl

Ziehzeit: 4–6 Wochen, dann über ein Plastiksieb abseihen, in Braunglas umfüllen. Beschriften mit Datum nicht vergessen.

> **TIPP VON LIESA**
>
> Ideal für geschwollene Gelenke oder Wanderer-Knie
>
> Die Wirkung von Beinwellöl ist durch ein Quarkgemisch noch zu toppen. Die Kombination von Quark und Beinwell kühlt und lindert den Schmerz. In 125 g Magerquark rührt man 2 EL Beinwellöl oder 3 EL Beinwellsalbe, streicht diese Masse auf weißes Küchenpapier oder ein Baumwolltuch. Bei empfindlicher Haut legt man ein Stück Küchenpapier auf die entsprechende Hautpartie, ansonsten legt man den Quarkaufstrich direkt auf die Haut und festigt die Auflage mit einem Molton- oder Handtuch. Hat der Quark die Temperatur der Haut erreicht, kann man den Quarkverband abnehmen, abwaschen und eine halbe Stunde ruhen. Dann mit Beinwellsalbe einreiben und noch einmal eine halbe Stunde ruhen. Die beste Zeit für einen Quarkwickel ist der Abend, wenn man sich anschließend die Nacht über schonen kann. Die Gäste im Hotel HEIMAT lieben meine Quarkwickel. Sie wissen, dass sie dann am nächsten Tag wieder wandern können.

Bei Ölauszügen entsteht häufig ein wässriger Anteil. Dieser darf beim Abseihen auf keinen Fall mit in das Ölglas gelangen. Sind noch schwebende Teilchen im Öl, muss der Ansatz zusätzlich durch ein Tuch gelassen werden. Es lohnt sich, sehr sauber zu arbeiten. Die Haltbarkeit des Öls wird so verlängert.

Ein weiteres Beispiel für einen Auszug ist Arnikaöl. Es kann ideal sein für Operationsnarben.

> **TIPP VON LIESA**
>
> Weitere Ölauszüge, die für Salben u. a. gebraucht werden können:
>
> · Ringelblume – getrocknete Blütenköpfe oder nur die Zungenblütenblätter (bei einer Korbblütler-Allergie) – das Heil-Öl für alle Zwecke
>
> · Arnika – getrocknete Arnikablüten aus der Apotheke – das Schmerz- und Narbenöl
>
> · Lärchenöl – Lärchenpech (gereinigtes Lärchenharz) wird in Olivenöl erwärmt – bei Erkältung und bei Verspannungen
>
> · Giersch – Gierschblätter und wenn möglich auch -blüten werden in Öl ausgezogen – gegen Gicht
>
> · Spitzwegerichblätter – Ölauszug gegen Stiche, wenn gerade mal kein frischer Spitzwegerich in der Nähe ist (vgl. Seite 244)

Ölauszug Johanniskraut – Rotöl

Es ist das Öl für fast alle Fälle, für die äußere Anwendung bei Sonnenbrand, Verbrennungen 1. Grades, Rücken-, Menstruations- oder rheumatische Schmerzen, Muskelzerrungen, auch für Massagen geeignet.

Achtung: Johanniskraut macht lichtempfindlich. Die behandelte Haut anschließend nicht der Sonne aussetzen (Seite 95).

> Darüber, wie Rotöl hergestellt wird, gibt es unterschiedliche Erfahrungen: nur aus den Blütenblättern und /oder Knospen oder den Ansatz in die Sonne stellen oder nicht – der beste Rat ist, es selbst auszuprobieren. Dabei müssen wir bedenken: Anleitungen, in denen das Glas in die direkte Sonne gestellt wird, sind umstritten, da wir es hier mit einem leicht verderblichen Öl zu tun haben.
> (Herstellung nach dem Deutschen Arzneibuch Seite 97)

Und so geht es:

Die oberen 5–10 cm der Pflanze werden mit Blättern, Blüten und Knospen geerntet. Auf jeden Fall muss es in der Zeit von 12 und 14 Uhr und sehr sonnig sein. Alle Pflanzenteile werden geschnitten und mit dem Porzellanstößel angemörsert. Man nimmt so viel Pflanzenmaterial, dass ein Schraubglas bis zu 2/3 locker gefüllt werden kann. Jetzt gießt man das Öl auf. Es darf kein Pflanzenteil aus dem Öl herausschauen. Vorsicht: Schimmelgefahr!

Das Glas mit einem Küchenpapier oder Baumwolltuch mit Gummiband abdecken. So können Luftbläschen entweichen. Ab und zu mit einem Holz- oder Glasstab umrühren. Der Standort sollte hell und warm sein. Andere machten die Erfahrungen, dass das Glas in die Sonne gestellt werden muss, damit das Öl sich rot färbt.

Nach einer Woche dürfte die Luft aus den frischen Pflanzenteilen entwichen sein, wir können das Glas verschließen und an einem hellen Ort bei Zimmertemperatur für 3–4 Wochen stehen lassen.

Das Öl wird dann vorsichtig abgeseiht. Die wässrige Lösung, die sich unten gesammelt hat, darf nicht mit ins Öl, bitte aufpassen und rechtzeitig stoppen. Das Johanniskrautöl wird in lichtgeschützte Flaschen gefüllt, beschriftet und kann pur oder als Salben- und Cremegrundlage dienen.

ZUTATEN:
- 2/3 Glas frische Johanniskrautblüten, -blätter, -knospen
- kaltgepresstes Bio-Oliven- oder -Sonnenblumenöl

HALTBARKEIT

Bei der Haltbarkeit von Ölen, Salben und Cremes können wir davon ausgehen, dass sie so lange haltbar sind, wie die einzelnen Produkte, die wir für die Herstellung verwendet haben. Wenn auf der Ölflasche der 15. 08. steht, dann ist der Ölansatz ebenso lange haltbar – vorausgesetzt, wir arbeiten sehr sorgfältig und sauber.

Johanniskraut vermag die Sonne des Sommers einzufangen und wir dürfen sie in Öl und Salbe für uns nutzen.

Ringelblumenöl, -creme oder -salbe ist das Heilmittel für alle Fälle.

Salbe am Beispiel Ringelblume oder Arnika – Grundrezept

Ringelblumensalbe für kleine Wehwehchen, Schrammen und raue Stellen oder Arnikasalbe bei Verstauchungen u. Ä.:

Und so geht es:

ZUTATEN:

1. Schritt:

- 1/2 Glas ganze Blüten oder 1/4 Glas Zungenblüten
- 1/2 Glas oder 3/4 Glas kaltgepresstes Bio-Öl
- Bei Korbblütler-Allergie nimmt man immer nur Zungenblüten.

2. Schritt:

- Bienenwachs: Auszugs-Öl im Verhältnis 1:7
- Bienenwachs können wir beim ortsansässigen Imker oder in der Apotheke kaufen. Das Wachs aus dem Bastelladen kann nicht verwendet werden, weil es für Heilmittel nicht geeignet ist.

1. Schritt:

Blüten werden klein geschnitten (Zungenblüten angemörsert), in ein Glas gegeben und mit Öl aufgefüllt. Dieses Glas wird hell gelagert, aber nicht in die Sonne gestellt. Nach 2–3 Wochen wird das Öl abgeseiht.

2. Schritt:

Man siebt das Blütenöl in ein Becherglas, gibt ein Glasthermometer hinein und stellt es in ein Wasserbad. Langsames Erhitzen schont die Inhaltsstoffe. In das Öl gibt man Bienenwachs, z. B. auf 70 g Öl 10 g Bienenwachs. Unter Rühren wird alles so lange erwärmt, bis sich das Wachs auflöst. Das ist in der Regel zwischen 60 und 70 °C der Fall.

Jetzt wird die Salbe möglichst in lichtgeschützte, mit Alkohol desinfizierte Salbentiegel abgefüllt und beschriftet. Praktisch sind zusätzlich kleine Döschen, die man auch mal in den Rucksack oder in die Tasche stecken kann.

Die Salbe muss ganz abgekühlt sein, wenn sie mit einem Deckel verschlossen wird. Ist das nicht der Fall, können sich Dämpfe entfalten, die die Haltbarkeit entscheidend beeinflussen.

RAT VON KAMILLUS

Harze sind eines der ältesten Heilmittel. Wir haben schon in meiner Kindheit von Lärchen, Fichten und Kiefern das herunter getropfte und getrocknete Harz eingesammelt. Bevorzugt haben wir Tiefwurzler wie Lärche und Kiefer. Sie können aus einer größeren Tiefe mehr Inhaltsstoffe holen.

Diese Harze wurden zum Räuchern benutzt. Die für die Hausapotheke wurden zuerst gereinigt, filtriert und dann nochmals getrennt in das dickflüssige Lärchenöl bzw. -pech und in Terpentin. Lärchenöl ist wie ein Balsam honiggelb bis braun (je nachdem, wo es herkommt) und dickflüssig. Die Reinigung kann auch über eine Wasserdampfdestillation vorgenommen werden.

Das Lärchenharz wurde früher mit Schweinefett zu Lärchenpech gemischt, ein universelles Heilmittel für Wunden, Verspannungen, Verstauchungen und gegen Erkältungen. Wir haben dazu je 1/3 Lärchenöl, Schweinefett und Bienenwachs genommen.

Lärchenpech

Erste Hilfe- und Heilmittel für verschnupfte Nasen, zum Einreiben vor dem Schlafengehen, zum Inhalieren ergänzend zu Kräutern sowie für Verstauchungen, Verspannungen und kleine Wunden.

Und so geht es:

Pflanzenöl und Lärchenharz werden in einem Becherglas im Wasserbad unter Rühren erwärmt. Wenn sich beide homogen verbunden haben, fügt man das Bienenwachs hinzu. Unter Rühren wird das Wachs langsam geschmolzen. Glasthermometer verwenden, ab 60 °C dürfte das Wachs nicht mehr zu sehen sein. In lichtgeschützte, mit Alkohol desinfizierte Salbentiegel abfüllen. Erst nach dem völligen Erkalten verschließen. Beschriften nicht vergessen.

ZUTATEN:

- 200 ml Pflanzenöl
- 100 g Lärchenharz
- 20 g Bienenwachs für eine sämige Konsistenz – man nimmt mehr Bienenwachs, wenn das Endprodukt fester sein soll

EIN WORT ZU DEN ZUTATEN:

- Man sollte kaltgepresste, gute Bio-Pflanzenöle benutzen. Das kann Olivenöl, Sonnenblumenöl, Kokosöl, Mandelöl, Jojobaöl oder ein anderes Öl sein
- Olivenöl und Kokosöl haben einen „Eigengeschmack" bzw. „-geruch". Hier kann man nach der eigenen Vorliebe entscheiden. Andere Öle sind neutral
- Bienenwachs vom ortsansässigen Imker oder aus der Apotheke verwenden
- Man kann auch einen Teil Bienenwachs austauschen gegen Kakaobutter, Sheabutter, Lanolin (Anhydrid) oder andere hochwertige Fette.

Wichtig ist, auf gute Qualität und Bio zu achten, das ist umso wichtiger, wenn wir Heilmittel herstellen.

Das gute alte Lärchenpech, goldgelb vom Harz der Lärche und vom Bienenwachs.

Lärchenpech zählt zu den traditionellen Hausmitteln. Die Basis ist Baumharz, das mit Öl verrührt und mit Bienenwachs cremig gemacht wird.

Creme am Beispiel Schmerzcreme

Ideale Creme zum Kühlen und Schmerzstillen. Sie ist auch für Umschläge geeignet: Creme dick auftragen, mit Mull umgeben und mit Baumwolltuch fixieren, einziehen lassen. Durch den Alkohol ist diese Creme wohltuend-kühlend. Bei offenen Wunden würde sie „brennen". Will man keinen Alkohol verwenden, kann Pflanzenwasser eingesetzt werden. Oder wenn das Kühlen nicht gewünscht ist, kann man mit entsprechenden Pflanzen auch einen Ölauszug und dann eine Salbe herstellen.

Die Zusammenstellung der Kräuter ist so gewählt, dass schmerzstillende, heilende, desinfizierende, keimtötende Kräuter mit durchblutungsfördernden und zellaufbauenden Pflanzenteilen kombiniert werden.

Und so geht es:

1. Schritt:

Alle Zutaten werden sehr fein geschnitten/gerebelt/angemörsert mit Öl in einem Schraubglas angesetzt. Das Glas wird ans Licht gestellt, ab und zu durchgerührt

2. Schritt:

Ebenso verfahren wir mit dem Alkoholauszug.
Beiden Auszügen wird eine Zeit von ca. 3 Wochen gegeben.
Beide werden separat abgesiebt, evtl. auch durch ein Filterpapier.

3. Schritt:

Für die Cremeherstellung haben wir zwei Phasen:

a) Fettphase
   Das Auszugsöl wird abgemessen in ein Becherglas gegeben und im Wasserbad erhitzt. Das Glas muss so groß sein, dass nach dem Erhitzen die Wasserphase zusätzlich hineinpasst. Zur Kontrolle ein Glasthermometer benutzen. In die Fettphase gibt man außerdem Bienenwachs, Shea- oder Kakaobutter und Lanolin. Alles zusammen wird auf 65, höchstens 70 °C erhitzt.

b) Wasserphase
   Der Alkoholauszug wird ebenfalls abgemessen und in einem zweiten Becherglas in Wasserbad auf 65, höchstens 70 °C erhitzt.

ZUTATEN:

1. Schritt: Ölauszug

- 8 g Ringelblumen, Blüten
- 8 g Beinwell, Wurzel
- 8 g Rosmarin, Nadeln
- 8 g Pfefferminz, Blätter und feine Stiele
- 8 g Schafgarbe, Blüten
- alle getrocknet
- 120 ml Öl

Kauft man Kräuter dazu, bitte auf Bio-Qualität achten, alles andere ist für ein Heilmittel nicht akzeptabel. Der Rosmarin-Topf aus dem Supermarkt ist nicht geeignet. Getrocknete Kräuter können in der Apotheke bestellt werden.

2. Schritt: Alkoholauszug (Tinktur)

- 5 g Arnika, Blüten
- 5 g Meisterwurz, Wurzeln
- 5 g Engelwurz, Wurzeln
- 5 g Isländisch Moos
- 5 g Mädesüß, Blüten, evtl. 5 g Blätter zusätzlich
- alle getrocknet
- 120 ml Alkohol 45%ig, notfalls 38 %

Grundsätzlich können alle Pflanzenteile auch frisch verwendet werden. Dann rechnet man 1/3 bis 1/2 mehr an Gewicht, das gilt auch für Öl und Alkohol.

Heilöle, Salben und Cremes **243**

Es ist ratsam, dennoch Frisches antrocknen zu lassen, um Schimmelgefahr zu minimieren.

3. und 4. Schritt: Creme herstellen

Auf jeweils 80 ml Öl

- 10 g Bienenwachs
- 10 g Sheabutter oder Kakaobutter
- 20 g Lanolin Anhydrid
- 80 ml Tinktur
- evtl. 5 Tropfen Pfefferminz ätherisches Öl
- evtl. für die Haltbarkeit:
- 5 Tropfen Tocopherol (geruchsneutral)
- oder
- 5 Tropfen ätherisches Nelkenöl (den Geruch muss man mögen)

 **4. Schritt:**

Fertigstellung:

Wenn beide Phasen eine identische Temperatur haben, gießt man ganz langsam und unter ständigem Rühren den heißen Alkohol in das heiße Fett. Es ist sehr wichtig, dass die Temperaturen übereinstimmen, damit das Öl nicht „gerinnt". Jetzt heißt es rühren, rühren, rühren. Und man rührt tatsächlich bis die Masse fast erkaltet ist. Nach und nach kommt das Cremige. Wenn die Temperatur nur noch lau ist, kann man, wenn gewünscht, noch 5 Tropfen ätherisches Pfefferminzöl und evtl. ein paar Tropfen für die Haltbarkeit unterrühren.

Den Mut beim Rühren nicht verlieren. Zwischendurch macht die Creme u.U. mal den Eindruck, dass sie wieder in die einzelnen Bausteine zurückgehen möchte. Nicht verzagen, weiter rühren. Dann ist es irgendwann geschafft.

Ist erkennbar, dass die Creme eine gute Konsistenz hat und sie auch behält, kann sie in lichtgeschützte, mit Alkohol desinfizierte Tiegel abgefüllt und beschriftet werden. Tiegel erst verschließen, wenn der Inhalt total erkaltet ist.

> Statt Alkohol können wir die Wasserphase auch mit Pflanzenwasser gestalten. Das sind Hydrolate, die man von fast allen Pflanzen kaufen kann. Aus Pflanzenmaterial wird mittels Destillation Pflanzenwasser und ätherisches Öl gewonnen. Beides wird separat voneinander verarbeitet oder angeboten.
>
> Pflanzenwasser enthält immer noch winzige Spuren ätherisches Öl und viele andere Wirkstoffe aus dem Ausgangsmaterial. So hat ein Rosenwasser den wunderbaren Duft und die positive Ausstrahlung einer Rose.
>
> Pflanzenwasser mit einem Ölauszug zu einer Salbe verarbeitet hat nicht die kühlende Wirkung, ist aber hautpflegender als die Alkoholvariante. Die Wirkstoffe, die wir in einer Schmerzsalbe haben wollen, ziehen wir dann mithilfe von Öl aus. Die Mengenverhältnisse von Fett- und Wasserphase verändern sich dadurch nicht.

Das heilende Öl und der kühlende Alkohol als Kräuterauszüge – das ist das Geheimnis unserer Heil- und Schmerzsalbe.

Folgende Kombinationen mit Öl- und Alkoholauszug sind möglich (Inhaltsstoffe aus Wurzeln werden besser ausgezogen, wenn man bis zu 70%igen Alkohol nimmt, früher hat man diese Unterscheidungen nicht gemacht und einheitlich 38%igen Alkohol verwendet):

FETTPHASE	WASSERPHASE MIT 38- BIS 70%IGEM ALKOHOL	WIRKUNG
Beinwell, Wurzel	Arnika, Blüten	Verstauchungen, Knochenverletzungen, dicke Knie oder Füße vom Wandern
Meisterwurz, Wurzel	Beinwell, Wurzel und Blätter, Blüten	Wunden, die nicht heilen wollen, aber nicht mehr offen sind
Spitzwegerich, Blätter	Breitwegerich, Blätter, Mädesüßblüten	gegen Insektenstiche und Hautrötungen
Ringelblumen, Blüten	Rosmarin, Nadeln	wohltuend, heilend und durchblutungsanregend
Ringelblumen, Blüten	Mädesüßblüten, Engelwurz, Wurzel und Samen	heilend und wohltuend, schmerzlindernd
Engelwurz, Wurzel Gänsefingerkraut	Frauenmantel	Aromasalbe bei Bauchkrämpfen
Steinklee	Johanniskraut, Rosskastanienknospen	bei Krampfadern und steifen oder schweren Beinen
Gänseblümchen	Acker-Stiefmütterchen	Creme zum Kühlen und Heilen für Schulkinder bei stumpfen Verletzungen (nicht bei offenen Wunden)
Schafgarbe, Kraut	Beinwell, Wurzel und Blätter	bei Rückenproblemen
Nachtkerzen, Blüten	Königskerzen, Blüten	Streicheleinheiten für jede zarte Haut

Was tun, wenn keine Kräuter greifbar sind? Spitzwegerich-Öl ist die Basis für eine schonende Creme zur Linderung wenn's juckt.

Dieses Naturwunder von Knospen und Blüten steht inmitten der Katinwiese oberhalb von Prägraten auf 1800 und 2000 m Seehöhe und hört auf den Namen Wiesen-Bärenklau, *Heracleum sphondylium L.* Er zählt zu den kulinarischen Leckerbissen und ist in verschiedenen Arten im Flachland ebenso anzutreffen wie im Hochgebirge. Durch den hohen Chlorophyll- und Vitamin-C-Gehalt dient auch er der Gesunderhaltung.

Stichwortregister

Achillea millefolium L. 145ff.
Alchemilla alpina L. 69ff.
Alchemilla vulgaris L. 69ff.
Alkaloide 18f.
Alkoholgehalt 224
Althaea officinalis L. 129
Amara aromatica 41, 66
Angelica archangelica L. 63ff.
Angelica sylvestris L. 64f.
Anserine 73ff.
Anthocyane 18f.
Arbutin 18f.
Arctostaphylos uva-ursi L. 185
Argentina anserina L. 73ff.
Arnica montana L. 35ff.
Arnika 35ff.
Arnikasalbe 239f.
Artemisia 41ff.
Artemisia absinthum L. 41, 46ff.
Artemisia vulgaris L. 41, 42ff.
Ätherische Öle 18f., 25f., 28, 41
Augentrost 14, 210f.
Bärentraube, Echte 179f.
Bäume 163ff.
Beifuß 28, 43ff.
Beifuß-Ambrosia 44
Beifuß, einjähriger 41
Beinwell Ölauszug 234f.
Beinwell, Echter 27ff., 50ff., 195, 234f., 242, 244
Berberis vulgaris L. 181f.
Berberitze, Gewöhnliche 181f.
Bergkiefer 173ff.
Bergwermut 41
Bergwohlverleih, siehe Arnika
Beschriftung Ernte, Produkte 28, 255
Bitterelixier 230f.
Bitterstoffe 17, 18f., 41, 47, 48, 64, 201
Bitterwert 17, 48, 80
Blätterverband 196f.
Blütenhonig 216f.
Bobojach, Prägraten 6, 8ff. 14
Bodenalm 172
Breitwegerich 151ff., 198, 244
Brennnessel, Große 26, 28, 57ff.
Brennnessel, Kleine 59
Carotinoide 18f.
Carum carvi L. 111ff.
Cetraria islandica L. 89ff.
Chamomilla nobile (L.) ALL. 100ff.
Chlorophyll 20f.
Creme 233, 234, 243ff.
Cumarine 18ff.
Dorfertal 15, 255

Drogen 22
Eberesche 189ff.
Eberraute 41
Edelraute 14, 41
Edelweiß 14
Eibisch, Echter 129
Einnahme Heiltinkturen 223, 225
Eisseehütte 14
Engelwurz 62ff.
Entschlackungstee 208f.
Enzian, Gelber und Getüpfelter 77ff.
Erbhof 8ff.
Erdkammerhonig 216
Erkältungstee 203, 206f.
Erkältungstinktur nach Kamillus 175, 187, 226, 229
Erlebnis Pflanze 23
Ernte, Blätter 26ff.
Ernte, Blüten 26
Ernte, Früchte 27
Ernte, kurzgefasst 25
Ernte, Ort 25
Ernte, Samen 27, 61
Ernte, Wurzeln 27, 61, 67
Ernte, Zeit 25f.
Ernte/n 25ff.
Estragon 41
Fichte, Gemeine, Rotfichte 165ff.
Filipendula ulmaria (L.) Maxim. 122ff.
Fingerhut 52
Flavanole 18f.
Flavone 18f.
Flavonoide 18f.
Föhre 173
Fragaria vesca L. 190ff.
Frauenmantel 69ff.
Frauenmantel, Alpen-, siehe Silbermantel
Frauenschuh 14
Frischpflanzensaft 199
Frischpflanzen-Tinktur 224ff.
Frühjahrstee 209
Fünf-Säulen-Tee von Kamillus 202
Furanocumarine 18f., 66, 135
Gämswurz 37
Gänsefingerkraut 73ff.
Gentiana lutea L. 77ff.
Gentiana punctata L. 77ff.
Genusstee 201
Gerbstoffe 20f.
Germer, Weißer oder Gemeiner 80
Geschützte Pflanzen 27, 35, 39, 41, 79, 81, 177
Ginseng der Alpen, siehe Meisterwurz

Glucosinulate 20f.
Glycoside 20f. 22
Grippeprophylaxe 6
Großvenediger 12, 15
Hagebutten 157, 159ff.
Haltbarkeit 226, 235, 236
Harze 239
Heckenrose 157ff.
Heidelbeere 183f.
Heil-Öl 233ff.
HEIMAT – Hotel Prägraten 6f., 235, 255
Holunder, Roter 85
Holunder, Schwarzer 28, 83ff.
Holunderbeeren 11f., 85ff.
Holunderblüten 26, 83, 85, 87, 211, 207
Homöopathie Arnika 39
Honigauszüge 214ff.
Hundspetersilie 65, 134f.
Hundsrose 157ff.
Hustentee 109, 203, 206
Hypericum perforatum L. 93ff.
Immunsystem 12, 16f. 136, 187, 202, 226
Inhalieren 201, 212f.
Inhaltsstoffe, isolierte 22
Inhaltsstoffe, siehe auch Wirkstoffe
Isel, Iseltal 13f.
Isländisch Moos 89ff.
Islitzeralm 15
Isoflavone 18f.
Ivakraut 145, 147
Johannisbeeren, Schwarze 174, 186f.
Johanniskraut, Echtes -, Tüpfel- 92ff., 236f., 244
Juniperus communis L. 176f.
Kälberkropf 65, 134f.
Kaltauszug 91, 109, 131, 143, 201, 206
Kamille, Echte 98ff., 211
Kamille, Römische 101ff.
Kamille, Strahlenlose 101ff.
Kamillus 6, 9ff.
Kamillus, Lebenslauf 8
Kamillus, Tee für deine Gesundheit 6, 11, 17, 87, 91, 97, 103, 201ff.
Käsepappel, Große, Kleine 129
Kiefer 163, 172ff.
Kiefergewächse 165
Kohlröschen 14
Kompressen 201, 223, 231
Königskerze, Großblütige, Kleinblütige 105ff.
Königskerze, Schwarze 107f.
Königsöl 109
Korb 25, 26

Kratzer, Kamillus, siehe Kamillus
Kratzer, Maria 10ff.
Kratzer, Sepp 10
Kraut 10, 26
Kräuteraufgüsse 201, 211
Kräuterbuschen 67, 105
Kräuterinhalation 212f.
Kräutertee 201ff.
Kreuzkümmel 111
Kümmel, Wiesen-, Echter- 111ff., 134
Lagerung getrocknete Kräuter 29
Lärche, Europäische 169ff.
Lärchenpech, -harz 169, 171, 213, 235, 239, 240
Lärchenspitzensirup 218
Larix decidua Mill. 169ff.
Lasörling Höhenweg 14
Latschenkiefer 173ff.
Lebenselixiere 81, 222ff.
Lignine 20f.
Löwenzahn 117ff.
Mädesüß 122ff.
Malva sylvestris L. 126ff.
Malve 127ff.
Malve, Kleinblütige 129
Margeriten 37
Matricaria chamomilla L. 99ff.
Mazerat 206
Meisterwurz 29, 133ff., 194ff.
Mittelwegerich 150f., 198, 244
Monoterpene 20f.
Moschus-Schafgarbe 145, 147
Nahrungsergänzungsmittel 22
Natur schützen 27f.
Nebenwirkungen 22
Obersteiner Hof 8ff.
Ölauszug 232ff.
Orchideen 14
Pektine 18f.
Peucedanum ostruthium (L.) Koch. 132ff.
Pflanzensaft 198
Pflanzenwasser 233, 242
Phenole 20f.
Phenolische Verbindungen 20f.
Phenolsäuren 20f.
Phytosterine 20f.
Phytotherapie 17, 123
Picea abies (L.) Karst. 165ff.
Pilgerpfad der Alpen, Höchster 15
Pinus cembra L. 173
Pinus mugo Turra. 173
Plantago lanceolata L. 151ff., 198, 244
Plantago major L. 151ff., 198, 244

Polyphenole 18f.
Potentilla anserina L. 73ff.
Prägraten 6f., 8ff., 13ff.
Preiselbeeren 178f., 185f.
Primäre Inhaltsstoffe 17
Pyrrolizidinalkaloide, PA 18, 51f.
Quarkwickel 235
Quendel 26, 139ff.
Quendeltinktur Grippeprophylaxe 26, 143, 225f., 231
Ribes nigrum L. 187f.
Riesen-Bärenklau 65
Ringelblume 35, 235, 239 f., 242 f.
Rosa canina L. 157ff.
Roter Holunder 85
Rotöl 7, 96f., 236
Sajathütte 14
Salbe 234, 239ff.
Sambucus nigra L. 82ff.
Saponine 20f.
Schafgarbe, Gewöhnliche 145ff.
Schafgarbe, Moschus 145, 147
Schierling, gefleckter 65, 134f.
Schlankmacher, Schlaumacher 17
Schleimstoffe 18f., 203, 206
Schmerzcreme 242ff.
Schmetterlingsraupen 57
Schneiden, Werkzeug 25, 26
Schutz der Natur 25ff.
Schwarze Johannisbeere, siehe Johannisbeere, Schwarze
Schwarzer Holunder, siehe Holunder
Schwarzkümmel 111
Seifenstoffe 20f.
Sekundäre Inhaltsstoffe, Pflanzenstoffe 17ff.
Senfölglycoside 20f.
Serpentin 15
Sesquiterpene 20f.
Silbermantel, -mantele, Alpen-Frauenmantel 69ff.
Sirup 215ff.
Sommersonnenwende, Kräuter der 93
Sorbus aucuparia L. 189f.
Spierstaude 122ff.
Spitzwegerich 151ff., 216
Steiner, Anton 13, 255
Stiche 198f.
Ströden 13
Süßholz, Süßholzwurzel 109, 205
Symphytum officinale L. 51ff.
Tanne 163, 165f., 169
Taraxacum officinale Weber 117ff.
Taubnessel 59f.

Tauerngrün 15
Tee 200ff.
Terpenoide 20f.
Thymian, Echter 139, 141f.
Thymian, Wilder siehe Quendel
Thymus pulegioides L. 139ff.
Timmeltal 144
Tinktur 222ff., 230f.
Tinktur, Beeren 231
Tinktur, Frischpflanzen 225f.
Tinktur, getrocknete Pflanzen 227f., 231
Transport 26f.
Triterpene 20f.
Umbalfälle 15
Unkraut 10
Urtica dioica L. 57ff.
Vaccinium myrtillus L. 183f.
Vaccinium vitis-idaea L. 185f.
Venediger Höhenweg 14
Venedigergruppe 15
Verarbeiten 12, 25, 28f.
Verbascum densiflorum Bertol. 105ff.
Verbrennungen 95, 97, 151, 154, 199
Verdauungstee 17, 203, 209
Verwechsler, 16, 23 und siehe bei einzelnen Pflanzenbestimmungen
Vielstoffgemisch 22, 192
Virgental 6f., 9
Vogelbeeren 188ff.
Wacholder, -beeren 11, 177f.
Wald-Engelwurz 63f.
Walderdbeeren 191f.
Wallwurz, siehe Beinwell
Weg-Malve, siehe Käsepappel, Kleine
Wegerich 151ff.
Werkzeug, Ernte 25, 26
Werkzeug, Öl, Salbe, Creme 234
Wermut 28, 47ff.
Wermuttinktur 230, 231
Wiener Sängerknaben 6
Wiesenschafgabe, siehe Schafgarbe
Wildbeeren 179ff.
Wildrose 157ff.
Wifelhonig 217
Wirkstoffe 16ff.
Wurzeln 27ff.
Zirbe 173ff.
Zirbelkiefer 173
Zwergholunder 85

Literatur

1. Arnold Achmüller, Teufelskraut, Bauchwehblüml, Wurmtod – das Kräuterwissen Südtirols, 2. Auflage, Bozen 2013
2. Max Amann, Pflanzen für ein langes Leben, in Naturheilpraxis Spezial Band 1, 3. überarbeitete Auflage, Seite 217ff
3. Eveline Bach, Gabriele Halper, Kostbare Kräuterblüten, Innsbruck 2017
4. Rudi Beiser, Vergessene Heilpflanzen, Aarau und München 2016
5. Wolfgang Blaschek, Wichtl – Teedrogen und Phytopharmaka, 6. vollständig neu bearbeitete und erweiterte Auflage, Stuttgart 2016
6. Garbriele Leonie Bräutigam, Brennnessel, 2. Auflage, Freiburg 2017
7. Ursel Bühring, Alles über Heilpflanzen, Stuttgart 2007
8. Ursel Bühring, Helga Ell-Beiser, Michaela Girsch, Heilpflanzen für Kinder, Stuttgart 2015
9. Ursel Bühring, Heilpflanzenkuren, Stuttgart 2016
10. Ursel Bühring, Michaela Girsch, Praxis Heilpflanzenkunde, Stuttgart 2016
11. Elfie Courtenay, Heilkräuter – Überliefertes Wissen für Hausapotheke und Küche, Murnau 2017
12. Eva-Maria Dreyer, Essbare Wildkräuter und ihre giftigen Doppelgänger, Stuttgart 2011
13. Andrea Ficala, Superfoods, einfach & regional, Innsbruck 2017
14. Susanne Fischer-Ritzi, Medizin der Erde, 6. Auflage, München 2013
15. Norbert Griebl, Alpenpflanzen – die schönsten Bergtouren und Pflanzenportraits, Linz 2015
16. Irene Hager, Alice Hönigschmid, Astrid Schönweger, Die Kraft der Kräuter nutzen, Innsbruck 2016
17. Hartmut Hartl, Thomas Peer, Pflanzen, Wissenschaftliche Schriften, Nationalpark Hohe Tauern, 5. überarbeitete und erweiterte Auflage, Matrei 2
18. Ellen Huber, Meisterwurz – die Wurz aller Wurzen als Remedium divinum unserer Zeit, Naturheilpraxis Nr. 1/2008, Seiten 22ff
19. Erika Kemptner, So helfen und heilen die Bäume, Innsbruck 2015
20. Brigitte Klemme, Dirk Holterman, Delikatessen am Wegesrand, 7. Auflage, Dresden 2002
21. Reinhard Länger, Die Schafgarbe, Phyto Therapie Austria, 7. Jahrgang, Nr. 3/13, Seite 8
22. Konrad Lauber, Gerhart Wagner, Adreas Gygax, Flora Helvetica, 1. korrigierter Nachdruck der 5. vollständig überarbeiteten Auflage, Bern 2014
23. Bettina Lube-Dietrich, Arzneipflanzen – Arzneidrogen, 2. überarbeitete Auflage, Eschborn 2017
24. Rita Lüder, Grundkurs Pflanzenbestimmung, 6. korrigierte und aktualisierte Auflage, Wiebelsheim 2013
25. Margret Madejsky, Lexikon der Frauenheilkunde, 5. Auflage, München 2015
26. Felicia Molenkamp, Kräuter-Biotika, Antibiotisch wirkende Inhaltsstoffe essbarer Wildpflanzen, Aarau und München 2015
27. Christine Monsberger, Naturkosmetik ganz leicht selber machen, Innsbruck 2012
28. Celia Nentwig, Hella Henckel, Wildpflanzen – Genuss pur!, Ratingen 2017
29. Apotheker Pahlow, Das große Buch der Heilpflanzen, Hamburg 2013
30. Pater Johannes Rausch, Meine Kräuterschätze, Wals bei Salzburg 2016
31. Olaf Rippe, Margret Madejsky, Die Kräuterkunde des Paracelsus, 3. Auflage, München 2013
32. Marianne Ruoff, Löwenzahn und Löwenkraft, 2. Auflage, Aarau und München 2017
33. Simone Schalk, Die Kraft der Wurzeln, Verborgene Schätze unserer Heilpflanzen, Stuttgart 2016
34. Heinz Schilcher, Leitfaden Phytotherapie, 5. Auflage, München 2016
35. Astrid Süßmuth, Lexikon der Alpenheilpflanzen, München 2013
36. Bruno Vonarburg, Energetisierte Heilpflanzen, München 2010
37. Bruno Vonarburg, Heilen mit Pflanzenessenzen, München 2017

Webadressen

1. https://www.ema.europa.eu/
2. https://www.basg.gv.at/arznei-mittel/zulassungsverfahren/
3. https://www.bfarm.de/DE/Arzneimittel/Arzneimittelzulassung/Zulassungsarten/BesondereTherapierichtungen/TraditionelleArzneimittel/_node.html
4. https://www.austroplant.at/was-ist-phytotherapie/die-zulassung-von-pflanzlichen-arzneimitteln/
5. http://chronik.rebus.link/main.php?p=zahlen.htm
6. https://www.wildfind.com/pflanzen/essbare_wildpflanzen
7. https://www.bmgf.gv.at
8. https://www.baumkunde.de/
9. https://www.pflanzen-deutschland.de
10. http://www.arzneipflanzenlexikon.info/
11. Gesellschaften für Ernährung in Deutschland, Österreich, Schweiz:

    https://www.oege.at/

    http://www.sge-ssn.ch/

    https://www.dge.de

12. https://www.medizin-transparent.at/zirbenholz-waldgeruch-als-schlafhilfe

Fußnote

*) Zulassungen

Dahinter verbergen sich Monografien und Standardzulassungen von Phytopharmaka in der EU. Das sind Arzneibücher (kurz: Ph. Eur.), Kommission-E-Monographien (kurz: Kommission E), HMPC- Monographien (kurz: HMPC), ESCOP-Monographien (kurz: ESCOP – European Scientific Cooperative on Phytotherapy – ein Dachverband nationaler europäischer Gesellschaften für Pflanzenheilkunde) und WHO-Monographien (kurz: WHO – Weltgesundheitsorganisation).

2004 wurde an der Europäischen Arzneimittelagentur, EMA, der Ausschuss für pflanzliche Arzneimittel, HMPC, eingerichtet. Damit wurde die Basis für eine einheitliche Verkehrsfähigkeit von Phytopharmaka in der EU geschaffen. Aufgabe des Ausschusses war es, alle bisherigen Auswertungen wissenschaftlicher Arbeiten, alle Monographien auf einen EU-Standard zu bringen, so dass sie fortan für alle EU-Staaten als Grundlage der Zulassung von Phytopharmaka galten.

Nach dem HMPC gibt es in der EU zwei Säulen für die Bewertung und Zulassung von Phytopharmaka durch die nationalen Behörden:

Traditional use – anerkannt als traditionelles pflanzliches Arzneimittel – mit Anforderungen an ein Phytopharmaka wie z. B.:

- es gibt keine klinischen Tests oder Studien
- Verwendung mindestens 30 Jahre, davon 15 in der EU
- Aufzeichnungen bewerten Sicherheit und Wirksamkeit
- Anwendung ist ohne ärztliche Anordnung und Aufsicht möglich; d.h. auch die Einnahme erfolgt ohne ärztliche Hilfe

Well-established use – medizinisch anerkannt – mit Anforderungen an ein Phytopharmaka wie z. B.:

- wissenschaftliche Studien, bibliografische Unterlagen bestätigen Wirkstoffe, anerkannte Wirksamkeit sowie Sicherheit
- es besteht ein höherer therapeutischer Ansatz

Siehe auch: https://www.ema.europa.eu/en › Human regulatory › Herbal products

Aufgrund dieser Rahmenbedingungen werden die Zulassungen in den national dafür zuständigen Behörden unter den Aspekten Qualität, Wirksamkeit und Unbedenklichkeit bearbeitet.

- Deutschland: Bundesinstitut für Arzneimittel und Medizinprodukte – BfArM
- Österreich: Bundesamt für Sicherheit im Gesundheitswesen – BaSG
- Schweiz: Schweizerisches Heilmittelinstitut – Swissmedic

Diese hier sehr vereinfachte und ohne Rücksicht der Historie dargestellte Basis der Zulassung von Phytopharmaka in der EU kann auf www.ema.europa.eu der EU und der Mitgliedsstaaten sowie in zahlreichen Publikationen aus der Fachliteratur im Detail nachgelesen werden.

Grundsätzlich sind Kräuter und ihre Produkte in der Schwangerschaft und Stillzeit nur nach Rücksprache mit dem Arzt anzuwenden. Für Kinder unter 12 Jahren gibt es in der Regel keine Erkenntnisse, die Empfehlungen rechtfertigen.

Dankeschön

Meine Hochachtung gilt in erster Linie Kamillus Kratzer. Er hat mir in den letzten Jahren seine Welt der Berge, der Pflanzen, der Gesunderhaltung mit und durch Pflanzen nahegebracht. In unzähligen Stunden im Timmeltal, im Dorfertal oder in vielen anderen unglaublichen Orten in Prägraten hat er mich in sein Leben blicken lassen. Er hat mich im Obersteiner Hof aufgenommen und mir in seiner Kräuterstube sein Wissen übergeben. So darf ich Teil seiner Lebensaufgabe sein und seine Erfahrungen mit diesem Buch an junge Menschen weitergeben. Die Gespräche in der Küche des alten Bauernhauses mit Blick auf die Lasörlinggruppe mit Kaffee und von Maria und Katharina selbstgebackenem Brot zählen mit zu den wertvollen Momenten, die zu diesem Buch geführt haben.

Schließlich hatten Hilda Hatzer und Anton Steiner (Bürgermeister von Prägraten a.G.) die Idee, mich anzusprechen und mich mit Kamillus bekannt zu machen. Mein Dank für dieses Vertrauen, dass ich es vermag, Kamillus' Schätze aufs Papier zu bringen, ist euch sicher.

Als ich das erste Mal Gast in Prägraten war, hat Ulrich Drewitz, Inhaber des Hotels „HEIMAT – Das Natur-Resort" in Prägraten-Hinterbichl für mich das notwendige Umfeld geschaffen, in dem ich Kräuter anbauen und verarbeiten kann. So ein riesiges Hochbeet von 10 mal 2 m und weitere Staudenbeete, die er mit Franz zusammen aus alten Balken des Hotel Niederrhein gebaut hat, wünscht sich so mancher. Und so stand ab 2015 der Arbeit mit den Kräutern in den Bergen, auch auf den Wiesen von Franz im Dorfertal, nichts mehr im Wege. Die Wildkräuterschule im Hotel HEIMAT konnte eröffnet werden.

Meiner Dozentin Ursel Bühring habe ich unzählige Informationen, viel Menschliches und sogar Philosophisches aus der Pflanzenwelt zu verdanken. So schaue ich heute nicht nur hin, sondern genau hin. Auf den Wanderungen mit Bruno Vonarburg lernte ich eine andere Sicht der Pflanzen und ihrer Heilwirkung kennen. Und schließlich gilt mein Dank auch den vielen Fachkundigen in Deutschland und Österreich, die mich in vielen Kongressen und Seminaren an ihrem Wissen haben teilhaben lassen.

Darüber hinaus konnte ich mich in vielen Gesprächen mit meinen Kräuterfreundinnen Ute Braig, Janine Hissel und Paula Ruggenthaler inspirieren und oft auch korrigieren lassen. Nicht zuletzt gilt meine Dankbarkeit meinem Mann Karl-Heinz, ohne den ich mich niemals so intensiv mit Wildkräutern beschäftigt und diesen neuen Weg eingeschlagen hätte.

Sorgfalt und Sicherheit

Die Informationen in diesem Buch wurden sorgfältig erarbeitet und beinhalten Ratschläge zur Bestimmung und Verarbeitung von Wild- und Heilkräutern. Alle Angaben geben wir ohne Gewähr, auch ohne den Anspruch auf Vollständigkeit. Wenn Sie sich bei der Bestimmung und Herstellung mit den Kräutern nicht sicher sind oder unklare Begleitumstände auftreten, sollte Abstand davon gehalten oder umgehend ärztlicher Rat eingeholt werden. Für eventuelle Nachteile, die aus den praktischen Hinweisen des Buches resultieren, können weder die Autorin noch der Verlag eine Haftung übernehmen. Jeder Leser muss in Eigenverantwortung entscheiden, ob er die beschriebenen Rezepte und Hinweise aus der Volksheilkunde anwenden möchte.

Die Einnahme von Heilkräutern ersetzt nicht den Besuch beim Arzt, Naturheilkundigen oder Heilpraktiker.